견제받는 권력

만주인 청나라의 정치구조 1616~1912

견제받는 권력

만주인 청나라의 정치구조, 1616~1912

인쇄 | 2016년 3월 25일
발행 | 2016년 3월 31일

저 자 | 이영옥
발행인 | 지병문
발행처 | 전남대학교출판부

등록 | 1981. 5. 21. 제53호
주소 | 61186 광주광역시 북구 용봉로 77
전화 | (062) 530-0571~2 **마케팅 |** 530-0573
팩스 | (062) 530-0579
홈페이지 | http://www.cnup.co.kr
이메일 | cnup0571@hanmail.net

값 14,000원

ISBN 978-89-6849-298-3 (93910)

이 도서의 국립중앙도서관 출판예정도서목록(CIP)은
서지정보유통지원시스템 홈페이지(http://seoji.nl.go.kr)와
국가자료공동목록시스템(http://www.nl.go.kr/kolisnet)에서 이용하실 수 있습니다.
(CIP제어번호 : CIP2016007466)

* 이 저서는 2011년 정부(교육부)의 재원으로 한국연구재단의 지원을 받아
수행된 연구임(NRF-2011-812-A00020)

奏

견제받는 권력

만주인 청나라의 정치구조 1616~1912

이영옥 저

전남대학교출판부

賀

慈禧端佑康頤昭豫莊誠皇太后元旦天喜

浙江學政臣瞿鴻禨跪

覽

일러두기

1. 중국인명은 한글맞춤법 외래어표기방식을 따랐다.
2. 본문에서는 관직명이나 자희태후와 같은 호칭을 편의상 우리말 한자음으로 표기하였고, 주석에서는 중국인명 등 고유명사는 한자를 그대로 사용하였다.
3. 만주족과 한족이 아닌 만주인과 한인이라는 용어를 사용하였다. 만주족은 청나라 말기부터 일부 한인들에 의해 부정적인 의미로 사용되었고, 현재 만주족은 소수민족을 떠오르게 한다. 따라서 청나라를 서술하는데 적절하지 않다고 여기게 되었기 때문이다.

목차

머리말 : 만주인

사전적 의미에서 권력은 "남을 복종시키거나 지배할 수 있는 공인된 권리와 힘. 특히 국가나 정부가 국민에 대하여 가지고 있는 강제력"으로 정의된다. 그리고 사회학의 기본개념에서 "권력이란 어떤 사회적 관계 내부에서 저항을 물리치면서까지 자기의 의지를 관철하는 모든 가능성을 의미하며, 이 가능성이 무엇에 의거하는가는 문제되지 않는다."[1]

만주인[2]이 중국을 정복한 사실에서 제일 먼저 드는 의문은 어떻게 한인의 1/100 밖에 되지 않는 인구를 가지고 거대한 중국을 손아귀에 넣을 수 있었느냐는 것이다. 청나라의 역사에 관심이 있는 사람이라면 일반인이든 연구자이든 만주인이 승리한 것에 대해 자기 나름의 의견을 제시할 수 있을 것이다. 대체로 만주인이 승리한 원인을 설명할 때 명조의 무기력·만주인의 군사력·경제정책의 성공·한인의 협력(회유)·다문화통합체의 형성 등이 거론된다.

명조의 무기력을 만주인이 중국을 정복할 수 있었던 원인이라고 보는 견해는 전통왕조의 순환이라는 틀 속에서 새 왕조의 출현을 이해하는 방식이다. 즉, 새로운 활력을 가진 세력이 천명을 받아서, 부패하고 무능해서 활력을 잃게 된 무기력한 왕조를 쉽게 무너뜨리고 권력을 차지할 수 있었다는 것이다. 하지만 만주인은 만리장성을 넘은 이후에도 1662년 남명(南明)이라는 반청세력을 완전히 제거할 때까지 20여 년의 시간이 더 필요하였고, 삼번(三藩)의 난을 진압한 시간을 포함하면 한 세대 이상이 걸렸다. 또한 명조를 멸망시킨 것은 리쯔청(李自成)의 군대였고,[3] 만주인은 그 군대와 중국의 새로운 지배자가 되는 경쟁 속에서 승리하였다. 결국 명조의 무기력은 왕조의 멸망을 설명해줄 수 있을지는 몰라도 왜 만주인이 중국에서 새로운 지배자의 자리를 차지하게 되었는가를 설명해줄 수 없다.

만주인의 막강한 군사력을 가능하게 만들었던 팔기제도는 그들의 중국정복이라는 무력행위를 설명하는데 더 타당한 원인으로 보인다. 실제로 만주인들은 동북지역의 부족들을 통합하는 과정에서 점차적으로 완비된 팔기제도를 통해 막강한 군사력을 지니게 되었고, 나약한 중국의 군대를 물리치고 중국을 정복하였다. 하지만 여기에서 우리는 토마스 바필드(Thomas J. Barfield)가 지적하였듯이 "만주족의 장점이 군사적인 면보다는 조직적인 면에 있었다는 것"[4]을 간과해서는 안 된다. 만주인들의 팔기제도는 자신들과 경쟁하거나 반항하는 세력을 무력화시킬 수 있는 군사력만을 의미하는 것이 아니라, 혼란스런 사회에 질서를 부여할 수 있는 조직력을 포함하였다. 군사와 행정이 결합된 팔기제도는 효율적이고 신속하게 중국사회를 안정시킬 수 있었던 것이다.

경제적인 측면에서 만주인이 승리한 원인을 찾는 경우도 있다. 레이 황(Ray Huang)은 명말의 재정악화와 청나라의 강력한 법집행을 대비시켰다.[5] 명조는 백성들에게 납부능력을 벗어나는 세금을 부과하면서도 재정파탄의 상황에 이르렀는데, 만주인들은 경제적으로 부유한 강남지역 특권층에게 털끝만한 에누리도 없이 엄격하게 법을 집행하는 세수정책을 관철시킬 수 있었다는 것이다. 레이 황은 만주인이 세수정책과 함께 관리임용을 보장하는 방식을 통해 유보적인 태도를 보이던 한인들의 지지를 끌어낼 수 있다고 여겼다.

한인들의 지지를 중시하는 또 다른 연구가 있다. 오금성은 만주인이 군사적인 측면에서 적지 않은 어려움에 직면하였는데 신사층의 협력을 얻어냄으로써 정복을 완성할 수 있었다고 여겼다.[6] 만주인이 입관한 후에도 각지에서 혼란한 상황이 지속되었고 팔기만으로는 질서를 확립하기 어려웠는데, 절대권력의 출현을 바라던 신사들에게 기존의 지위를 인정한다는 파격적인 조건을 제시함으로써 협조를 얻어낼 수 있었다는 것이다. 오금성은 만주인이 중국사회의 질서를 회복하고 정복을 완성하는데 신사의 협조가 필수적이었다고 여긴다.

만주인이 정복을 완성하고 장기간 안정과 번영을 누릴 수 있었던 원인으로 한인의 지지를 중시하더라도, '신사의 협조'를 강조하는 것과 '특권층에 대한 효과적인 회유'를 강조하는 것은 청나라의 권력구조에 대한 서로 다른 평가를 가능하게 만든다.[7] 전자를 지지할 경우 청나라의 권력구조가 만주인과 한인 사이의 연합을 통해 완성되었다고 볼 것이고, 후자를 지지할 경우 만주인의 주도 아래 한인을 포섭하는 방식으로 완성되었다고 볼 것이다.[8] 하지만 어느 쪽이든 소수였던 만주인이 중국을 정복하고 통치하는 과정에서 이질적인 문화를 지닌 한인과의 관계를 어떻게 처리하느냐는 중요한 문제였음을 부정할 수 없다.

여기에서 우리는 한인과 몽골인을 포함하는 다문화통합체의 형성이 만주인의 승리에 중요한 요인이었다는 견해를 살펴볼 필요가 있다. 이시바시 다카오(石橋崇雄)는 만주인이 몽골문자를 차용하여 자신들의 언어를 창조하였고, 주변의 여러 부족들을 정복하고 국가체제를 갖추는 과정에서 한인의 제도를 받아들임으로써 만리장성을 넘기 전에 이미 중국의 '준비된 통치자'가 되었다고 여긴다.[9] 오카다 히데히로(岡田英弘)는 청나라가 원나라를 계승하였다는 점을 강조한다. 그는 만주인이 몽골인과 연합을 통해 왕조를 세웠고 그 다음에 한인들을 지배 아래 둘 수 있었다고 본다.[10] 한편, 최근 중국에서는 다민족통일국가로서 청나라의 모습을 강조하려는 경향이 있고,[11] 텔레비전의 역사강좌에서 "중화민족이 합쳐졌을 때 우리들은 곧 하나가 되었다"는 논리로 일반인들에게 전파되었다.[12]

한편, 1990년대 이후 미국학계에서는 만주인의 중국정복의 문제를 넘어서서 그들의 중국통치방식에 관심을 기울였다. 로스키는 청나라의 황제들이 황족에게 특권을 부여함으로써 황권을 유지하는데 군사·정치·의례적 측면에서 협력을 이끌어냈고, 이점은 한인왕조와 달리 제위의 찬탈이나 왕공(王公)의 반란을 사라지게 만들었다고 보았다.[13] 엘리엇은 로스키의 논의를 이어받아서 황족이 아닌 일반 만주인에 대한 청나라의 전략에 주목하였고 팔기제에 초점을 맞춰 자신의 논점을 전개하였다. 그는 청나라가 성공적인 왕조였던 원인을 팔기제를 통해 만주인으로서 정체성을 유지할 수 있었기 때문이라고 여긴다. 또한 일본학자들이 "정복자와 피정복자의 구분을 '이민족 통치'의 핵심전략으로 해석"하였던 것을 받아들여서, "왕조의 안정을 보장하기" 위하여 민족을 분리하였다고 여긴다.[14]

로스키나 엘리엇의 논의에서 알 수 있듯이 만주인의 성공적인 중국통치와 관련하여 그들의 정체성문제가 중요한 논점으로 부각되었다. 사실, 청나라의 역사를 연구하는데 정체성에 관한 논의는 피해갈 수 없는 문제이다. 그 정체성은 우선 한인보다는 만주인과 관련이 있다. 그리고 연구자들은 만주인의 중국 지배와 통치를 어떻게 바라보느냐에 따라 만주인의 정체성 문제에 접근하는 방식이 다르다. 중국학자들은 대체적으로 현대중국이 청나라가 통치하였던 영역뿐만 아니라, 통일다민족국가를 형성하였던 민족정책도 계승하고 있다고 여긴다. 그들은 만주인들이 중국을 오랫동안 통치할 수 있었던 가장 중요한 이유가 중국화될 수 있었기 때문이라고 주장한다. 중국화는 바로 만주인의 한화(漢化)를 의미한다.[15] 물론, 다민족통일국가라는 사고의 틀에서는 만주인도 한인의 문화를 받아들이고 한인도 만주인의 문화를 받아들임으로써 중화민족의 문화는 풍부해졌다고 볼 수 있다. 하지만 한인이 압도적인 다수를 차지하고 있는 상황에서 다민족통일국가라는 사고의 틀은 결국 한인 중심의 관점일 수 밖에 없다.

미국학자들은 청나라의 만주인이 자신의 정체성을 지키기 위해 노력하였다는 점에 주목하였다. 그들은 만주인이 하나의 민족으로서 정체성을 유지할 수 있었기 때문에 청나라를 오랫동안 성공적으로 통치할 수 있었다고 여긴다. 청나라의 역사에서 만주인의 정체성이 지닌 역할에 주목한 사람들이 이른바 신청사(New Qing History) 연구자들이었다.[16] 중국학자들 중에는 미국학자들의 주장에 대해 불편한 감정을 숨기지 않는 경우도 있다.[17] 청나라의 역사에서 만주인이 정체성을 지키기 위해 어떠한 노력을 기울였는가하는 문제를 연구하는 것에 대해 중국학자가 민감하게 반응하는 이유는 무엇일까? 미국학자들의 연구는 과거 일본인들이 중국침략을 위해 청나라의 마지막 황제와 만주인들을 이용하였던 과거를 떠올리게 만들고, 최근 티베트나 위구르인의 분리 독립을 옹호하려는 정치적 의도가 있는 것은 아닌가하는 의구심을 불러일으킬 수도 있다.[18] 다만 일부 중국학자의 의구심은 과거의 역사에서 피해를 받았던 당사자들로서 가질 수 있는 것이라고 할지라도, 학술적 연구를 정치적으로 비판하는 것 자체가 정치적인 것은 아닌지 생각해봐야 한다. 현재 중국정부의 통일다민족국가나 중화민족 대가정(大家庭)의 논리가 오히려 청나라의 실제적인 모습을 보여주려는 시도를 가로막는 걸림돌이 될 수도 있기 때문이다.[19]

의도가 순수하지 않았다는 의심을 피할 수 없음에도 불구하고, 처음으로 청나라 역사에서 만주인의 모습을 찾아내고 그들의 주도권을 확인하려했던 것은 일본학자들이었다. 일본에서는 나이토 도라지로(內藤虎次郎)가 만문자료를 사용하여 "만주인 왕조로서 청나라"를 파악한 이래 많은 연구 성과를 축적하였다. 최근에는 만주인뿐만 아니라 청나라의 다양한 구성원들이 어떻게 왕조를 바라보고 있었는가를 파악하려 한다.[20] 흥미롭게도, 일본학자들이 청나라를 구성하는 다양한 구성원들의 시각에서 청나라의 모습을 보여주려는 시도는 어떤 면에서 중국의 통일다민족국가의 논리와 유사한 측면이 존재한다.

한편, 한국학자들이 청나라의 역사에서 만주인의 모습을 보여주려는 노력은 이제 막 시작되었다고 할 수 있다. 그리고 기존에 연구가 집중되었던 사회·경제사나 한중관계사 이외의 영역에서 성과가 나오기 시작한 것을 미국의 신청사연구에 영향을 받은 것으로 볼 수도 있다. 청나라 역사에 관한 한국의 연구는 현재 많은 연구성과를 축적하고 있으며 새로운 시도들도 등장하고 있지만, "한국적 연구시각의 부재"라는 문제를 안고 있는 것도 인정하지 않을 수 없는 사실이다.[21]

이상에서 만주인이 승리하게 된 원인으로 거론되는 요소과 그들의 정체성에 관한 논의를 살펴보았다.[22] 우선, 그들의 승리는 한 가지 요소만이 아니라 여러 요소들이 복합적으로 작용해서 나타난 결과였다. 사실 이제 우리가 더 관심을 가져야 할 부분은 만주인이 승리한 이후의 문제들이다. 즉, 만주인의 승리에 도움을 주었던 정치·군사·경제·문화적 요소들이, 승리한 이후 만주인의 중국지배에 어떻게 기능하였는가? 만주인이 새로운 통치자가 된 다음에 무엇을 바꾸려하였고 무엇이 바뀌었는가? 그들에게 승리를 안겨준 요소들은 어떻게 명문화되었을까?

사실 그들의 승리는 한 가지 요소만이 아니라 여러 요소들이 복합적으로 작용해서 나타난 결과였고, 이러한 요소들에 대한 연구는 많이 진행되었다. 이제 우리가 더 관심을 가져야 할 부분은 만주인이 승리한 이후의 문제들이다. 즉, 만주인의 승리에 도움을 주었던 정치·군사·경제·문화적 요소들이, 승리한 이후 만주인의 중국지배에 어떻게 기능하였는가? 만주인이 새로운 통치자가 된 다음에 무엇을 바꾸려하였고 무엇이 바뀌었는가? 그들에게 승리를 안겨준 요소들은 어떻게 제도화되었을까?

이러한 의문들을 풀어주는 열쇠는 만주인이 청나라를 지배·통치하였던 구조를 파악하는데 있다. 정치구조라는 측면에서 보았을 때, 청나라는 정복전쟁, 군기처의 등장, 자희태후의 통치, 신정(新政) 등 네 시기에 걸쳐 변화하였다. 과거 청나라의 정치구조는 네 시기 중에서 특정 시기만을 중심으로 연구되었다. 그 결과 만주인들이 중국을 정복하고 명나라와는 비교되는 군기처를 중심으로 하는 정치구조를 형성하였다는 점을 부각시켰지만, 그 이후에는 어떠한 변화를 겪게 되는가에 대해 제대로 보여주지 못하였다. 더구나 청나라를 전근대와 근대로 나누어 파악하는 방식은 청나라 전반에 걸친 정치구조의 변화과정을 파악하기 어렵게 만들었다. 따라서 단절적인 접근이 아니라 연속성이라는 측면에서 만주인이 중국을 지배·통치한 정치구조의 분석이 필요하다.

법과 제도는 왕조시대에도 일을 처리하는 움직일 수 없는 대원칙으로 기능하였고, 만주인이 만들어낸 법과 제도는 명나라와는 다른 형태의 정치구조를 등장하게 하였다.[23] 만주인이 만든 제도와 그것을 바탕으로 형성된 정치구조에 대한 분석은 그들의 지향점이 어디에 있었고 한계는 무엇이었는지 가늠하는데 도움이 될 수 있다.

청나라의 정치구조에 대한 분석이 처음 시도되는 것은 아니다. 중국학자들은 기본적으로 만주인의 중국화나 통일다민족왕조를 강조하는 입장을 옹호한다. 일본학자들은 만주인이 정복자와 피정복자의 구분을 이민족이 통치한 정치구조의 핵심전략이었다고 보았다. 일본의 연구를 받아들인 미국학자들은 청나라가 팔기제를 통해 만주인으로서 정체성을 유지할 수 있는 정치구조를 만들어냈다고 여겼고, 다양한 집단 사이의 대립구도를 조장하고 이용하였다는 점을 강조하였다. 한편, 기존의 연구에서 청나라의 정치구조는 단절적으로 서술되어왔고, 그 때문에 청나라의 정치구조의 변화과정이나 그로부터 파생되는 제 문제를 이해하는데 어려움을 야기하였다.

우리는 이제 기존연구에서 청나라가 단절적으로 서술되었던 방식으로부터 벗어나서, 청나라 전 시대에 걸친 정치구조의 변화과정을 추적하고, 만주인의 장기적인 중국통치를 가능하게 만들었던 제도적인 측면도 살펴볼 필요가 있다. 만주인이 중국을 지배·통치한 정치구조를 밝히기 위해서는 두 측면을 염두에 두어야 한다. 하나는 제도적인 변화에 주목하는 것이고, 다른 하나는 정치사건을 통해 권력관계의 변화를 파악하는 것이다. 또한 권력관계의 변화는 제도적인 변화를 뒤따르게 한다는 점에서 둘 사이의 상관성에 대한 분석도 필요하다.

이 책은 위의 문제의식을 바탕으로 하여 크게 세 부분으로 구성되었다. 1·2장은 청나라의 초창기, 3·4·5장은 전성기, 6·7·8장은 후반기의 역사를 다루고 있는데, 각각 중국의 정복, 제도의 정비,

정치의 변동 등을 주제로 삼고 있다. 그 간단한 내용은 이렇다.

청나라의 초창기는 명나라의 쇠락, 만주인의 흥기, 한인들의 협력 등을 중심으로 서술되고 있다. 이 시기에 만주인들은 명나라가 쇠락하고 있을 때 중국의 동북부 지역에서 힘을 키웠고, 명나라가 휘청거리던 결정적인 순간에 한인들의 협력을 이끌어냄으로써 손쉽게 산하이관(山海關)을 넘게 되었다. 다음으로 전성기는 중국정복, 권력의 제도화, 군기처 등의 문제를 다루고 있다. 만주인들의 중국정복은 적어도 두 세대 이상을 거치면서 완성되었고, 그 과정에서 한인들과 구분되는 정치적인 틀을 만듦으로써 자신들의 권력을 제도화하였다. 끝으로 후반기는 권력구조의 변화, 공친왕과 태후들, 자희태후의 왕조 등을 주제로 삼고 있다. 함풍·동치 시대를 거치면서 청나라의 권력구조는 크게 변화하였는데, 처음에는 그 중심에 공친왕, 자희태후, 자안태후 등이 있었다. 하지만 자안태후가 세상을 떠난 이후에 공친왕은 차츰 권력의 중심으로부터 밀려나게 되었고, 자희태후에게 권력이 집중되었다.

자희태후에게 모든 권력이 집중된 이후 청나라의 정치에서 '견제받는 권력'은 더 이상 존재하지 않게 되었다. 만주인은 팔기의 특권을 보호함으로써 정체성을 유지하고 여러 집단 사이의 대립구도를 이용하였는데, 결과적으로 그러한 정치구조는 소수민족왕조라는 태생적 특징을 가진 청나라에서 만주인의 권력도 일정하게 견제하게 만들었다. 홍타이지는 최고통지자의 명칭을 한(han)에서 황제로 바꾸었는데, 그 뒤 황제는 형식적으로 만주인이나 한인 누구의 편도 아니었다. 황제는 만주인과 한인, 그리고 한인의 남파와 북파

신하들 사이에 긴장을 유도하였고, 자신의 절대권력을 통해 균형과 견제를 유지하였다. 절대 권력이 약화되면서 균형과 견제라는 틀에 문제가 발생하였고 왕조체제를 약화시켰다. '견제받는 권력'은 만주인의 통치를 오래 유지될 수 있게 하였지만, 절대 권력이 왕조를 개인의 소유물이 아니라고 여겨서는 안 된다는 전제가 필요하였다. 자희태후는 견제받지 않는 권력을 차지하였고, 견제의 상실은 왕조를 무너지게 만들었다.

1. 만주인의 탄생

명나라의 위기

1600년이 시작되기 한 해전까지 조선은 일본의 군사적 침략에 맞서 7년 동안 분투하고 있었다. 명나라는 조선에게 천자의 나라였고, 왕을 비롯한 많은 신료들은 그 천자의 나라가 조선을 다시 태어나도록 해준 '재조지은(再造之恩)'을 베풀었다고 믿었다. 재조지은을 갚아야 한다는 의리론적 명분론을 지니고 있던 많은 신료들에게 명나라는 때가 되면 조공사절을 보내고 우러러봐야 하는 대상이었다.[1] 하지만 당시 명나라는 조선의 왕과 신료들이 생각하는 것만큼 반석 위에서 흔들림 없이 서있는 나라가 아니었다.

한 사회의 안정을 가늠하는 지표로서 사용될 수 있는 것이 그 사회의 다수를 구성하고 있는 사람들의 생계가 보장되는지의 여부이다. 명나라와 같은 농업사회에서 대다수 농민들이 생계를 안정적으로 보장받고 있다는 것을 보여줄 수 있는 지표는 무엇일까? 농민들이 생업의 터전으로 삼고 있는 지역을 벗어나지 않는 것이다. 명나라 중앙의 입장에서 보더라도 농민들이 거주지를 바꾸지 않는 것은 안정적으로 세수를 확보하는 바탕이 될 수 있었다. 하지만 이미 16세기 중반 이후부터 명나라의 편호제도이면서 세역(稅

役) 징수의 근간이었던 이갑제(里甲制)가 무너지고 있었다.[2] 지주들이 대토지를 소유하면서도 세금을 소작농민들에게 떠넘기게 되자, 생활이 어려워진 농민들은 자신이 살던 곳을 떠나서 도시로 흘러들거나 관청의 행정력이 미치지 않는 곳으로 달아나버렸다. 남겨진 농민들의 생활은 더욱 어려워질 수밖에 없었고, 그것은 사회의 불안요소가 되었다.

농민들의 고달픈 생활은 명나라의 쇠락을 현상적으로 보여주는 것이었는데, 그 현상이 왜 나타났는가에 대해서는 지금까지의 연구를 통해 대체적으로 환관의 정치개입, 재정의 악화, 변경의 위기 등 몇 가지 원인들이 제시되고 있다.

환관의 정치개입은 한나라와 더불어 명나라 때 심각한 정치적 폐해를 야기하였다.[3] 근원을 따져보자면, 환관이 정치에 간여할 수 있는 계기를 마련해준 것은 영락제였다. 영락제는 자신의 조카 건문제의 제위를 찬탈하였고, 심리적으로 떳떳하지 못하였기 때문인지 관료들을 신뢰하지 않았다. 원래 명나라를 세운 홍무제는 환관의 정치개입은 절대로 있어서는 안 된다고 여겼고, 그것을 어길 경우 참형을 내리는 방침을 세웠다. 하지만 영락제는 환관들로 구성된 동창(東廠)·금의위(錦衣衛)를 통해 관료들을 감시하였다. 관료들의 행동을 감시하고 통제하면서 정보를 독점하게 된 환관들이 어떤 힘을 가지게 되었는가는 자명한 일이었다. '정치' 환관들은 처음에 영락제의 지휘 아래에서 그의 명령을 충실히 따르는 존재에 불과하였지만, 시간이 지나면서 관료들의 임면을 좌우할 수 있을 정도의 힘을 갖게 되었다. 물론 환관이 원래 태생적으로 황제의 신뢰를 등에 업은 존재였기 때문에, 신뢰가 사라지는 순간 정치적인 힘도 잃게 되었다. 따라서 환관이 일으킨 정치적인 문제들은 황제가 절차에 따르지 않고 사적인 방식으로 권력을 휘두르는 과정에서 나왔다고 보는 것이 더 타당하다.

유학적 소양을 갖춘 관료들은 환관들의 전횡을 바라보고만 있지는 않았다. 유학의 경전에 나오는 논리에 따르면, 환관은 사람된 도리를 다하지 못하는 잘못을 저지른 존재였다.[4] 그런 하찮은 존재들이 자신들의 정치적 운명을 좌지우지하도록 내버려둘 수는 없는 일이었다. 관료들은 모든 일들을 행정적인 업무에 절차를 부여하고 제도화하려는 경향을 가지고 있다. 절차가 마련되고 제도화되면, 관료들이 할 일은 정해진 절차와 제도에 따라 업무를 처리하는 것이었다. 나중에 문제가 발생하더라도 자신의 책임을 피할 수 있었다.[5] 관료들은 환관들이 발호하는 상황에서 환관의 편에 서서 관직을 유지하는 쪽을 선택하거나 관직에서 쫓겨나더라도 그에 맞서는 쪽을 선택하였다. 어느 쪽이든 명나라의 위기를 심화시켰다. 관료가 환관과 결탁할 경우 권력이 비판과 견제로부터 자유롭게 되면서 소수의 전횡은 심해질 수밖에 없었고, 관직에서 쫓겨날 경우 정책을 결정하고 추진하는데 배제되었기 때문이었다. 또한 명분을 중시했던 관료들은 환관의 잘못을 비판하는 경우에도 그러한 상황을 방치한 황제를 비난할 수는 없었다. 사실, 만력제처럼 명나라 황제들이 관료들에 둘러싸여서 자신은 단지 상징적인 권력이었을 뿐이었고 현실적인 권력이 되지 못했더라도 환관의 전횡과 부패에 대한 책임으로부터 자유로울 수는 없었다.[6] 황제가 되는 것을 선택한 것이 아니라 황제로 태어났다고 하더라도, 그리고 부패는 환관과 관료들이 만들어낸 정치적 결과라고 하더라도, 완전무결한 존재로 여겨지는 황제는 자신이 임명한 사람들이 초래한 일들로부터 자유로울 수 없었기 때문이다.

정치권력이 사적인 집단에 의해 독점되었을 때 발생할 수 있는 일들을 머리에 떠올리는 일은 어렵지 않다. 어떤 조직이든 그 조직을 유지하는데 기본적인 비용, 즉 돈이 들어간다. 돈은 탐욕의 근원이 될 수도 있고, 정치권력을 독점한 인물이나 집단은 자신의 지위에 만족하지 않는다. 그 지위를 통해 돈을 거둬들인다. 사회적인 재부의 총량이 끊임없이 증가하더라도 특정 집단이 부를 독점하게 되면 문제를 야기할 수 있는데, 명나라처럼 재부의 총량이 일정한 단계에서 정체되는 구조를 지닌 폐쇄적인 농업사회에서는 더 큰 문제를 야기할 수밖에 없었다. 정치권력을 독점한데다 부패하기까지 한 인물이나 집단의 존재는 사회와 경제에 파괴적인 영향을 끼치고, 이는 명나라에서도 마찬가지였던 것이다. 명나라에서 토지와 성인남자에게 부과되던 기본 세금[稅役]은 276년 동안 거의 변함이 없었다.[7] 이것은 중앙의 재정규모가 변하지 않았다는 것을 의미한다. 하지만 명나라 말기에 이르면 세금은 크게 증가하였다. 그 이유는 기본 세금 이외에 추가적인 부가세의 징수 때문이었다. 부가세는 일반적으로 지방관청에서 재량권을 가지고 있었기 때문에 전혀 통제를 받지 않았다. 결국 특권을 누리지 못하는 사람들에게 무거운 세금이 부과되었고, 더 많은 토지를 소유한 사람들이 더 많은 세금을 내던 구조는 무너지고 말았다. 또한 인구가 증가함에 따라 나라에서 필요한 지출의 규모는 늘어났어도 수입이 제자리걸음을 하고 있었기 때문에 중앙의 재정상황이 악화되었다.

중앙의 재정상황이 악화된 것은 변경의 위기를 가중시켰다. 명나라는 변경지역에 군호를 배치하고 세금이 면제된 경작지를 제공함으로써 외부의 적들을 방어하게 하는 정책을 실시하였다.[8] 명나라의 군사행정에서 군량과 급료를 포함한 군사비는 현지에서 충당하는 것이 원칙이었고, 호부(戶部)는 중앙의 담당기관으로서 전체적인 상황을 감독하였다. 그런데 중앙의 재정이 악화되면서 지방관청은 부가세를 통해 더 많은 세수를 확보하라는 압박을 받게 되었고, 그 결과 변경에 주둔한 군대에는 군량과 급료가 제대로 지급되지 못하는 상황이 나타났다. 군량과 급료를 지급받지 못한 군대의 병사들에게 왕조에 대한 충성심과 의무감만으로 방어의 책임을 다하라고 할 수는 없었다. 명나라 중기 이후 군대의 질이 떨어지게 된 배경에는 호부가 군대의 보급상황을 제대로 감독할 수도 재정적 지원을 할 수도 없었고, 연납을 통해 군호가 된 자들은 군사적 임무를 뒷전으로 한 채 대토지를 소유하고도 세금을 회피하거나 상행위를 통해 이득을 취했기 때문이었다.

군비가 제대로 지원되지 못하고 군대의 질이 떨어지면서 변경의 약점이 드러났다. 북쪽의 만주인들이 실질적인 위협세력이 되기 전까지 무기력한 명나라 군대에게 가장 큰 시련을 안겨 준 것은 동남부 해안지역을 약탈하였던 해적들이었다. 당시 해적들은 원나라 말기에 해상에서 약탈을 일삼았던 해적들과는 성격이 좀 다른 집단이었다.[9] 원나라 말기의 해적들은 대륙·한반도·일본열도 등

동아시아의 각 지역이 원명교체·려선교체·남북조라는 정치적 소용돌이에 빠진 상황을 틈타서 몇몇 섬을 근거지로 삼고 바다위에서 자신들의 활동영역을 넓혔다. 그들은 정치적 혼란 속에서 왕조의 공인을 받는 무역활동을 할 수 없게 되자 밀무역이나 해상약탈을 통해 재부를 축적하였다. 그러다가 명나라·조선·무로마치바쿠후 등이 강력한 토벌작전을 진행하고, 감합(勘合) 무역이나 왜관(倭館) 무역과 같은 공무역체제가 확립되면서 사라지게 되었다.

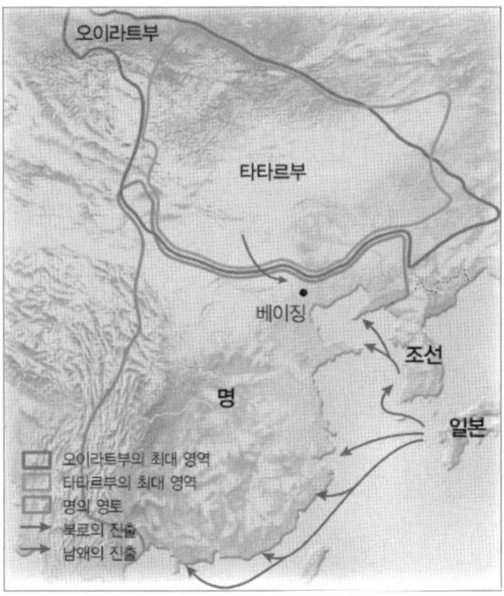

16세기 중반 일본이 전국시대말기의 혼란에 빠지게 되면서 무사들이 바다로 나가서 약탈활동을 시작하였고, 명나라와 조선에서 포로로 잡히거나 생계를 위해 해적질에 가담하였다. 오랜 전란과정에서 전투에 단련된 무사들은 때때로 내륙 깊숙이 침입하여 마을들을 약탈하였다. 명나라의 해안지역은 치지광(戚繼光)의 군대가 등장하기 전까지 거의 속수무책으로 약탈을 당하였고, 해적들의 약탈은 도쿠가와 바쿠후라는 강력한 중앙집권적 정치권력이 등장하여 출입국을 통제하면서 진정될 수 있었다. 한편 몽골지역에서는 다얀 칸과 알탄 칸이 차례로 강력한 세력을 형성하여 북쪽 변경뿐만 아니라 만리장성을 넘어 화북 지역까지 침공하여 약탈하였다. 특히 1550년에 알탄 칸이 베이징을 수일 동안 포위하는 긴박한 상황이 전개되기도 하였다. 명나라와 몽골 사이의 긴장관계는 마시(馬市)가 설치되고 정식 무역이 시작되면서 해소될 수 있었다.[10]

해안지역에서 약탈을 일삼았던 해적들과 북쪽 변방을 위협하였던 몽골인들은 명나라 백성들을 불안에 떨게 만들었을 뿐이었다. 하지만 그들은 명나라를 무너뜨리고 자신들의 왕조를 세우겠다는 '거대한 야망'을 지닌 집단이 아니었다. 하지만 북쪽의 만주인들은 명나라가 차츰 활력을 잃어가는 것을 보면서 '거대한 야망'을 품게 되었다.

만주와 만주인

만주인을 거론할 때 대체로 유구한 역사를 지닌 것을 강조하고 그들의 거주지역이라는 관점에서 접근한다. 즉, 만주인은 백두산과 흑룡강 사이를 무대로 생활하였고 시대별로 달리 불렸던 숙신(肅愼)·읍루(挹婁)·물길(勿吉)·말갈(靺鞨)·여진(女眞) 등을 조상으로 한다는 것이다.

먼저 사료를 통한 실증이라는 관점에서 본다면, 송나라 때의 여진은 만주인과 직접적으로 관련이 있다고 말하기 어렵다. 또한 명말의 만주인도 원래 북중국과 랴오허(遼河) 평원에 살던 여진인들이 아니다. 만주인은 금을 건국했던 여진족과 직접적인 계승관계도 갖고 있지 않다. 그들은 "동북변경에서 '중심으로 발전하기' 시작한" 부족이었다. "중심으로 발전하기 시작한 부족으로서 만주인은 의심의 여지없이 청제국의 창시자 누르하치가 속한 아이신 기오로 일족으로부터 시작되었다고 보아야 한다."[11] 그들이 과거 여진족의 문화나 역사를 계승한다고 보게 된 것은 오해에서 비롯되었다. 명조나 조선의 문헌들이 동북지역에서 새롭게 세력을 확대하던 만주인을 별 다른 의심 없이 과거의 여진족과 동일한 것으로 기술하였고, 문자를 갖기 전 만주인의 상황을 밝히는 데 그 문헌들이 이용되었던 것이다.[12]

다음으로, 만주인이 사용하던 언어 속에서 "주션(jušen, 한자어의 女直이나 女眞, 우리말의 여진)"은 백성이나 천한 신분을 나타내는 의미로 사용되었다. 『만문노당(滿文老檔)』에서 '주션'은 만주인의 지배하에 놓이게 된 사람들이나 그 집단을 의미하였다.

〈1612년〉

노비가 없어지면 주인이 어찌 사느냐? 주션이 없어지면 버일러가 어찌 사느냐?

[aha waijici ejen adarame banjimbi. jušen wajici beile adarame banjimbi.]

〈1613년〉

울라 나라를 토벌하여 파괴하고 가졌다. 이제 여허를 토벌하여 빼앗고 끝낸다. 우리의 주션 나라들을 토벌하여 끝내고 너희 명나라를 토벌할 것이다.

[ulai gurun be dailame efulebi gaiha. te yehe be (dailambi) dailame gaime wacihiyambi. meni jusen gurun be dailame wacihiyabi suweni nikan gurun be dailambi.]

위의 인용문에서 만주인에게 주션과 버일러의 관계는 군주와 백성의 관계가 아니라 노비와 주인의 관계였음을 알 수 있다. 그리고 "우리의 주선 나라들(meni jusen gurun)"에서 "우리의(meni)"는 만주인이 속해 있다는 의미가 아니라 "우리의 영역 안에 있는 주션 나라들"을 의미하는 것으로 보아야 한다.[13]

1708년 출간된 『어제청문감(御製淸文鑑)』은 최초의 만주어사전이면서 "이렇게 써야 한다고 하는 강력한 명령"[14]이었는데, "만주 노예를 주션이라고 한다(manju aha be jušen sembi)"고 정의하였다. 또한 만주인의 중국통치가 안정된 이후에 간행된 『청문총휘(淸文總彙)』에서 여진을 의미하는 "주션"은 "만주인의 노복(滿洲之奴才)", "주션 성(姓)을 지닌 사람들(jušen halangga niyalma)"이라고 정의되었다.[15] 이를 통해서도 만주인은 자신을 주션(=여진)과 다른 신분으로 보고 있었음을 알 수 있다.

끝으로, 만주인은 자신을 여진과 동일시하지 않았다. 만주인은 건주여진(建州女眞)에 기원을 두고 있는데, 왜 그들은 여진과 자신을 다른 존재로 여겼던 것일까? 1621년, 누르하치가 허투알라에서 랴오양(遼陽)으로 천도한 다음 내려진 포고문에는 이런 내용이 담겨있었다.

> (11월 12일)
> …… 주션·한인은 모두 한(汗)의 민이 되었다. 한이 귀중한 말씀으로 '주션·한인을 모두 하나로 여기고 공정하게 지내라'고 가르쳤으니, 말(로) 해도 안 되면, 말을 어긴 죄에 해당하는 죄로 무겁게 (처벌)하려 한다. ……[16]

[…… jušen nikan gemu han i irgen ohobi, han i aisin anggai jušen nikan be gemu emu hebei tondo banji seme tacibume henduci ojorakū gisun be dabame weile araci weile ujen ombikai. ……]

랴오양으로 천도한 뒤, 누르하치는 이제 주션을 정벌의 대상이나 노예로 여기던 만주인의 우두머리가 아니라 만주인·주션·한인 등을 거느리고 통치하는 군주로서 행동하였다. 주션·한인이 "민이 되었다"고 해서 "만주인의 노복"이었던 주션의 지위가 크게 달라졌음을 의미하지 않는다. 한과 주션은 군주와 민의 관계였지만, 만주인과 주션은 여전히 주인과 노복의 관계였다. 다만, 금(金)을 건국한 이후, 만주인은 남쪽으로 세력을 확대하였고 국가로서 기틀을 다져가고 있었다. 따라서 건국 이전, 느슨한 형태의 공동체와는 달리 국가기구를 관리할 관료, 세금을 부과할 수 있는 민(백성)을 필요로 하였다. 누르하치를 계승한 홍타이지는 더욱 명확하게 만주인과 여진을 구별하였고, 1635년에 다음과 같은 유지를 내렸다.

한이 말하기를, 우리 나라의 이름은 원래 만주·하다·울라·여허·호이파였다. 그것을 모르는 사람들은 주션이라고 한다. 주션이란 시버의 초오머르건과 같은 부족이었다. 그것이 우리에게 무슨 상관인가? 지금부터 앞으로 모든 사람들은 우리 나라의 원래 만주라는 이름을 부르라. 주션이라고 부른 경우 처벌한다.[17]

[han hendume musei gurun i gebu daci manju, hada, ula, yehe, hoifa kai. tere be ulhirakū niyalma jušen sembi. jušen serengge sibei coo mergen i hūncihin kai. tere muse de ai dalji. ereci julesi yaya niyalma musei guren i da manju sere gebu be hūla. jušen seme hūlaha de weile.]

위의 유지를 통해 홍타이지는 스스로 '만주인(滿洲)'임을 선언하였고, 만주인에게 더 이상 주션이라는 호칭을 사용해서는 안 된다고 경고하였다. 그런 호칭을 사용하는 자는 '감히' 만주인이 누구인지 모르는 무지한 자들이기 때문에 처벌을 받아야 할 죄인이었다. 주션은 징기스칸의 무사였고 이미 원말에 사라진 시버족의 초오머르건에게 사용되었던 호칭일 뿐이었다.[18] 결국 만주나 만주인은 어떤 의미에서 누르하치가 세운 나라의 바탕 위에서 더 원대한 꿈을 꾸고 있던 홍타이지가 여진이라고 불렸던 과거를 정리하고 새로운 시대를 열기 위하여 선언과 경고를 통해 만들어진 용어였다. 홍타이지는 명조가 동북지역을 통제하기 위하여 부여한 "여진(=주션)"이라는 호칭이 잘못되었음을 지적하였다. 앞서 누르하치는 1621년에 내린 유지를 통해 주션과 한인이 모두 자신의 "민"이니 공정하게 대우할 것이라면서 새롭게 차지한 랴오양지역에서 빠른 시일 안에 안착하려 했었다. 반면, 1635년의 유지는 조선과 몽골에 무력을 과시한 홍타이지가 랴오양지역을 통치하면서 얻은 자신감을 바탕으로 이제 과거를 털어내고 당당한 '만주인'으로서 정체성을 확립할 것임을 밝힌 것이었다.[19] 이듬해, 국호를 금에서 청(淸)으로 바꾸고, 몽골 방식의 '한'이라는 호칭을 한족들이 사용하던 '황제'로 대체한 것도 "만주 통치자가 이제 명조 황제와 대등한 관계에 있음"[20]을 알리는 것이었다. 그렇다면 만주인의 등장은 만주 글자와 어떠한 관계에 있었을까? 그들은 왜, 어떻게 만주 글자를 만들게 되었을까?

만주문자와 정체성

문자는 언어가 지닌 시·공간적 제약을 넘어서기 위하여 필요한 도구이다.[21] 정해진 공간에서 쉼 없이 되풀이되는 삶을 영위하는 집단에게 문자는 반드시 필요한 도구가 아니다. 하지만 자신이 속한 집단의 문화수준을 높이고, 공간의 제약을 넘어서 교류하기 위해서는 언어뿐만 아니라 문자도 필요하다. 만주인의 경우도 활동영역을 확장하고 외부세계와 교류하는 과정에서 문자를 갖게 되었다.

14세기 후반 원(元)이 멸망하고 명이 들어설 무렵, 송화강(松花江) 유역에서 거주하던 많은 부족들이 남하하기 시작하였다. 당시 부족들은 명과 조선에서 '여진'으로 불렸고, 지속적으로 남하하면서 세력과 활동영역을 확장하였다. 그들은 차츰 "농업사회의 인구와 재산을 노렸고, 조선과 명의 변경에서 자주 소란을 피웠다."[22] 1433~1479년, 명과 조선은 국경지역에서 소란을 피우던 '여진'을 다섯 차례에 걸쳐 정벌하였다.

『조선왕조실록(朝鮮王朝實錄)』의 기록은 참혹한 살상이 진행되었음을 보여준다. 1433년, 조선군은 "이르는 곳마다 승리하여 목을 베고 생포한 것이 5백여 명이고, 죽음을 벗어난 무리들이 모두 도망하여 적의 무리가 평정되었다."[23] 1467년, 명과 조선의 연합군은 "이만주를 비롯한 24명을 사로잡고, 268명의 목을 베었다."[24] 그 뒤, 1479년에는 명의 요청으로 조선이 군대를 파병하여 토벌을 도와주었다. 당시 조선에 군대의 파병을 요청하러 왔던 사신은 성종에게 다음과 같이 말하였다.

"군병(軍兵)의 합계(合計)가 15만 명인데, 다섯 길로 나누어 들어가 공격하여서 무찌를 만한 것은 무찌르고, 저들이 만약 도망해 숨는다면 마땅히 끝까지 찾아내고 먼 곳까지 찾아서 다 섬멸시킨 후에야 그만둘 것입니다. 만약 혹시 잡지 못하게 되면 또한 마땅히 군량을 운반하여 오래 머물 것이니, 그러면 겨울이 춥고 눈이 깊이 쌓여서 적(賊)은 반드시 저절로 죽게 될 것입니다. …… 대병(大兵)이 이르는 곳에는 반드시 남아나는 종류가 없게 될 것이지만, 만약 혹시 달아나 숨는다면 우리 군사가 마땅히 기회를 보아 막아서 죽일 것입니다."[25]

명과 조선이 '여진'의 세력 확대를 크게 경계하고 대규모 토벌을 진행한 이유는 무엇일까? 일반적으로 '여진'이 국경지역에서 한인이나 조선인을 공격하고 노략질을 일삼았기 때문에 토벌하였다고 여겨진다. 즉, 명은 변방의 흉악한 무리들로부터 백성들을 보호하기 위하여 '여진'을 토벌하였고, '여진'이 고립되었다는 것을 보여줄 의도에서 조선에 파병을 요청하였다는 것이다.[26] 하지만 당시 '여진'은 명이나 조선을 위협할 정도의 세력은 아니었다. 오히려 '여진'은 명이나 조선과 무역을 지속해야 할 필요가 있었는데, 교역이 제한받는 상황이었다. '여진'의 입장에서 본다면, 약탈을 통해 필요를 충족할 수 밖에 없었던 처지에 몰려 있었던 것으로 이해할 수도 있다.[27] 실제로 '여진'은 명과 조선의 공격으로 큰 피해를 입었고, "이후에도 명군의 수차에 걸친 포위와 토벌이 이어져 건주여진의 농업생산은 1542년까지 전혀 회복되지 못했다."[28]

1583년, 누르하치는 퍼알라에서 군사를 일으켜 주변 부족들을 통합하는 전쟁을 시작하였다. 그 후, 누르하치는 만주인의 역사를 만들어 갔다. 이제 그의 만주인은 늘 반복되던 생활과 정해진 영역을 벗어나서 한 단계 높은 도약을 준비하고 있었다. 만주인은 누르하치의 효과적인 전술 덕택에 명의 의심을 사지 않은 채 빠른 속도로 세력을 확대할 수 있었다. 즉, 누르하치는 "친히 여러 차례 조공을 바치는 등 종속적인 관계를 유지함으로써 명 조정이 그의 세력 확장을 경계하지 않도록 하였다."[29]

명의 관료들에게 누르하치는 과거 국경부근에서 소란을 피웠던 '여진'과 달랐다. 그들은 공손한 누르하치를 이용하여 '여진'을 효과적으로 통제한다고 믿었다. 누르하치는 "명에 절대적으로 순종하였다. 그는 자주 무순(撫順)으로 가서 자신이 사로잡은 포로들을 명에 바침으로써 충성심을 보여주었다. 1589년, 그는 건주좌위도지휘(建州左衛都指揮)에서 도독첨사(都督僉事)로 승진하였다."[30] 하지만 누르하치는 자신이 다스리고 있던 지역 안에서는 "스스로 왕이라고 칭하였다."[31]

한편, 당시 국제정세도 누르하치가 세력을 확장하는 데 유리하게 돌아가고 있었다. 1592년부터 조선과 일본은 7년 동안 전쟁을 치렀고, 명은 북쪽 변방에 대해 주의를 기울일 수 없었다.[32] 명·조선과 일본이 전쟁에 휘말려 있는 동안, 1593년 누르하치는 건주위를 완전히 장악하였고, 1598년 더 나아가 동해여진도 자신의 통치 아래 두었다.[33] 그 무렵, 조선은 '여진'의 움직임이 심상치 않음을 느끼고 있었다. 1595년, 선조는 건주지역을 정탐하고 돌아온 신충일의 보고를 받고서 "예로부터 오랑캐는 수초(水草)만 따라 사는데, 지금 노추(老酋, 누르하치)가 진보(鎭堡)와 성지(城池)를 많이 설치하고 기계(器械)도 구비하여 제조하지 않은 것이 없으며, 몽골(蒙古)의 삼위(三衛)도 모두 귀순하였다고 하니 그 조짐을 알 수가 없다."며 우려하였다.[34] 하지만 조선은 일본의 침략으로 외부문제에 신경을 쓸 겨를이 없었기 때문에 '여진'의 움직임에 적극적으로 대응할 수 없었다.

관할하는 영역이 넓어지고 경제교류가 확대됨에 따라, 누르하치는 독자적인 문자의 필요성을 느끼게 되었다. 원래 만주인들은 문자가 없었기 때문에 "대체로 문서는 모두 몽골 문자를 이용하여 기록하였다."[35] 하지만 사회가 발전함에 따라 몽골 문자로 만주어를 표기하는 데 어려움을 겪게 되었다. 만주인은 이제 몽골인의 유목문화 뿐만 아니라 한족의 농경문화와 국가체제를 흡수하고 있었고, 흩어진 부족들로 존재하던 때에 자신들의 역할모델이었던 몽골인을 넘어서고 있었던 것이다.

1599년, 누르하치는 몽골 문자를 차용하던 방식에서 벗어나 만주인의 문자를 만들기로 결정하였다.[36] 박시 어르더니는 누르하치의 말을 듣고 "예부터 내려온 글을 지금 어떻게 바꿀 수 있겠습니까?"라며 난색을 표시하였다. 그러자 누르하치는 이렇게 반박하였다.

> 니칸국의 책을 낭독하면 니칸에서 글을 아는 사람이나 모르는 사람이나 모두 알아듣고, 몽골국의 책을 낭독하면 몽골에서 글을 모르는 사람도 역시 모두 알아듣는다. 우리의 책을 몽골글자로 썼고, 낭독하면 우리나라에서 글을 모르는 사람이 알아듣지 못한다. 우리나라의 말을 쓰는 것이 어찌하여 어렵고, 남의 몽골국 말은 어찌하여 쉽다는 것인가! …… 나의 마음은 생각이 끝났으니 너희들은 만들어보라, 할 수 있을 것이다.

[nikan gurun i bithe be hūlaci nikan bithe sara niyalma sarkū niyalma gemu ulhimbi. monggo gurun i bithe be hūlaci bithe sarkū niyalma inu gemu ulhimbi kai. musei bithe be monggorome hūlaci musei gurun i bithe sarkū niyalma ulhirakū kai. musei gurun i gusun i araci adarame mangga encu monggo gurun i gisun adarame ja …… mini dolo gūnime wajiha suwe arame tuwa ombi kai.]

우리는 누르하치의 말 속에서 두 가지를 알 수 있다. 먼저, 그는 만주인들이 모두 공유할 수 있는 온전한 형태의 만주 문자를 필요로 하였다. 몽골 문자를 빌어서 만주어를 표기하게 되면 만주 말을 제대로 옮길 수 없고, 그것은 글을 모르는 일반 만주인들에게 불편을 주는 일이라고 여겼다. 다음으로, 만주인의 나라가 명(니칸국)이나 몽골보다 못할 것이 없다고 여겼다. 누르하치는 차츰 세력을 키워가고 있던 만주인에게 만주어를 만들 수 있는 능력이 있다고 확신하였던 것이다. 그는 한인이나 몽골인처럼 만주인들도 자신들만의 문자를 가짐으로써 민족의 자긍심을 높이고, 주변의 다른 민족들과 구별되는 정체성을 확립하려 하였던 것이다.

박시 어르더니는 기존에 몽골 문자를 빌어 만주어를 표기하던 방식을 탈피하여 만주어를 표기할 수 있는 문자를 창제하였다. 그가 만든 만주문자는 12字頭를 바탕으로 만들어졌다. 초기 만주문자에는 권점(圈點 ०과 ·)이 없어서 무권점(無圈點) 만주어로 불렸다. 무권점 만주어는 제대로 된 형태라고 보기 어렵고, 어휘가 늘어남에 따라 문맥에 따라 의미를 파악하는 것도 곤란해지게 되었다. 예를 들어, 무권점 만주어에서는 아래 그림 왼쪽에서 보이듯이 '비(雨, aga)'와 '노비(aha)' 모두 aka로 표기되고, '슬퍼하다(akambi)'와 '비가 내리다(agambi)' 모두 akambi로 표기될 수 밖에 없었다.[37]

더 큰 문제는 무권점 만주문자가 원래 문자를 만든 목적에 부합하지 못하였다는 점이다. 누르하치는 더 많은 만주인들이 문자를 앎으로써 만주인으로서 자부심을 갖기를 바랐다. 하지만 무권점 만주문자는 쓰기에 쉽지 않았다. 누르하치의 뒤를 이은 홍타이지는 무권점 만주문자의 문제점을 이렇게 지적하였다. "자주 쓰는 글자는 쉽게 뜻이 통했지만, 인명 및 산천(山川)과 지명은 문맥으로 파악할 수 없었기 때문에 필연적으로 착오가 발생하였다."[38] 즉위 후, 조선과 몽골을 정벌하여 세력을 확대하고 있던 홍타이지는 만주문자를 널리 보급하기 위해서는 개선이 필요하다고 여겼던 것이다.

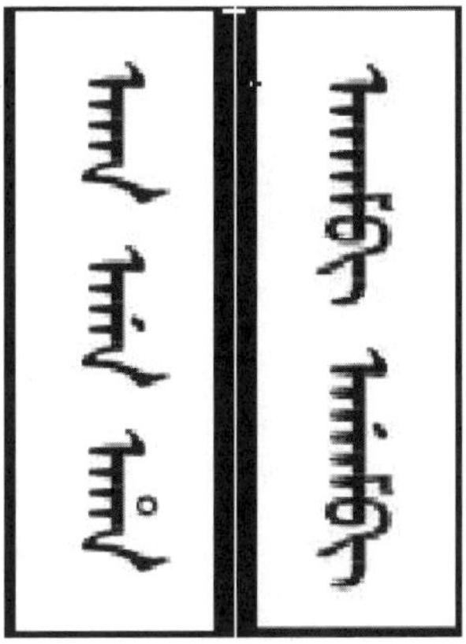

1629년, 박시 다하이는 홍타이지의 명을 받들어 만주 문자에 "권점을 추가하여 표시하였다. 또한 (새로 만든) 첫 글자를 예전에 있던 글자 옆에 써두었고, 나중에 현자들이 보고 구별하는 데 만에 하나라도 이로움이 있어야만 마쳤다."[39] 그런데 건륭시기에 『만문노당』을 다시 필사하여 정리할 때 다하이의 업적을 조사하여 작성한 글을 보면 흥미로운 점이 발견된다. 다하이는 "한문서적들을 번역하라는 명에 따라 『형부회전(刑部會典)』·

『소서(素書)』·『삼략(三略)』 등의 책을 만주문자로 옮기기 시작하였고 그 일을 완수하였다. 아울러 12자두에 권점을 첨가하여 구분하였다."[40] 다하이는 유권점 만주글자를 사용하여 한문서적들을 번역하였음을 알 수 있다. 그렇다면 왜 위의 책들이 선택되었을까? 원래 유권점 만주문자를 만들게 된 이유는 더 많은 만주인들이 쉽게 자신의 문자를 사용하려는 데 있었다. 따라서 형부와 형벌에 대한 규정을 담고 있는 『형부회전』, 유교의 인의도덕에 따른 행실의 방향을 제시하는 『소서』, 기본적인 병법을 소개하는 『삼략』 등을 만주글자로 번역함으로써 만주인들의 소양을 높이고 유권점 만주글자를 보급하려 한 것으로 볼 수 있다. 이점은 다하이가 죽기 전에 실용적인 서적 『자치통감』·『육도』·『삼국지』 등의 번역을 진행중이었다는 사실을 통해서도 알 수 있다.[41]

유권점 만주문자로 쓰여진 『만문노당(滿文老檔)』은 "1629년에 문관(文館)을 설립한 뒤부터 편찬되기 시작하였고", 편찬할 때 조선이나 명에서 구해온 공문서의 종이를 재활용하였다.[42] 만주인 역사의 편찬은 유권점 만주문자의 등장이나 한문서적의 번역과 함께 시작되었는데, 여기에는 홍타이지의 정치적 목적이 있었던 것으로 보인다. 홍타이지는 누르하치의 유지를 어기고 "버일러들의 힘을 억제함으로써 전투에서 단련된 다수에 의해 지배되는 봉건제를, 한 사람이 관료들을 이용하여 지배하는 군주제로 바꾸는 신속한 결단을 내렸다."[43] 그는 자신만이 누르하치를 계승한다는 정당성을 확보하기 위하여 문자를 정비하고 '누르하치'를 비롯한 선왕들의 역사를 정리하고 통치에 필요한 서적들을 번역하게 하였던 것이다.

요컨대, 조선과 명에게 '(건주)여진'으로 불리던 동북지역의 부족은 1583년부터 누르하치의 지휘 아래 세력을 확장하기 시작하였다. 1599년, 누르하치는 지배영역을 확대하고 교류가 증가하자 자기 나라의 말을 표기할 수 있는 고유한 문자의 필요성을 느꼈고, 어르더니를 시켜 문자를 만들게 하였다. 그 뒤, 홍타이지는 군사적으로 조선과 몽골을 넘어섰고, 1632년에 자기 나라의 말을 더욱 정확하게 표기할 수 있는 문자를 만들게 하였다. 통치영역의 확대와 고유문자를 통해 얻게 된 자신감을 바탕으로, 1635년에 홍타이지는 자신을 만주인이라고 선언하였고 이듬해에 국호를 청으로 바꾸었다. 이것은 만주인이 명을 대체할 세력임을 밝힌 것이었다.

2. 중국정복

청나라의 탄생이 선포되던 날, 홍타이지는 만주인·몽골인·한인에 의해 황제로 추대되는 의례를 거행하였다. 당시 의식에 참석한 사람들은 청나라가 처한 상황을 상징적으로 보여주었다. 대다수 한인은 여전히 명나라가 통치하는 영역 안에 거주하고 있었기 때문에 의식에 참가한 극소수의 한인은 나라를 등진 사람들로 여겨질 수밖에 없었다. 또한 당시 명나라는 만주인의 군대와 만리장성의 안팎에서 크고 작은 전투를 치르고 있던 교전국이었고,[1] 명나라의 입장에서 청나라는 중앙 조정에 반기를 들고 무엄하게도 왕조를 참칭하는 집단이었을 뿐이었다. 조선은 청나라의 초청을 거부하였는데, 1626년의 전쟁에서 패배한 이후 청나라와 형제관계를 맺고 있지만 하늘 아래 두 명의 황제가 있을 수 없다는 입장을 고수하면서 사절을 보내지 않았던 것이다.

홍타이지는 명나라를 대신하여 청나라를 황제의 나라로 만드는 일을 계획하고 있었다. 따라서 상황을 제대로 파악하지 못하는 조선의 불경스런 행위에 대해서는 강력한 조치가 필요하다고 여겼다. 그는 조선에게 이제 명나라가 아니라 청나라를 황제의 나라로 받들지 않을 경우 군대를 보내겠다고 위협하였고 출병일자까지 일러주었다.[2] 조선의 국왕이었던 인조와 강경파 신하들은 철저한 준비도 없이 전쟁불사를 내세웠다. 결국 압록강이 얼어서 팔기의 이동에 지장이 없고 날이 추워져서 면역력이 없던 만주병사들이 병사들이 천연두에 걸릴 염려도 없어지자,[3] 청나라의 군대는 거침없이 진격하여 열흘 만에 수도를 점령하였고 남한산성으로 달아난 인조를 성 밖으로 불러내서 홍타이지에게 황제에 대한 예를 갖추게 만들었다.[4]

청나라는 원래 명나라에 대한 전면전을 하게 되었을 때 조선이 위험요소가 될 수 있다는 걱정거리를 안고 있었다. 그러한 배후의 위험요소는 조청전쟁의 승리를 통해 제거되었다. '황제' 홍타이지는 아버지 누르하치가 명나라에 전쟁을 선포하면서 내세운 7대한을 풀고 천하를 통치하는 원대한 꿈을 실현하기 위해 다시 시선을 명나라로 돌렸다. 그가 당면한 문제는 팔기를 이끌고 명나라 정복전쟁을 진행하는 과정에서 한인들의 지지를 이끌어내는 일이었다. 한인들의 지지에는 청나라 편에 서는 것을 유리하다고 판단하여 자발적으로 협력한 경우와, 막강한 무력 앞에 굴복하여 강제적으로 협력한 경우가 있을 수 있었다. 어떤 경우든 우리는 이처럼 한인들이 만주인의 나라로 돌아선 것을 협력으로 부를 수 있을 것이다.

한인 회유정책

청나라는 나라의 규모에서 명나라와 비교가 되지 않을 정도로 작았다. 나라의 규모가 작다는 것은 쌍방이 전쟁을 하게 되었을 때 군대를 지원할 수 있는 힘에 큰 차이가 있다는 것을 의미한다. 누르하치가 비록 명나라에 대해 전면전을 선언했지만 여전히 명나라가 자신의 힘에 부치는 상대라는 것을 알고 있었다. 따라서 그는 영토를 확장하면서 가능하면 많은 한인들을 자신의 통치 아래 들어오게 만드는 정책을 펼쳤다.

대표적인 것이 한인들에게 토지를 나눠준 것이었다.[5] 1621년, 누르하치는 랴오둥(遼東) 지역의 요충지인 선양(沈陽)과 랴오양(遼陽)을 점령한 뒤에 만주인뿐만 아니라 한인들에게도 성인 남자의 수에 따라 가구마다 토지를 지급하였다. 이러한 계정수전(計丁授田) 정책은 누르하치로 하여금 새롭게 차지한 지역에서 안정된 재정기반을 마련함으로써 통치를 안정시킬 수 있게 해주었다. 1626년, 한의 자리에 오른 홍타이지는 누르하치가 선양과 랴오양을 점령한 다음 일부 한인들을 노복(奴僕)으로 만들었던 정책을 철회하였다. 사실, 누르하치는 원래 영토를 확장하는 과정에서 대단히 폭압적인 방법을 사용하였다. 그는 점령지의 한인들을 농노나 노비로 만들어서 자유를 박탈하였고, 전쟁은 농업경제를 파괴시켰다. 이러한 폭압에 대해 한인들은 폭동을 일으키거나 만주인들을 암살하는 방식으로 저항하였다.[6]

홍타이지는 만주인과 한인 사이의 갈등이 정치적 불안을 야기하고 궁극적으로 통치에 도움이 되지 않는다고 여겼다. 그는 한인과 만주인들을 서로 분리하여 거주하게 함으로써 만한갈등을 완화시켰다. 또한 선양과 랴오양에서 실시되던 유화정책이 알려지게 되면서 더 많은 한인들을 끌어들이거나 새롭게 정복하려는 지역의 민심을 자신에게 유리하게 만드는데 도움을 주었다.

누르하치의 계정수전 정책과 홍타이지의 개선안은 후금에서 청나라로 이어지는 과정에서 한인을 포섭해나가기 위해 추진된 것이었다. 한인 농민들에게 토지를 나눠주고 명나라의 관리들이 투항할 경우 관직을 보장한 것은 현실적으로 소수였던 만주인들이 국가를 통치하기 위해 다수 한인들의 노동력을 이용하고 인재를 확보한다는 관점에서 추진된 유인책이었다. 사실 일반 농민들과 달리 관리들의 투항은 명나라와 대립각을 세우고 있던 누르하치의 입장에서 보면 훨씬 더 효과적인 선전수단이 될 수 있었다. 하지만 현실적인 문제도 있었다. 누르하치가 선양이나 랴오양을 차지하였다고 하더라도 명나라로부터 투항한 관리들에게 적절한 대우를 해주기 위해서는 돈이 필요하였다. 또한 새롭게 차지한 지역에서 만주인들의 이익도 보장해주어야만 통치의 안정을 꾀할 수 있었다. 훗날 홍타이지는 선양으로 들어갔던 초기의 상황에 대해 "국가의 땅이 아직 넓지 못하고 민력(民力)이 부족하였으니 만약 명국의 사례대로 관에 따라 봉록을 지급하였다면 할 수 없었을 것이다."라고 술회하였다.[7] 당시 어려움을 이러한 문제를 해결할 수 있는 최상의 방법은 더 많은 영토를 확보하는 것이었고, 홍타이지가 아버지의 유훈에 따라 여덟 명의 왕들이 함께 통치하는 방식이 아니라 자신에게 권력을 집중시킨 것도 국가를 유지하려는 현실적인 필요 때문이었던 것으로 이해할 수 있다.

몽골인들과 만주인들 사이의 혼인동맹은 계정수전 정책과 함께 한인들이 만주인들에게 협력하게 분위기를 조성하고 압박한 요인으로 들 수 있다. 몽골은 크게 할하(외몽골)와 차하르(내몽골)로 나눌 수 있다. 할하몽골는 조선과 마찬가지로 명나라와 긴밀한 관계를 맺고 있었다.[8] 누르하치는 할하몽골을 자신의 영향력 아래 두기 위하여 많은 노력을 기울였다. 그는 선양과 랴오양을 점령하기 전후에 군사적인 압박과 혼인관계를 통해 할하몽골을 자신의 편으로 끌어들일 수 있었다. 만주귀족과 할하몽골의 귀족은 각자 원하는 버일러들과 인척관계를 맺었고 일종의 동맹관계가 형성되었다.

홍타이지는 할하몽골에 이어 차하르몽골을 자신의 통제 아래 둠으로써 명나라의 영향력을 제거할 수 있다고 여겼다. 그는 한의 자리에 올라선 다음 1627년과 1632년 두 번에 걸쳐 차하르몽골에 대한 친정을 감행하였다. 1634년 릭단 한은 결국 도주하다가 칭하이(青海)의 초원에서 천연두에 걸려 사망하였다. 이듬해, 홍타이지는 릭단 한의 처를 아내로 삼았고, 그의 둘째 딸에게 릭단 한의 아들을 남편으로 맞아들이게 하였다.[9] 홍타이지는 혼인관계를 이용하여 과거에 자신과 적대적이었던 세력을 회유하였고, 몽골인들 사이에서 자신의 지위를 확고하게 만들 수 있었다. 그는 군사적 압박과 혼인동맹을 통해 몽골지역과 몽골인들을 완전히 자신의 편으로 만듦으로써 자신의 지위를 더욱 강화할 수 있었다. 몽골인들이 명나라에 등을 돌리고 만주인들과 혼인동맹을 통해 긴밀한 관계를 맺게 된 것은 한인들에게 어떤 영향을 미쳤을까? 지역적 관점에서 본다면, 만주인들은 서쪽과 북쪽에서 명나라와의 관계를 내세워 자신들을 압박하던 세력이 사라지게 되게 되었고, 이것은 이제 명나라의 바람막이로서 자신들을 가로막고 있던 장애물이 제거되었음을 의미한다. 정치적 관점에서 본다면, 홍타이지는 자신의 통치 아래 있던 한인들로 하여금 더 이상 '만주인의 나라가 지속될 수 있을 것인가'라는 의구심이 들지 않게 만들었음을 의미한다.

대외적인 팽창은 홍타이지의 통치권 강화와 밀접한 관계를 갖고 있었다. 홍타이지는 대외적인 팽창정책을 통해 자신의 힘을 강화하였고, 그 힘을 이용하여 한과 일곱 명의 버일러, 모두 합쳐 8인이 공동으로 국정을 돌보던 틀을 폐기하였다.[10] 그는 '주군(ejen)'으로서 한과 '신하(hafan)'로서 버일러라는 새로운 틀을 만듦으로써 자신이 만주인의 나라에서 넘볼 수 없는 유일한 지위를 갖고 있음을 부각시켰다. 한이 권력을 독점하는 과정이 수월했던 것은 아니었다. 우선, 8인집단지도체제는 누르하치의 유훈이었다. 왕조시대에 선대의 유훈을 지키지 않는 것은 나라의 근간을 흔드는 일로 비춰져서 강력한 반발을 불러일으킬 수 있는 일이었다. 또한 현실적으로 버일러들은 오랫동안 자신들에게 충성스런 군대를 지휘하고 있

누르하치, 홍타이지, 푸린 사이의 관계

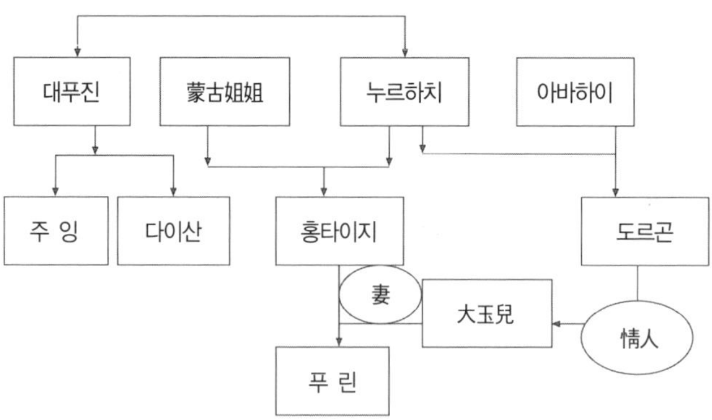

었기 때문에 홍타이지도 무시할 수 없었다.[11]

버일러들 중에서 다이샨·아민·망굴다이 등은 원래 한의 자리를 놓고 경쟁관계에 있었던 인물들로 홍타이지의 권위에 잠재적인 위협이 될 수 있었다. 1630년, 홍타이지는 아민의 군사적인 실패에 대해 책임을 물어 군사권을 박탈하고 유폐시킴으로써 8인집단지도 체제의 틀을 무너뜨렸다.[12] 1631년, 망굴다이는 공개적인 자리에서 홍타이지의 정책에 반대하였고 심한 논쟁이 벌어졌다. 이듬해, 망굴다이는 가벼운 병 때문에 약을 먹었다가 갑작스럽게 세상을 떠났다. 그런데 1635년에 망굴다이가 역모를 꾸민 적이 있다는 고발이 있었다. 결국 망굴다이의 일족은 처벌을 면할 수 없었다. 같은 해, 마지막 화살이 대버일러 아민을 향했다. 홍타이지는 아민이, 과거에 차하르와의 전투를 포함한 전투에서 한의 명령을 세 차례나 거부하였고, 적과 내통하였다는 이유로 대버일러의 지위를 박탈하였다.

신속하게 진행된 버일러들의 실각·죽음·강등은 만주인들 내부에서 홍타이지에 대해 반감을 야기했을 수도 있지만, 1636년의 황제즉위식을 비롯한 일련의 제도변화는 오히려 홍타이지의 현실적인 힘을 인정하는 분위기를 형성하였음을 보여준다. 홍타이지는 의정회의에 버일러뿐만 아니라 버일러보다 지위가 낮은 구사어전 등이 참가할 수 있게 하였다.[13] 과거에 버일러들만 참가할 수 있었던 의정회의에 구사어전 등이 참가하게 된 것은 최고정책결정기구로서 기능이 사라지고 버일러의 지위도 낮추는 효과를 발휘할 수 있었다. 그 대신에 1631년에 설립된 6부의 기능을 강화하고, 내삼원(內三院, 1636)·도찰원(都察院, 1636)·이번원(理藩院, 1638) 등을 설치하였다.[14] 내삼원은 황제의 문서작성·정책자문·황실교육 등을 담당하였고, 도찰원은 관리들에 대한 감찰을 맡았으며, 이번원은 몽골아문(衙門)을 승격시킨 것으로 만몽동맹의 강화를 목적으로 하였다. 버일러들이 중심이 되었던 집단지도체제는 만주인들의 전통적인 의사결정구조나 조직이 유지됨을 의미한다면, 6부를 비롯한 기구의 부상은 한인들의 방식을 전면적으로 받아들인다는 의지의 표현이었다.

한인들의 협력

계정수전이나 혼인동맹은 홍타이지가 누르하치의 방식을 계승한 것이었다. 하지만 홍타이지는 자신이 영향력을 갖게 된 지역의 한인과 몽골인을 피정복민이 아니라 통치의 대상으로 바라보기 시작했다는 점에서 누르하치와는 달랐다. 그리고 이러한 차이는 지향점을 어디에 두느냐는 것에서 나왔다. 누르하치는 여러 버일러들이 함께 통치하는 전통적인 부족형태의 정치방식을 유지하라는 유훈을 남겼다. 하지만 홍타이지는 자신에게 권력이 집중되는 정치구조를 만들었고, 적극적으로 한인들을 포섭하는 정책을 시행하였다.

1631년, 다링허(大凌河, 大凌河城) 전투는 홍타이지가 자신의 통치 아래 들어오게 된 한인들을 어떻게 다루었는지 잘 보여주었다. 다링허는 홍타이지가 서쪽으로 영역을 넓히고 남쪽의 닝위안

(寧遠)·진저우(錦州) 등을 지나 산하이관(山海關) 방향으로 명나라를 공격하기 위해서 반드시 차지해야 하는 지역이었다.

누르하치는 7대한을 갚겠다면서 명나라와의 전쟁을 선언한 이래 전투마다 승리하였고 명나라 장병들을 두려움에 떨게 만들었다. 하지만 1623년 쉬광지(徐光啓)가 산하이관으로 가는 길목에 위치한 닝위안에 포르투갈 대포를 설치한 뒤로는 명나라와의 전투에서 어려움을 겪게 되었다. 결국 그는 1626년 닝위안 전투에서 부상을 입은 뒤에 상처가 악화되어 사망하고 말았다. 홍타이지는 닝위안 전투에 참전하였고 서양대포의 위력을 실감하였다. 그 뒤에도 몇 차례 경험을 통해 명나라와 전투에서 승리하기 위해서는 적의 화력에 맞설 수 있는 대포가 반드시 필요하다고 여겼고, 한인 장인들을 받아들여서 홍이대포를 주조하게 하였다. 홍의대포의 등장으로 만주인 군대는 이제 막강한 기병과 함께 명나라의 화력을 상대할 수 있는 무기를 소유하게 되었고, 전투력을 크게 향상시킬 수 있었다.[15]

1631년 7월, 홍타이지는 대군을 이끌고 다링허를 공격하였다. 다링허 전투에서 홍이대포는 막강한 위력을 발휘하였다. 쭈다서우(祖大壽)가 지휘하고 있던 명나라 군대는 기병과 대포에 겁을 먹었고 변변한 공격도 하지 못한 채 성 밖으로 나오지 못하였다. 홍타이지는 쭈다서우에게 서신을 보내서 협력을 권유하였다. "내가 장군을 흠모하는 이유는 내가 동쪽 변방에서 일어나서 군대의 일만 알뿐 백성들을 보살피고 병사들을 위무하는 방법을 모르기 때문입니다. …, … 전쟁하는 일은 내가 맡을 테니 시교(示教)하는 일은 장군이 맡기를 바랍니다."[16] 홍타이지가 무력으로 성을 점령하는 밀어붙이기 방식이 아니라 지휘관을 회유하는 방식을 사용하였다. 그는 쭈다서우에게 사실상 투항을 압박하면서도 자신을 도와달라고 말하였다. 명나라 군대가 투항해오던 날, 홍타이지는 투항한 장병들을 위해 주연을 베풀었고, 쭈다서우에게는 여우털모자와 담비가죽옷 등을 직접 입혀주었다.[17]

명나라 장병들에 대한 예우는 단순히 보여주려는 것이 아니었고, 실제적인 조치도 뒤따랐다.[18] 이듬해 봄, 다링허에서 투항한 한인 장수들에게 지위에 따라 호위병을 붙이고 부녀자들을 내려주었다. 그들에게 호위병을 붙이는 것을 감시하기 위한 목적도 있었겠지만, 하인·농지·소 등도 내려 생계문제를 해결하도록 했다는 점에서 홍타이지가 적극적으로 한인들을 포섭하기 위해 노력한 것으로 볼 수 있다. 한인 장수에 대한 포섭정책은 쭈다서우의 사례에서 잘 알 수 있다. 쭈다서우는 항복을 거부하던 자신의 부장을 만주인들 앞에서 목을 베고 투항했는데, 투항한 후에는 일단 자신을 풀어달라고 하였다. 말하자면 반간계를 쓰자는 것이었다. 그는 자신이 일단 진저우로 간 다음 만주인들이 그곳을 공격하면 성안에서 호응하겠다고 약속하였다. 진저우가 간 다음, 쭈다서우는 숭정제에게 자신이 거짓으로 투항했다면서 만주인 군대를 공격하는데 앞장섰다. 이런 행동에도 불구하고, 쭈다서우는 1642년 청나라에 다시 투항했을 때 받아들여졌고 관직도 보장받았다.[19] 이것은 홍타이지의 한인 장수에 대한 포섭정책이 다링허전투 이후에도 지속되었음을 말해주는 것이다.

쿵유더(孔有德)·경중밍(耿仲明)·상커시(尙可喜) 등은 다링허전투 이후에 홍타이지에게 투항한 장수들이었다.[20] 이들이 투항하게 된 과정은 명나라의 사정을 잘 보여준다. 원래 쿵유더와 경중밍은 마오원룽(毛文龍)의 부하장수였다. 1632년, 마오원룽은 명나라와 조선에게 만주인들을 정벌한다는 명목으로 지원을 받고 있었는데, 위안충환(袁崇煥)에 의해 만주인들과 내통하였다는 이유로 처형되었다.[21] 마오원룽이 죽은 뒤에 쿵유더와 경중밍은 산둥 지역으로 갔는데, 현지인들과 좋은 관계를 맺지 못하였다. 그들은 다링허전투에 지원병으로 가던 중 군량미가 제 때에 공급되지 않은 것에 불만을 품고 군대를 돌려 산둥의 덩저우성(登州城)를 공격하여 함락시켰다. 하지만 명나라 군대의 반격을 받게 되었고, 그들은 자신들을 따르는 무리 1만여 명을 이끌고 덩저우를 탈출하여 바다로 나갔고 홍타이지에게 투항의사를 표시하였다. 홍타이지는 그들의 서신을 받고서 직접 전장(鎭江, 현재 丹東)으로 지르갈랑(jirgalang)·아지거(ajige)·도도(dodo) 등을 보내서 영접하도록 하였다. 쿵유더와 경중밍이 선양으로 올 때, 홍타이지는 멀리 교외까지 직접 마중을 나갔고, 그들에게 각각 도원수(都元帥)와 총병관(總兵官)의 관직을 내렸다. 이처럼 투항하는 장수들을 예우하는 정책은 명나라 조정에 불만을 품거나 처지가 곤란하게 된 일부 한인들에게 영향을 줄 수밖에 없었다.

상커시는 마오원룽이 죽은 뒤에 피도(皮島)로 반란을 진압하러 갔는데, 현지의 장수들로부터 마오원룽의 수하였다는 이유로 배척을 당하였다. 결국 상커시는 마오원룽의 수하에서 함께 지냈던 쿵유더를 통해 투항하겠다는 의사를 전달하였다. 홍타이지는 투항을 기쁜 마음으로 받아들였다. 1633년, 상커시는 수하의 남녀노소 3500여 명을 이끌고 투항하였다. 홍타이지는 상커시가 투항하러 올 때도 교외까지 나가서 직접 맞이하였고, 그에게 총병관의 직책을 제수하였다. 상커시의 투항으로 마오원룽의 주요 부하들이 모두 명나라를 등지고 홍타이지에게 넘어가게 되었다. 이러한 상황은 일부 사람들이 마오원룽이 명나라를 만주인들로부터 지키기 위해 노력했다고 평가하는 것에 대해 의구심을 갖게 한다. 사실 그는 처음부터 명나라와 만주인 사이에서 자신의 이익을 위해 행동하였을 가능성이 높고, 양쪽으로부터 일종의 대가를 챙겼을 가능성이 높다.

홍타이지가 한인 장수들을 포섭하는 방향으로 정책을 바꾸고 쿵유더 등에게 관직을 주면서 환대한 것은 그만한 이유가 있었다. 그들은 단신으로 투항한 것이 아니라 자신들의 무리를 이끌고 투항하였고, 그들만큼 랴오둥 지역을 잘 아는 장수들이 드물었다. 홍타이지의 입장에서 충분한 농지가 확보된다면 경작할 주민들이 늘어나는 것을 거부할 이유가 없었다. 또한 명나라와의 전투를 벌이고 영토를 확장하는 정책을 펼치고 있었기 때문에 대포 같은 화기를 잘 다루고 현지 사정을 잘 아는 장수들은 청나라 군대의 전투력을 높이는데 도움을 줄 수 있었다.

1633년, 홍타이지는 여러 팔기 안에 흩어져있던 한인 1580명을 차출하여 새로운 한인군단[漢軍]으로 조직하였다.[22] 이 한군은 투항해오는 한인의 숫자가 들어남에 따라 조직도 확대되었다. 처음에는 하나의 군단이었던 것이 차츰 4기·8기로 늘어나서 마침내 1642년에는 한군팔기로 편제되었고, 쿵유더·경중밍·상커시 등이 이끌던 부대들도 한군팔기에 편입되었다.[23] 만주팔기와 몽골팔기가 말을 타고 활을 쏘는 들판의 전투에 강한 면모를 보였다면, 한군팔기는 화기를 잘 다루었다. 따라서 한군팔기는 기존 팔기가 산성전(山城戰)에 약했던 점을 보완해줌으로써 명나라 군대를 대적하는데 도움을 주었다.

1631년 이후에 투항한 한인 장수들은 청나라 군대가 산하이관을 넘어서 중국을 정복하는데 큰 역할을 하였다. 1644년, 쿵유더와 경중밍은 "천우군(天佑軍)"을 이끌고 도르곤(dorgon)을 따라서 산하이관을 넘어 리쯔청(李自成)의 농민군을 격퇴하였다. 이듬해부터는 도도를 따라 화이허(淮河)를 건넜고 양저우(揚州)를 비롯한 중국 중남부지역들을 다니면서 청나라에 반대하는 세력들을 소탕하는데 혁혁한 공을 세웠다.[24] 건륭제는 『이신전(貳臣傳)』을 편찬하면서 명나라와 청나라 두 왕조에서 관료를 지낸 사람들을 충신이라고 부를 수 있는 갑(甲)과 무능한 자들로 여겨지는 을(乙)로 분류하였다. 당시 쿵유더·경중밍·상커시 등이 갑으로 분류되었는데, 건륭제가 그들을 갑으로 분류한 이유는 청나라가 중국을 정복하는 과정에서 세운 공적 때문이었다.

무관이었던 한인 장수들 이외에도 홍타이지가 중용한 한인들에는 판원청(范文程)·닝완워(甯完我)·홍청처우(洪承疇)와 같은 문인 출신도 있었다. 누르하치시대에 판원청은 단순히 투항한 생원(生員)이었고, 닝완워는 대버일러 다이산의 아들 집에서 가노(家奴)

로 지냈다.[25] 그들은 홍타이지의 휘하에서 20여 년 동안 중요한 정책을 입안하고 집행하는데 참여하였다. 1632년, 그들은 명나라를 공격하는데, 산하이관을 우회하여 베이징까지 깊숙이 침투하는 방식의 책략을 냈다. 그리고 "군민들에게 우리가 통치하게 된다면 부세를 감면하겠다고 유시하여 (그들을) 아끼고 보살피려는 의지를 표시하도록" 건의하였다. 홍타이지는 그의 의견이 타당하다고 여겼고, 명나라에 대한 공격은 적진 깊숙이 침투하여 적을 교란하는 방식이 사용되었다. 판원청은 밤낮을 가리지 않고 홍타이지의 부름에 응대하였고, 홍타이지는 판원청이 공문을 초안할 경우에 보지도 않고 비준해줄 정도로 그를 신뢰하였다.

가노였던 닝완워는 홍타이지에 의해 조정의 관원으로 파격적인 신분상승을 이루었기 때문에 홍타이지를 성심성의껏 도왔다. 그는 국가행정의 기틀을 다지기 위해서는 6부가 필요하고, 만주인의 상황에 맞게 명나라의 전례(典禮)를 변형시켜 각종 의식에 적용할 것을 건의하였다. 또한 앞서 언급하였듯이 닝완워는 판원청과 함께 명나라를 대적하는 책략을 상주하였고, 만주인들도 사서를 비롯한 유가경전을 배워야 한다고 역설하였다. 닝완워과 판원청은 한인이었지만 만주인들과 같은 관품과 봉록체계를 거쳐서 고관에 오를 만큼 신뢰를 받았다.

홍청처우는 청나라 군대가 쑹산성(松山城)과 진저우성(錦州城)을 공격하여 점령하였던 쑹진전투(1639~1642)에서 포로가 되었다.[26] 쑹진전투는 청나라가 명나라 군대를 물리치고 산하이관으로 진격하는데 중요한 고비가 되었던 전투였다. 홍청처우는 계요총독

(薊遼總督)으로서 명나라 군대를 지원하기 위하여 전투에 참가하였다. 그는 전투에서 고전하게 되었고 결국 쑹산성에서 포로가 되어 선양으로 압송되었다. 그는 포로가 된 뒤에 "죽어도 굽히지 않겠다면서 머리를 풀어헤치고 맨발로 (청나라에) 저주를 끊임없이 퍼부었다." 홍타이지는 판원청을 보내서 홍청처우를 설득하였고 그에게 예우를 약속하였다. 결국 홍청처우는 변발을 하고서 청나라의 신하가 되었다. 그는 판원청 등과 함께 만주인이 명나라의 제도를 자신의 특성에 맞게 변용함으로써 제도적인 틀을 갖추는데 도움을 주었다.

요컨대, 홍타이지는 즉위한 뒤에 아버지의 한인정책을 수정하였다. 그는 선양과 랴오양에서 만주인뿐만 아니라 한인의 생계문제에도 관심을 가졌고, 몽골인들과의 혼인동맹을 통해 통치를 강화하였다. 또한 투항한 한인 장병들을 포용함으로써 팔기의 전투력을 향상시킬 수 있었다. 홍타이지는 산하이관 북쪽을 장악하는 과정에서 한인들을 적대시한 것이 아니라 그들을 자신의 통치 아래 끌어들이기 위해 노력하였다. 그리고 한군팔기의 등장은 한인도 만주인이나 몽골인과 마찬가지로 청나라의 구성원이 될 수 있고, 청나라 안에서 만주인과 한인이 공존할 수 있음을 보여주었다.

입관(入關)과 베이징 점령

만주인의 중국정복은 1644년에 완성된 것이 아니라 시작되었다. 그것은 긴 시간에 걸쳐 진행되었고 성공적으로 마무리되었다. 만주인은 1636년에 청나라의 탄생을 선포하였고, 1644년에 베이징을 점령하였으며, 1664년에 남명(南明)을 표방하며 저항하던 세력들을 평정하였고, 1681년에 삼번의 난을 진압하였으며, 1683년 타이완에 남아있던 마지막 저항세력을 무력화함으로써 정복을 마무리하였다. 이러한 상황은 적어도 강희제(1661~1722)의 제위 초반기까지 청나라의 통치에 불안을 주는 요인이 존재하고 있었음을 의미한다. 또한 만주인의 중국정복은 베이징 점령 이전과 이후로 나눠볼 수 있다. 베이징 점령이 명나라가 사라진 자리를 놓고 리쯔청(李自成)의 농민군과 벌인 전투에서 승리한 것이라면, 그 이후의 전투는 정복지역을 확대하는 과정이었다.

베이징으로 입성하기 직전, 청나라에는 심각한 위기 상황이 출현할 수도 있었다. 위기 출현의 가능성은 홍타이지의 죽음 때문에 나타났다. 1643년 여름, 홍타이지는 뇌출혈로 52세의 나이에 갑자기 사망하였다. 명나라와 군사적으로 대치하고 있는 상황에서 국정의 수반이 후계자에 대한 특별한 언급 없이 갑작스런 죽음을 맞이하게 된 것은 그 자체로 위기가 될 수 있었다. 그런데 일단 대외적인 상황은 만주인들에게 유리하게 돌아가고 있었다. 명나라는 리쯔청의 농민군이 일으킨 봉기를 적절히 대처하지 못하고 있었던 것이다. 문제는 황제의 자리를 누가 잇느냐는 것이었다. 사실, 홍타이지는 집단지도체제를 폐기하고 자신에게 권력이 집중되는 황제중심의 관료체제로 바꾸었지만, 제위계승에 대해서는 별 다른 대비가 없었다.[27] 따라서 제위는 중국의 왕조처럼 적장자에 의해 계승되는 것이 아니라, 귀족들(황실)의 논의를 통해 만주인의 전통적인 방식으로 추대될 수밖에 없었다. 당시 누르하치의 열넷째 아들 도르곤(dorgon, 35세)과 홍타이지의 장남 하오거(haoge, 32세)가 유력한 황제 후보였다. 하오거라는 강력한 경쟁자가 없었다면 도르곤은 황제의 자리를 차지하려 했을 것이고, 그것은 만주인의 전통에서 문제가 될 것이 없었다. 도르곤은 자신의 정치적 영향력을 유지하면서도, 자신이 막강한 권력을 가졌을 때 하오거를 비롯한 경쟁자들의 반발을 무마시키는 방법으로 홍타이지의 아홉째 아들인 6세의 푸린(fulin)을 추대하였다. 하오거도 현실적으로 강력한 무력을 소유한 도르곤의 반발을 무릅쓰고 제위에 오르기보다 자신의 동생에게 양보함으로써 지위를 보장받는 쪽을 선택하였다.[28] 도르곤과 하오거 사이의 타협은 홍타이지 사후에 자칫 정치적 위기를 유발할 수도 있었던 상황을 막게 해주었다. 한편, 명나라의 수도가 농민군에 의해 점령된 것은 만주인들에게 중국정복이라는 기회를 제공하였고, 지속적인 군사원정이 진행되었던 상황도 내부적인 갈등을 봉합하는데 도움을 주었다. 도르곤 등은 홍타이지가 이루지 못한 대업을 완수해야 한다는 것에 누구도 이견을 갖지 않았다. 홍타이지가 죽은 지 1년이 지날 무렵 들려온 명나라 수도의 함락 소식은 도르곤 등에게 중국정복을 위해 군대를 움직여야 할 때가 되었음을 느끼게 해주었고, 그것은 만주인들 사이의 가라앉은 분위기에 활력을 불어넣는 일이었다.

1644년 봄, 리쯔청은 시안(西安)에서 대순(大順)을 건국하고 명나라를 대신하겠다고 선포하였다. 대순의 군대는 더위가 시작되기 전에 베이징을 손에 넣었고, 명나라의 숭정제는 궁전의 뒷산에 목을 매고 자살하였다. 명나라의 관료들 중 일부는 대순에 투항하여 관료가 되었고, 소수는 목숨을 끊음으로써 망한 나라에 대한 충의를 보여주었다. 또한 남쪽으로 피신한 황실과 일부 관료들은 난징(南京)에서는 복왕(福王)을 숭정제의 후계자로 옹립하였고, 후계자 홍광제(弘光帝)를 중심으로 한 명나라를 유지하려 하였다.[29] 남명 세력은 명나라를 지속시키지도 부활시킬 수는 없었다. 하지만, 대순과 청나라의 존재를 인정하지 않는 세력들의 존재는 새로이 중국을 통치하려는 왕조에게 정치적 부담이 될 수밖에 없었다. 리쯔청은 그러한 정치적 상황을 정확히 보지 못한 채 베이징을 약탈하고 파괴하였으며, 자신의 부하들조차 통제하지 못하였다. 결국 혼란에 빠진 베이징에서 질서를 회복한 것은 만주인의 군대였고, 우싼구이(吳三桂)의 투항은 결정적인 도움을 주었다. 원래 대순과 청

리쯔청 봉기

나라 모두 산하이관을 지키던 우싼구이를 자신의 편으로 끌어들이려 하였다. 우싼구이는 명나라에 반기를 든 반군을 소탕한 뒤에 훗날을 도모한다는 명분을 내세웠다. 하지만 나중에 그가 남명을 정벌하는 선봉에 섰다는 사실은 그의 선택에 다른 이유가 있었음을 말해준다. 즉, 우리는 우싼구이가 명분보다 청나라 군대의 실질적인 힘을 인정하지 않을 수 없었고 자신의 지위를 유지하고 어느 쪽으로 가는 것이 더 이익인가에 관심이 많았던 것으로 이해할 수 있다. 우싼구이가 명나라를 지키기 위하여 대순의 군대를 토벌하였다면 얻을 수 있는 지위는 기껏해야 장군 정도였을 것이다. 하지만 그는 청나라에 협조함으로써 번왕이 되었다.[30]

대순 군대가 명나라의 수도를 점령하고 우싼구이가 청나라에 투항한 것은 만주인들에게 분명 더할 나위 없이 좋은 기회이자 행운이었다. 그러나 어느 누구나 자신 앞에 나타난 기회를 움켜쥐는 것은 아니다. 만주인들은 홍타이지가 그토록 간절히 무너뜨리려 했던 산하이관의 문이 스스로 열리는 것을 보았다. 그들은 그 기회를 놓치지 않았고, 도르곤의 지휘와 투항한 한인들의 도움을 받으면서 베이징 방향으로 내달렸다.

도르곤이 군대를 이끌고 산하이관을 넘으면서 한인으로서 청나라에 투항한 판원청과 홍청처우의 의견을 귀담아 들었다. 판원청은 우싼구이가 투항하기 전부터 베이징을 공격할 때가 되었다고 역설하였다. 그는 명나라 백성들이 의지할 곳이 없는 상황에서 새로운 군주의 출현을 기다리고 있고, 농민군의 숫자가 많지만 이미 명나라의 "군주를 죽게 만들어서 하늘이 분노하였으며 사대부들에게 모욕을 주어 공분을 사고 있으니" 더 좋은 기회가 없다고 확신하였다.[31] 홍청처우는 청나라의 군대가 산하이관을 넘어 남진하는 과정에서 무엇보다도 백성들의 동요를 최소화해야 한다고 여겼다. 그는 우선 청나라 군대의 목적이 리쯔청의 도적떼를 소탕시키고 질서를 회복하는데 있다는 점을 널리 알리고, 병사들에게 "사람들을 살해하지도 가옥을 불사르지도 재물을 약탈하지도 말라"고 단단히 주의를 시키게 하였다.[32]

베이징을 점령한 뒤, 도르곤은 맨 먼저 숭정제의 장례를 치러주었다. 명나라 황제의 장례를 치러주자는 생각은 판원청이 낸 것이었다. 판원청은 청나라가 명나라의 원수를 갚고 질서를 되찾기 위해 군대를 일으켰다는 명분을 살리고, 백성들과 사대부의 마음을 달래려 했던 것으로 보인다. 그리고 그의 전략은 성공적이었다.[33] 당시 스커파(史可法)는 남명의 홍광제를 받들고 청나라에 저항하고 있었는데, 그마저 "수도에 들어와서 우리 황제를 위해 상을 치르고 예를 갖추었으며, …, …, 앞머리를 밀어버리는 명령을 거두었으니, …, …, 명나라의 신하된 자들 중에서 북쪽을 향해 경의를 표하지 않는 이가 없다."고 할 정도였다.[34] 하지만 만주인들이 명나라를 구해주기 위해 베이징에 온 것은 아니었다. 그들이 명나라 마지막 황제의 죽음을 애도하였더라도, 그것은 리쯔청과 좀 달리 세련된 방식으로 베이징을 점령한 것이었고, 이제 더 큰 목표는 중국을 손에 넣는 것이었다.

청나라는 천명을 받은 새로운 나라로서, 대순의 군대가 '도적떼'처럼 명나라의 수도를 유린하고 백성들의 재물을 약탈했던 것과 달리, 멸망한 왕조의 군주를 존중하고 백성들을 '소중하게' 여긴다는 점을 부각하려 하였다. 하지만 백성들은 '소중하게' 여겨지려면 천명을 받고 새로운 주인이 된 청나라를 마음으로 받아들이고 있다는 것을 보여주어야만 하였다. 바꿔 말해서 청나라를 마음으로 받아들이지 않을 경우 만주인의 칼끝이 목을 향해 날아오는 것을 피할 수 없었다.

약탈과 복종

청나라 군대가 산하이관을 넘어서 베이징을 차지하고 대순과 남명의 군대를 정벌하는 과정에 대해서 상반된 기록이 존재한다. 우리는 그 이유를 어렵지 않게 추론할 수 있다. 당시 상황에 대한 상당수의 기록은 중국정복이 끝난 뒤에 만주인들에 의해 윤색되었고, 왜 그리고 어떻게 그 어려운 정복이 그야말로 '순탄'하게 진행되었는가를 보여주었다. 마치 만주인들이 친절하고 준비된 통치자로서 명나라가 남겨둔 백성들을 잘 어루만졌기 때문에 중국의 새로운 주인이 된 듯한 느낌을 들게 한다. 반면, 우리가 만주인 군대의 잔혹행위를 알 수 있게 된 것은 청나라의 쇠퇴가 시작된 이후에 다시 기록되거나 세상에 빛을 본 책들을 통해서 가능하였다.

만주인들의 잔혹한 행위에 대한 기록은 홍타이지가 한인들을 포섭하는 정책을 실시하고 있었다는 때부터 나타났다. 1637년, 홍타이지는 조선을 정벌한 다음 소현세자를 인질로 붙잡아둠으로써 조선의 명나라 지원을 차단하였다. 조선 정벌과정에서 청나라 군대는 10만의 군대를 이끌고 노략질을 하여 큰 피해를 입혔으며[35], "거액의 몸값을 받을 수 있는 양반들을 포로로 생포하는 데 주력하였다."[36] 청나라는 조선 정벌을 통해 배후의 위험 요소를 차단하였고, 필요한 물자를 확보함으로써 어느 정도 경제적 어려움에서 벗어날 수 있었다.[37]

홍타이지는 원래 명나라와 우호적인 관계를 유지하면서 랴오둥 지역을 고수하는 정책을 펼쳤는데[38], 리쯔청의 봉기는 명나라를 혼란에 빠뜨렸고 그 혼란은 그에게 청나라의 힘을 보여줄 수 있는 정치적 공간을 제공하였다. 그리고 청나라 군대의 명나라에 대한 약탈적이고 잔인한 군사행동은 한인들에게 두려움을 느끼게 만들었다.

1638년 1월, 홍타이지는 도르곤에게 군대를 이끌고 명나라를 공격하게 하였다. 도르곤은 몽골을 거쳐 만리장성을 우회한 다음 운하를 따라 계속 남하하여 지난(濟南)을 공격하였다. 지난의 대부분 지역이 청나라 군대의 공격에 속수무책이었다. 포정사·순무·지현 등이 모두 청나라 군대에 의해 살해되었다.[39] 선양에서 지난까지의 거리는 800킬로미터가 넘는다는 점을 생각하면, 당시 청나라의 군대는 명나라 군대에 대비할 틈도 주지 않고 대단히 빠른 속도로 진격하였음을 알 수 있다. 더욱이 5개월 동안 청나라 군대가 휩쓸고 지나간 지역이 입은 피해는 상상을 초월하였고, 일반 백성들에게 '청나라 군대'에 대한 공포심을 심어주기에 충분하였다. 당시의 피해상황은 이랬다. "사람과 가축을 합해서 모두 46만을 사로잡았고, 우익군(右翼軍)만 황금 4,039량과 백은 977,406량을 노획하였다. …… 총독 2명과 수비(守備) 이상의 관원 100여 명을 살해하였다." 팔기군이 지나간 뒤에 "넓은 들판이 황폐해졌고 사방에 불탄 집들로 가득하였고", "경기(京畿) 남부 지역의 백성들 중 죽은 자가 열에 아홉이었다."[40]

1642년 10월, 아바타이는 홍타이지의 명령에 따라 팔기를 이끌고 명나라를 공격하였다. 팔기는 베이징 근처의 지저우(薊州)와 린칭(臨清)뿐만 아니라 멀리 바오딩(保定)까지 공략하였다. 늦가을부터 다음해 여름이 시작될 때까지 8개월에 걸친 약탈을 끝내고 돌아왔을 때, 아바타이는 홍타이지 앞에 황금 12,250량과 백은 2,205,277량을 비롯한 전리품을 바쳤다. 재화는 도르곤이 명나라를 공격했을 때보다 훨씬 더 많은 양이었다. 또한 당시 포로 36만 명과 가축 55만 마리도 팔기를 따라 만리장성을 넘었다.[41] 1638년보다 훨씬 많은 양의 전리품은 명나라 백성들의 더 많은 희생을 의미하기도 하였다. 하지만, 이것은 홍타이지가 죽은 뒤 중국을 정복하는 과정에서 일어난 잔혹한 '살육'과 비교하면 오히려 작게 느껴질 정도였다.[42] 청나라의 군대가 거칠 것 없이 국경을 넘어 여러 지역을 유린하고 있는 사이 명나라는 리쯔청의 봉기로 더욱 혼란에 빠졌고, 황제는 결국 농민군이 베이징을 점령하자 스스로 목숨을 끊었다. 자신들을 보호할 나라와 군대가 사라진 한인들은 이제 거칠 것 없이 빠른 속도로 남진하던 만주인 군대의 시퍼런 칼날아래 놓이게 되었다.

1645년 4월 24일, 도도는 군대를 이끌고 스커파의 지휘 아래 있던 양저우(揚州)를 공격하였고, 청나라 군대는 마치 한인들의 피가

대지 위에 더 많이 뿌려질수록 더 빨리 정복을 마무리하는 것처럼 행동하였다. 양저우를 점령한 이후 10일 동안, 청나라 군대에 의해 죽은 사람들이 "대략 80만 명이었다. 여기에는 우물이나 강에 몸을 던지거나 집안에 숨어 있다가 불에 타서 죽거나 몸을 숨겨 자살한 사람들은 포함되지 않았다."[43] 양저우가 함락되었을 때, 밤이 되어도 도처에서 집이 불타고 있었기 때문에 대낮처럼 밝았고, "논에는 시체들이 어지럽게 포개져서 나뒹굴었다. …… 우는 소리가 멀리서 들려왔는데, 아버지가 소리내어 아들을 부르기도 하였고 남편이 아내를 부르기도 하였다. 들판과 계곡에는 어린아이가 훌쩍거리며 흐느끼는 소리로 가득하여 차마 듣고 있을 수 없을 정도로 가슴을 아프게 만들었다."[44]

양저우에서 대학살의 참상이 벌어진 뒤, 얼마 지나지 않아서 자딩(嘉定)의 주민들도 같은 상황에 놓이게 되었다. 7월 3일, 청나라 군대의 말발굽 소리가 자딩의 평온함을 깨뜨렸다. 주민들은 허우퉁쩡(侯峒曾)의 지휘 아래 성 밖의 다리를 무너뜨린 뒤 결사항전의 의지를 다지며 사방으로부터 포위를 좁혀오고 있는 침략자들에 대항하였다. 청나라 군대는 진흙으로 만들어진 성벽을 향해 끊임없이 대포를 쏘아댔고, 성안의 어린아이와 부녀자들은 두려워서 밖을 내다보지도 못하였다. 다음날 새벽부터 비가 세차게 내리붓기 시작하였다. 그 와중에도 대포소리는 멈추지 않았고, 결국 포탄에 무너져 내린 성벽 사이로 청나라 군대가 물밀듯이 들어오면서 재앙이 시작되었다.[45]

자딩의 대학살을 자행한 사람은 리쯔청의 농민봉기에 참가했다가 청나라에 투항한 리청둥(李成棟)이었다. 그는 성안의 살아 움직이는 모든 것들을 죽이라는 명령을 내렸다. 병사들은 "모든 집을 비롯하여 작은 거리와 후미진 골목까지 하나도 남김없이 뒤졌고, 수풀을 수색할 때는 반드시 긴 창으로 헤집어 놓았으며 사람이 없는 것을 확인한 뒤에 그쳤다." 그들은 지나는 길에 사람들을 보면 재물을 요구하였고, 액수가 적어도 그 자리에서 목을 쳐버렸고 재물을 다 빼앗아도 살려두지 않았다. "처음 칼로 내리쳤을 때 큰 소리로 '어르신 살려주십시오!'라고 외치면 다시 칼로 내리쳐서 신음소리를 작아지게 하였고, 그 다음 다시 난도질을 해서 아무런 소리도 내지 못하게 만들었다."[46]

양저우와 자딩의 대학살은 다른 지역의 저항을 무력화시키는 효과를 가져왔을 것으로 보인다. 당시 양저우의 인구는 지방지에 나타난 호구(戶口)를 통해 계산해보았을 때 아무리 많아도 "15만에서 20만 사이였을 것이다"[47]는 점을 고려한다면, 80만 명이라는 숫자는 과장되었을 가능성이 높다. 하지만 양저우의 참상은 확대되고 과장되어 주변으로 퍼져나갔고, 중국의 새로운 주인에 반대하는 경우 어떠한 처지에 놓이게 될 것인지를 경고하는 효과를 낳았다. 자딩의 경우 잔인한 살육이 진행되었는데, 사건이 종료되었을 때 "성 안팎의 희생자는 2만여 명"[48]으로 양저우에 비해 적었다. 자딩에서 상대적으로 결사적인 저항이 이뤄지지 않았고, '소문을 들은' 주민들이 투항했음을 의미하는 것으로 볼 수 있다.[49]

결국 만주인들이 편찬한 역사서에 보이는 원만한 방식의 정복은 현실에서 존재하지 않았을 가능성이 높다. 권력을 움켜쥔 통치자가 바뀌는 일이 달아날 곳 없는 사람들의 피가 없이 이뤄지기는 쉽지 않은 일이었다. 랴오둥의 한인들이 만주인의 무력 앞에서 무너졌듯이 강남의 한인들도 일부를 제외하고는 속속 만주인들의 통치를 현실로 받아들이게 되었다. 한인들에게 만주인들이 처음에는 정복자처럼 보였다. 하지만 '시간'이 지나면서 만주인들은 차츰 통치자로서 여겨지게 되었는데, 우리가 여기에서 그 시간을 가늠하기란 어려운 일이다. 다만, 정치적 안정은 사회안정의 토대라는 점에서 권력이 제도적으로 보장되는 시점이 바로 만주인들이 차츰 통치자로서 여겨지게 된 때로 볼 수 있을 것이다.

3. 권력의 제도화

우싼구이·상커시·경중밍의 군대는 청나라가 베이징의 남쪽을 정복하는 과정에서 중요한 역할을 담당하였다. 세 군대 중에서 가장 강력했던 군대는 우싼구이가 이끌고 있었다. 우싼구이는 나머지 두 사람보다 10년 이상 늦게 청나라의 중국정복사업에 합류하였다. 하지만 1644년 산하이관의 문을 열어줌으로써 만주인이 본격적으로 중국정복을 진행할 수 있게 만들어주었고, 1650년부터 10여 년 동안 평서왕(平西王)으로서 샨시(陝西)[1]·구이저우·윈난 지역에서 반청세력을 진압하고 청나라의 통치를 확립하는데 도움을 주었다. 그 대가로 우싼구이는 자신이 만주인의 지배 아래 들어가게 만들었던 지역을 통치할 수 있는 특권을 얻었다.

상커시와 경중밍은 각각 평남왕(平南王)과 정남왕(靖南王)이 되어, 2만 명의 군대를 이끌고 광둥(廣東) 지역으로 출병하여 청나라에 반대하는 세력들을 진압하였다. 그들은 광저우를 공격하는 동안 수많은 한인들을 학살함으로써 만주인의 왕조에 대한 자신들의 변함없는 충성심을 보여주었다. 청나라는 그들에게 각각 광둥과 푸젠 지역을 통치할 수 있는 특권을 하사하였고, 그들이 통치하던 지역과 우싼구이가 통치하던 지역은 삼번(三藩)으로 불렸다. 삼번 중에서 우싼구이의 세력이 가장 강력했다. 우싼구이는 명나라 황실로 청나라에 저항하고 있던 계번(桂藩)을 정벌하였고, 그 수장이었던 계왕(桂王)을 미얀마까지 좇아가서 목을 잘랐다.[2] 민간에서는 계왕의 생모가 우싼구이를 역적이라고 욕하면서 언젠가 그의 온몸이 갈가리 찢겨질 것이라고 저주하였다는 이야기가 전해진다.

한편, 삼번 왕의 아들들은 만주인 여성을 아내로 맞아들였는데, 일부 사람들은 이 일을 삼번의 왕과 그 아들들이 청나라에서 특별한 한인으로 대접받고 있었음을 보여주는 것이라고 여긴다. 하지만 그들과 만주인 여성의 혼인은 만주인이 중국을 정복하는 과정에서 한인들을 자신들의 편으로 끌어들이는 방식이었다. 사실, 순치시대에는 오히려 만주인과 한인·몽골인 사이의 혼인이 장려되었다. 혼인이 금지된 것은 건륭시대 이후의 일이었고, 그것도 기인의 딸이 한인에게 시집가는 것을 금지했을 뿐이었다. 특히 팔기 내부의 만인·한인·몽골인 사이에는 자유롭게 통혼하였고, 한인 여성이 만주인에게 시집가는 일은 청초부터 줄곧 존재하였다.[3] 이 사실은 무엇을 의미할까? 만주인의 힘이 뻗어나가던 순치시대에는 가능한 한 많은 협력을 얻어내기 위하여 사람들을 끌어 모았지만, 그 힘이 한계에 이른 건륭시대에는 기득권을 지키기 위하여 협력이 아니라 배제를 선택하였던 것이다. 삼번 왕도 예외가 될 수는 없었다. 청나라의 중국정복이 성공적으로 끝나고 지배체제가 확립됨에 따라, 세 장군들은 잊힌 존재가 되어 복종하는 것만이 자신과 가족이 사는 길임을 알았어야만 했었다.

삼번 난의 진압

1660년대 초반 만주인의 중국정복이 마무리될 무렵, 삼번은 청나라 조정에 고민거리를 안겨주었다. 삼번 왕들의 도움이 중국정복에 큰 공헌을 한 것은 사실이었지만, 그들이 보유한 무력은 청나라의 안정적인 통치에 오히려 위협이 될 수 있었던 것이다. 특히 우싼구이는 나머지 두 왕들과 달리, 단순히 군대만을 보유한 것이 아니었다. 1663년, 그는 윈난(雲南)과 구이저우(貴州) 성의 행정과 재정까지 관할하는 운귀총독이 되었고,[4] 그야말로 두 지역에서 명실상부한 지배자로 군림하였다. 하지만 조정은 우싼구이의 세력이 점점 커지는 것을 방관하지 않았고, 재정·인사·직책 등과 관련하여 우싼구이를 압박하기 시작하였다.

1665년, 우싼구이가 통솔하던 병사의 수는 5만 명에서 절반으로 줄어들었고, 중앙으로부터 지급받던 군량도 그만큼 줄어들었다. 1667년, 우싼구이의 인사권도 타격을 받게 되었다. 원래 지방관리는 중앙의 이부에서 전선(銓選)을 거쳐 임명되는 것이 정식 절차였다. 하지만 윈난과 구이저우에서는 우싼구이가 만주인을 도와서 정복전쟁을 진행하였던 공로를 인정하여 그의 추천에 따라 관리를 임명해주었다. 당연히 우싼구이는 그를 따르던 한인 장수들을 각지에 관리로 추천하였고, 조정은 그의 추천을 받아들였다. 조정은 우싼구이에게 추천권을 준 것이 나라의 질서가 잡히지 않은 상황에서 시행한 임시방편이었을 뿐이라는 사실을 분명히 하였다. 그리고 천하가 안정된 상황에서는 제도적인 절차의 확립을 위하여 더 이상 예외를 인정해서는 안 된다며 추천권을 회수하였다.[5] 상황이 이렇게 되자, 우싼구이는 황제에게 "눈병을 이유로 윈난과 구이저우 두 성의 사무를 벗어나게 해주실 것"을 요청하였다. 강희제는 "두 눈이 침침하고 기력이 나날이 떨어지고 있다는데, 그 모든 것은 사무가 너무 많아서 그런 것이고 짐의 마음이 너무나 아프다." 면서 그의 요청을 받아들였다.[6] 표면적으로는 요청이었지만, 우싼구이는 자신의 권한이 축소되는 상황에 대해 위기감을 느꼈고 조정의 의중을 떠보기 위하여 권한을 반납하겠다고 요청하였던 것이다. 조정은 즉시 그의 요청을 받아들였다. 우싼구이는 조정이 자신을 압박하고 있다는 사실을 확인하고서 속으로 불만을 품었지만 드러낼 수는 없었다.

여기에서 우리는 당시 청나라의 상황에 주목할 필요가 있다. 1667년 강희제는 친정을 시작하였는데, 당시 14세였던 황제가 자신의 권력을 확립하기 위하여 걸림돌을 제거할 필요가 있었다. '만주인' 황제에게 가장 큰 정치적 위협은 군사력을 갖고 있던 '한인' 우싼구이를 비롯한 삼번세력이었다. 그는 삼번의 문제를 "깊은 밤에도 마음에 두었고, 글로 써서 궁중의 기둥 위에 걸어둘"[7] 정도로 고심하였다. 강희제의 입장에서 보자면, 삼번을 아예 없애는 것이 최선책이었지만, 그것은 쉬운 일이 아니었고 시간이 필요하였다. 그런데 그 기회는 삼번세력이 제공하였다.

평남왕 상커시는 나이가 들자 떠나온 고향으로 돌아가서 여생을 마치기로 마음을 굳혔다. 그래서 1673년 3월, 강희제에게 자신은 고향으로 돌아가고 아들 상즈신(尙之信)이 광둥에서 자신의 뒤를 잇도록 하게 해달라고 요청하였다. 하지만 이부에서는 "번왕이 살아있는데 아들에게 세습한다는 전례(典例)가 없다."는 의견을 냈고, 강희제는 그것을 받아들였다.[8] 상커시는 왕의 지위가 당연히 세습되는 것으로 여기고 있었기 때문에 아들에게 그것을 물려주려 했던 것이었고, 조정의 결정을 받아들이려 하지 않았다. 상커시는 조정의 결정을 받아들이는 대신에 다시 같은 요청을 함으로써 간접적으로 불만을 표시하였다. 이번에는 의정왕대신회의에서 그 사안을 논의하였다. 왕·대신들은 아버지는 떠나는데 "상즈신이 관병을 데리고 광둥에 거주하게 된다면, …, …, 부자·형제·친족이 서로 떨어지게 될 것이다. 지금 광둥은 이미 안정되었으니, 이주를 논의하는데 응당 해당 번의 가속과 병정도 모두 옮기는 것이 포함되어야 할 것이다."는 의견을 내놓았고, 강희제는 그것을 받아들였다.[9]

조정의 결정에 놀란 것은 상커시만이 아니었다. 푸젠에 있던 정남왕 겅중밍의 경우는 이미 손자인 겅징중(耿精忠)의 대에 접어들어 있었고, 그도 상커시처럼 봉지와 작위가 당연히 세습되는 것으로 여겼다. 결국 겅중밍과 우싼구이는 상커시에게 내려진 결정이 예외적인 것인지 자신들에게도 적용되는 것인지 가늠해보기로 결정하였다. 우싼구이는 "신이 받은 하늘과 같은 은혜는 모든 것을 바쳐도 갚을 수 없어서, 오직 변방에서 힘을 다하기를 바랄 뿐 감히 휴식을 청하지 못하였습니다."라며, 상커시의 사례에 따라 자신도 귀향할 수 있게 해달라고 요청하였다.[10] 며칠 뒤, 겅징중도 비슷한 내용의 글을 올려서 철번(撤藩)과 귀향을 요청하였다.[11]

우싼구이와 상커시의 요청에 대해 강희제는 의정왕대신회의에서 논의하도록 하였다. 회의에서 다수는 철번을 하게 되었을 때 남부지역의 치안이 불안해질 수 있으니, 계속해서 해당지역에 머무르게 해야 한다는 의견을 냈다.[12] 결국 회의는 황제에게 최종적인 결정을 요청하는 쪽으로 결론을 내렸고, 강희제는 "철번하고 편히 살 것을 요청하였는데, 상주문의 글과 마음이 간절하여" 그 뜻대로 해주도록 지시하였다.[13]

우싼구이는 이제 조정의 뜻을 분명히 알게 되었고, 선택할 수 있는 길은 두 가지였다. 하나는 숨죽이며 여생을 마무리하는 것이었고, 다른 하나는 자신이 아직 죽지 않았다는 것을 보여주는 것이었다. 그들은 만주인들의 앞길을 열어줌으로써 힘 있는 자리를 차지할 수 있었고, 자신들의 힘이 여전히 강하다고 여겼기 때문이었는지 후자를 선택하였다.

1673년 12월, 우싼구이가 먼저 청나라에 대해 반기를 들었고, 이듬해를 주왕(周王) 원년이라고 선포하였다. 1674년에는 겅징중이 우싼구이에 호응하였고, 1678년에는 상커시의 아들 상즈신이 청나라에 충성을 유지하겠다는 아버지를 감금한 채 반란에 합류하였다. 하지만 삼번은 단일하고 강력한 연합전선을 구축하지 못하였다. 그 이유는 무엇일까?

먼저, 청나라에 반기를 든 명분이 부족하였기 때문에 한인들을 제대로 규합할 수 없었다. 우싼구이는 원래 만주인들에게 협력함으로써 리즈청으로부터 베이징을 되찾고 명나라를 구할 수 있는 가능성을 없애버린 인물이었다. 그가 명나라를 부흥시키고 야만인들을 토벌하겠다고 군사를 일으켰을 때, 지지자를 모으기 어려울

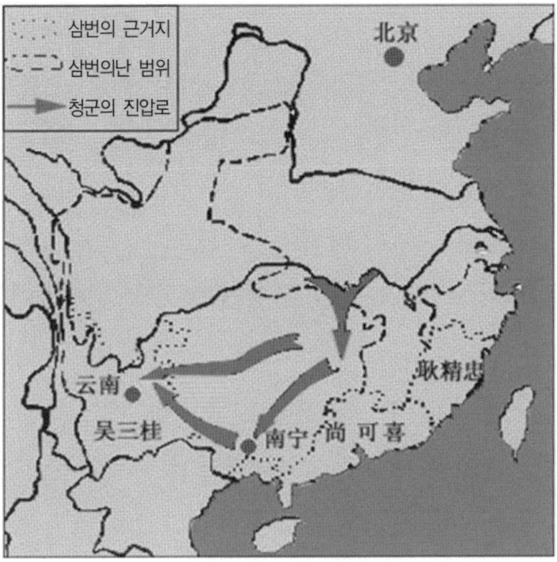

것이라는 사실은 자명하였다. 다음으로, 강희제는 경징중과 우싼구이를 서로 대립하게 만드는 이간책을 사용하였다.[14] 반란 직후, 강희제는 베이징에 있던 우싼구이의 아들을 처형하였지만, 경징중의 형제들에게는 관용을 베풀었다. 당연히 이것은 우싼구이로 하여금 경징중이 중앙과 내통하고 있지는 않은지 의심하게 만들고, 경징중의 친족들에게는 반란에 합류하지 않게 만드는 조치였다. 끝으로, 우싼구이는 나이가 너무 많았다. 그는 32살 때 만주인들에게 산하이관의 문을 열어준 뒤부터 30여년 가까이 수많은 전투를 경험하였고 그 경험은 뛰어난 지휘능력을 갖게 하였다. 하지만 세월을 비껴갈 수는 없는 일이었다. 60대에 접어들어 일으킨 반란에서 초반의 몇몇 전투를 제외한다면, 청나라의 군대에 쫓기면서 버티는 수준이었다.[15]

1678년이 되면 반란군의 세력은 더 약화되었지만, 우싼구이는 호기롭게 황제의 자리에 올랐다. 그는 얼마 뒤 이질에 걸려 죽었고, 그의 손자 우스판(吳世璠)이 뒤를 이어 반란을 이끌었다. 1681년 우스판은 청나라 군대에 포위되어 자살하였고, 그의 머리는 저자거리에 효시되었다. 이미 땅속에 묻혀있던 우싼구이도 처벌을 피할 수는 없었다. 그의 해골은 무덤에서 꺼내진 다음에, 쪼개져서 전국의 성들로 보내졌다.[16] 강희제는 우싼구이의 시신을 쪼갬으로써 분노를 표현하고, 천하의 백성들에게 반역이란 죽어서도 결코 용서받을 수 없는 죄악이라는 행위라는 것을 보여주려 하였다. 유교의 전통 속에서 찢겨진 육신은 부모와 조상들에게 더할 수 없는 불효를 저지르는 것이고, 자신에게 더할 수 없는 치욕이었다.

삼번의 난은 만주인의 입장에서 권력을 공고하게 만드는 기회가 되었다. 중국을 정복하는 과정에서 도움을 주었던 한인 공신들이 반란을 일으켰는데, 그것이 유도되었든 자발적이었든, 만주인들은 그 반란을 진압함으로써 조정안에서 한인들의 목소리를 억누르고 자신들의 목소리를 높일 수 있었다. 또한 일부 한인들에게 일말의 희망이었던 삼번의 세력이 제거됨에 따라, 타이완에서 정청궁(鄭成功)을 이어 청나라에 대항하고 있던 정징(鄭經)의 힘도 약화될 수밖에 없었다. 1683년 여름, 강희제는 정청궁 부하였던 스랑(施琅)으로 하여금 타이완 원정을 지휘하게 하였고, 결국 찬 바람이 불어오기 전에 정징은 아버지의 부하였던 스랑에게 무릎을 꿇었다. 삼번의 난을 진압하고 타이완을 정복함으로써, 만주인들은 이제 두 가지 부담에서 벗어날 수 있었다. 하나는 우싼구이 등 한인들에게

졌던 일종의 부채의식이고, 다른 하나는 다수의 한인을 통치하던 만주인들에게 반청집단의 소굴이 주던 심리적 불안감이었다. 청나라를 그야말로 만주인의 나라로 만들 계기를 갖게 되었던 것이다.

대청회전의 편찬

1683년, 스랑(施琅)은 군대를 이끌고 타이완으로 가서 만주인에게 반대하고 있던 마지막 세력의 항복을 받아냈고, 이제 중국 땅에서 만주인처럼 앞머리를 밀고 머리카락을 땋아 늘어뜨리는 변발을 하지 않은 남성은 더 이상 존재할 수 없게 되었다. 이듬해 봄, 강희제는 중국 전역에서 명실상부한 통치자가 된 것을 기념이라도 하듯이 회전의 편찬을 지시하였다.

회전은 부원(部院)에서 시행하는 행정법규를 집대성한 것이다. 회전의 형식은 『당육전(唐六典)』에서 비롯되었고 『대명회전(大明會典)』에 이르러 완비되었다. 청대에 편찬된 『대청회전(大清會典)』은 대체로 『대명회전』의 체제를 따랐다.[17] 그리고 『대청회전』의 편찬은 만주인이 만리장성을 넘은 지 한 세대 이상이 지난 뒤인 1684년에 비로소 시작되었다.

누르하치가 등장하기 전에 만주인은 관습법을 바탕으로 생활하고 있을 정도로 제도적 기초가 빈약하였다. 누르하치는 금나라(aisin gurun, 後金)를 세운 이후 명나라의 행정체제를 받아들여 나라의 기틀을 마련하기 시작하였다. 그의 뒤를 이은 홍타이지는 1631년에 6부의 설치하여 본격적으로 명나라의 행정기구를 모방하였고,

1636년에 도찰원을 설치하여 감찰을 담당하게 하였으며, 1638년에 이르러 3원(院) 8아문(衙門)의 체제를 확립하였다. 홍타이지는 제도정비를 통해 개인의 권력을 강화하였고, 그 과정에서 명나라의 행정체제는 만주인사회의 상황에 맞게 변용되어 받아들여졌다.[18] 이점은 만주인의 제도 수용이 참장(參將) 닝완워(甯完我)가 1633년 홍타이지에게 건의하였던 방식대로 진행되었음을 말해준다. 닝완워는 "『대명회전』이 비록 좋은 서적일지라도 우리나라가 그것을 전부 그대로 따를 수는 없습니다. …, … 한인(의 것)을 참조하고 금(의 상황)을 헤아려 점차 중국의 제도로 나아가야 합니다."라고 상주하였다.[19]

청나라는 닝완워가 『대명회전』을 그대로 따를 수는 없다고 말한 지 반 세기가 넘어서야 비로소 『대청회전』을 편찬하기 시작하였다. 그렇다면 『대청회전』이 편찬되기 전에 청나라는 행정이나 의례에 관한 문제가 발생하였을 때 무엇을 기준으로 일을 처리하였을까? 우리는 『청실록(淸實錄)』의 관련 기사를 통해 의문을 풀 수 있다.

1684년 강희제가 회전의 편찬을 명령하기 이전 『청실록』에는 "회전(會典)"과 관련된 13건의 기사가 등장한다. 그 중 11건은 구체적인 사안을 처리하는 과정에서 발생한 문제를 어떻게 할 것인가에 대한 것이고, 나머지 2건은 회전의 편찬에 관한 의견을 올린 것이다.[20] 11건에는 "회전에 따라[照會典]"·"회전에서[與會典]"·"회전을 찾아보니[査會典]" 등의 문구가 보였다. 해당 사례 중에서 두 건을 구체적인 내용은 이렇다.

1664년, "예부는 안남국에서 진공(進貢)한 방물(方物)이 회전과 부합하지 않자 앞으로 입공(入貢)할 때는 회전에 따라 하도록 명할 것을 청하였다." 이에 대해 강희제는 "외국이 (천조에) 감화되어서 입공하여 올린 방물을 그대로 받고 회전에 따를 필요는 없다."고 유지를 내렸다.[21]

1668년, 예부는 강희제의 유지에 따라 순치시대의 실록을 편찬하는 일에 대해 자세히 의논하였다. 예부는 "회전을 찾아보니 '무릇 실록과 사지(史地)과 같은 서적의 경우 내각 관원을 총재(總裁)에 충임하고 한림원 학사 등을 부총재에 충임하며, …, … 한 차례 연회를 베풀고 매월 식비로 은량을 지급한다.'고 되어 있다며 마땅히 그 전례를 따라 시행해야 한다고 하였다." 이에 대해 강희제는 예부의 의견을 받아들였다.[22]

앞서 밝혔듯이 강희제가 회전의 편찬을 명한 것은 1684년이었다. 따라서 그 이전 『청실록』에 보이는 "회전"이라는 용어는 1497년에 편찬된 『대명회전』을 가리키는 것으로 보아야 한다.[23] 이 사실은 무엇을 의미하는가? 만주인이 명나라가 사라진 자리를 차지하고 중국을 통치하였지만 여전히 명대에 한인들이 만든 회전을 근거로 특정 사안을 처리하고 있었다는 것을 의미한다. 11건의 사례는 조공(8건)·제사(2건)·상례(1건)를 처리하는데 회전을 참조하고 있기 때문에 만주인이 왕조 행정의 전반적인 부분에서 『대명회전』을 사용하였다고 보기는 어렵다. 또한 명나라도 개국한지 한 세기가 넘어서야 비로소 첫 번째 『대명회전』(1497)을 편찬하였으니, 청나라의 회전 편찬은 늦은 것이 아니라고 볼 수도 없다. 하지만 회전이 명나라 중기 이후부터 정기적으로 편찬되었고 만주인이 명나라의 외부로부터 들어온 세력이라는 점을 고려한다면, 왕조교체라는 커다란 변화를 법제화하는 일은 권력을 안정시키는데 중요하였다고 말하지 않을 수 없다.

원래 회전의 편찬이 필요하다는 의견은 이미 1667년에 처음으로 등장하였다. 당시 내홍문시독(內弘文侍讀) 슝츠리(熊賜履)는 조정에서 중요하게 여겨야 할 문제로 행정무원칙·직무방기·학교해이 등을 열거하였다.[24] 그중에서 "행정이 자주 바뀌고 법제가 정해지지 않은" 행정무원칙을 첫 번째 문제로 지적하였다. 그는 행정에 원칙이 없는 문제를 해결하기 위해서 "옛 제도를 참조하고 현실을 고려하여 회전을 완성케 하고 천하에 반포할 것"을 건의하였다. 슝츠리는 회전을 편찬함으로써 행정을 법규에 따라 처리해야 한다고 주장하였는데, 그의 건의에는 정치적인 목적이 숨어있었다.

슝츠리의 건의는 사실 당시 강한 권력을 휘두르고 있던 오보이에 대한 비판의 성격을 지니고 있었다. 오보이는 어린 황제의 보정대신(輔政大臣)으로서 막강한 권력을 휘두르고 있었고, 슝츠리는 그의 전횡을 비판하려는 목적에서 행정의 난맥상·관리의 나태·교육의 태만 등 전반적인 문제점들을 열거하였던 것이다. 나라가 잘못되고 있다는 비판을 받는다면, 그 비판의 화살을 맞아야 하는 사람은 당연히 가장 강력한 권력을 휘두르고 있는 사람이다. 이런 사실을 인지한 오보이는 "망령된 말을 한 죄"를 물어 슝츠리를 처벌해야 한다고 요청하였다. 하지만 강희제는 슝츠리가 "국가의 일을 진술한 것인데 어찌 그대와 관련이 있단 말인가?"라며 받아들이지 않았다.[25]

그 뒤, 1670년에 다시 회전의 편찬과 관련된 의견이 제기되었다. 강남도어사(江南道御史) 장쒀즈(張所志)는 회전이 한 조대(朝代)의 제도와 관련되니 "마땅히 편집하여 중외(中外)에 드러내 보여야 합니다."라고 상주하였다. 강희제는 예부에 그의 의견에 대해 논의할 것을 명하였다. 예부는 장쒀즈의 의견이 타당하다고 여겼다. 그 뒤, 각 부원과 아문은 누르하치시대부터 순치시대까지 "정해진 칙례(則例)와 현재 시행상황을 조사하고 내원(內院)으로 보내 찬수(纂修)하고 천하에 반포하여 영원히 따르도록 해야 합니다."라는 논의 결과를 보고하였다. 강희제는 예부의 의견을 받아들였다.[26] 하지만 예부의 의견을 받아들인 것이 곧바로 회전의 편찬으로 이어지지는 않았다. 명나라의 회전편찬이 최단 8년에서 최장 20년까지 소요되었고, 청나라의 그것도 최단 6년에서 최장 21년까지 소요되었다. 이러한 상황을 고려한다면, 1670년에 칙례와 당시 시행상황을 조사하였다고 하더라도 본격적인 회전의 편찬에는 더 많은 시간이 필요하였다. 구체적인 사정을 알 수 있는 자료를 발견하지 못하였지만, 아마도 1673년에 일어나서 8년 동안 중국 남부를 휩쓴 삼번의 난이나 그 후 진행된 대만정벌이 회전의 편찬에 영향을 미친 것으로 보인다. 이것은 대만정벌이 끝난 이듬해에 회전편찬이 시작되었다는 사실을 통해서도 알 수 있다.

1684년, 강희제는 회전의 편찬을 위해 대학사 러더훈(ledehun, 勒德洪)·밍주(mingju, 明珠)·리위(李蔚)·왕시(王熙)·우정즈(吳正治) 등을 총재(總裁), 내각학사 마르투(martu, 麻爾圖)·아하다(ahada, 阿哈達)·진루샹(金汝祥)·왕훙쉬(王鴻緒)·탕빈(湯斌) 등을 부총재

(副總裁)에 임명하였다.[27] 강희제가 회전을 편찬하려는 이유는 이랬다. 왕조의 통치에 필요한 규정들이 여기저기 "책 사이에 흩어져서 보이니 백관(百官)이 참고하기 어려울 뿐만 아니라, 백성들도 제대로 알 방법이 없다." 그는 부원의 대소 아문에 명하여 소속 관원들로 하여금 규정들에 관한 상황을 상세히 조사하여 보고한 다음, 그것들을 모아서 회전을 만들도록 하였다. 또한 러더훈 등에게 자신의 당부도 잊지 않았다. "경들을 특별히 총재관에 임명하니 담당 관원들을 통솔하는데 힘쓰고, …, … 일대지전(一代之典)을 완성하여 후대의 관원과 백성들이 준수하고 어기지 않게 함으로써 짐(朕)이 조상을 본받아 다스리려는 뜻에 부합하라!"

회전의 편찬을 지휘했던 러더훈과 밍주는 이전에 『평정삼역방략(平定三逆方略)』과 『태조실록(太祖實錄)』을 편찬한 경험을 가지고 있었다. 하지만 그들은 총재로서 역할을 중도에 그만두어야만 하였다. 회전의 총재는 관례에 따라 내각대학사 등이 겸직하였기 때문에 내각 구성원의 면임(免任)에 따라 바뀌었다. 1688년, 두 사람은 수로를 정비하는 과정에서 발생한 부패사건에 연루되어 해임되었고, 자연히 총재도 그만두게 되었다.[28]

1690년, 편찬이 시작된 지 6년 만에 청나라의 첫 『대청회전』은 세상에 나오게 되었다. 『대청회전』은 모두 162권으로 만주인이 나라를 세운 때부터 1686년까지 행정법규가 변화되는 상황을 담고 있다. 회전의 형식은 큰 틀에서 『명회전』을 따랐다. 그 내용은 부원 별로 정해진 관원의 수와 업무, 그리고 시기에 따른 변화과정 등으로 이루어져 있다. 부원의 서술 순서는 종인부(宗人府)·내각

(內閣)·이부·호부·예부·병부·형부·공부·이번원(理藩院)·도찰원(都察院)·통정사사(通政使司)·내무부(內務府)·첨사부(詹事府) 등이었다. 회전을 편찬할 당시는 만주인이 나라를 세운지 두 세대 이상 지난 뒤라서 관련된 자료가 남아있지 않은 경우도 많았고, 부원 중에는 업무와 관련하여 칙례(則例)[29]를 반포한 적이 없는 경우도 있었다. 이 때문에 회전에서 과거의 규정과 관련된 내용을 서술할 경우 뭉뚱그려서 "국초(國初)"·"순치초(順治初)"·"구례(舊例)"라고 표현하였다.

회전관(會典館)은 총재 2인·부총재 1인·찬수 13인·번역 16인·등록(謄錄) 38인·수장(收掌) 2인 등으로 구성되었다.[30] 처음에 임명된 총재와 부총재 중에서 회전의 편찬이 완료될 때까지 계속 관여했던 유일한 인물은 왕시였다. 원래 총재는 다섯 명이었는데 두명으로 바뀌고 만주인과 한인 각각 한 명씩 임명하게 되었을 때, 왕시는 한인 총재에 임명되었다. 그가 회전의 편찬에 중요한 역할을 했을 것이라는 사실은 분명하지만, 아쉽게도 회전에 대한 그의 의견을 살펴볼 수 있는 기록은 남아있지 않다. 우리가 회전 편찬에 대한 소회를 살펴볼 수 있는 기록은 강희제가 남긴 서문이 유일하다.

강희제는 황제에 등극한지 30년 동안 "수시로 군신들로 하여금 직무를 힘써 다스리게 하였고, 일 하나를 처리하고 명 하나를 내릴 때마다 위로는 옛 것에 어그러지지 않고 아래로는 백성들에게 정성을 다하기를 바랐다."며 자신이 통치에 얼마나 힘을 기울였는지 밝혔다. 그는 백성들에게 정성을 다하려면 당연히 당·송·명 왕조가 그랬듯이 "하나라도 백성들과 관련되지 않은 것이 없는" 규범과

제도를 바로 세워야 한다고 여겼다. 그래서 "특별히 유신(儒臣)에게 명을 내려 회전을 편찬하도록 하였다."[31]

서문의 어디에도 만주인이 중국 밖으로부터 무력을 이용하여 중국 안으로 들어와서 지배자가 되었다는 사실을 알 수 있는 구절은 보이지 않는다. 오히려 강희제는 당·송·명 왕조가 시대의 상황에 맞게 회전을 편찬한 사실을 언급함으로써 청나라의 회전 편찬도 같은 맥락 속에서 이해할 수 있다고 여겼다.

내각(內閣)의 만한병용

회전의 행정부서[部·院]에 관한 서술은 그 양이 방대한데, 만주인의 중국정복이 어떻게 명문화되었는가를 살펴보려면 먼저 행정의 중심기구인 내각을 분석할 필요가 있다. 왕조시대의 황제는 형식적으로 그 누구와도 권력을 나누지 않고 모든 정책을 최종적으로 결정한다. 재상이나 내각의 대학사라고 하더라도 황제에게 정책을 자문하고 황제의 명령을 따를 뿐이다. 황제는 하늘로부터 권력을 위임받은 완전무결한 존재로서 관료들이 '백성들의 편안한 삶을 위해' 일사분란하게 움직이는지 감독해야만 하였다. 관료도 유교적 소양을 가진 자로서 '백성들의 편안한 삶을 위해' 황제의 통치를 보필해야만 하였다. 황제와 관료는 '백성들의 편안한 삶을 위해'라는 명분을 공유한다. 하지만 권력이라는 측면에서 보면, 황제와 관료들 사이에는 팽팽한 긴장감이 흐른다. 양쪽은 권력의 총량에서 가능하면 많은 부분을 차지하려 하고, 한쪽이 우위를 차지하면 다른 한쪽은 상대방에게 끌려가게 된다. 이 때문에 황제와 관료는 상대방을 견제하는 장치를 마련하려 한다. 황제는 관료들이 "서로 견제하는 방식을 통해 누구도 전권(專權)을 가지고 정치를 전횡할 수 없게 만든다."[32] 반면 관료들은 붕당을 형성하고 집단의 힘을 이용하여 황제의 힘을 무력화하려 한다.[33]

중국을 정복한 이후, 청나라 초기의 황제는 만주인의 전통을 유지하면서도 한인들을 통치해야 한다는 이중적인 상황에 놓여있었다. 다시 말해서, 만주인의 전통에 따라 의정왕대신왕공대신(議政王大臣)의 자문을 받으면서도 백성의 대다수인 한인을 통치하기 위해서는 한인 관료체계를 인정해야만 하였다는 것이다. 하지만 적어도 통치자로서 청나라의 황제가 처했던 이중적인 상황은 강희시대 중반이 되면 사라졌던 것으로 보인다. 강희제는 성인이 되고 친정체제를 구축하면서 의정왕대신회의가 지녔던 자문의 기능을 축소하기 시작하였다. 그는 의정왕대신이 죽거나 파면을 당하게 되면 더 이상 후임을 임명하지 않는 방식으로 여러 왕들이 의정에 참여할 수 있는 기회를 박탈하였고, 의정왕대신회의라는 명칭을 의정대신회의로 바꾸었다.[34]

회전은 의정왕대신회의의 권한이 약화되었음을 분명하게 보여준다. 회전에서 의정왕대신회의에 관한 서술은 단지 "국초(國初)에 독공전(篤恭殿) 앞에 관서 10개를 늘어놓고 여러 왕들의 의정 장소로 삼았다. 순치(順治) 9년(1652)에 종인부를 설치하였다."는 것뿐이다.[35] 이것은 여러 왕들이 정책을 의논하는 것에서 종인부가 비롯되었음을 의미한다. 하지만 종인부는 더 이상 정책을 의논하지 않았고 황실의 보첩(譜牒)·작록(爵祿)·상벌(賞罰)·제사 등을 처리하였을 뿐이다. 형식적으로 내각이나 육부보다 지위가 높았을 뿐 실권을 지닌 기구가 아니었던 것이다.

행정의 중심으로 명문화된 기구는 내각이었다. 내각의 업무는 크게 네 가지로 나눌 수 있다.[36] 첫째, 황제와 황실의 의례와 관련된 문서들의 초안을 작성하고 황제의 재가를 거쳐 반포한다. 둘째, 중앙과 지방의 아문이나 관리가 올린 상주문에 대해 초안을 작성한다. 황제는 초안을 검토한 다음 사안의 경중과 득실을 따져서 유지를 내린다. 셋째, 황제가 비답을 내린 상주문을 육과(六科)로 보내서 필사시키고, 부원에서 시행하게 한다. 넷째, 실록·성훈(聖訓)·회전·방략(方略) 등을 편수한다. 우리가 내각에 주목해야 하는 이유는 바로 그들의 업무 때문이다. 회전의 규정에서 알 수 있듯이, 내각이 하는 업무에서 가장 중요한 것은 공문서를 처리하는 일이었다. 공문서를 접수하고 초안을 작성하는 일은 형식적인 절차일 수도 있지만, 그 과정에서 황제의 판단과 정책의 방향에 영향을 끼칠 수 있었기 때문에 내각은 권력의 중추로 기능할 수도 있었다. 또한 황제의 유지를 각 부원에 내려 보냈다는 점에서도 정책의 흐름을 파악할 수 있는 기구였다.

강희시대의 내각은 문관(文館, 1629)과 내삼원(內三院, 1636)을 거쳐 1670년에 정식으로 설치되었다.[37] 그런데 회전에는 기록되어 있지 않지만, 내각은 원래 1658년에 처음 설치되었다. 1661년에 오보이 등이 내각을 내삼원으로 바꾸었고, 1670년에 강희제가 친정을 시작하면서 다시 내각이 설치되었다.[38] 이 변화에는 권력을 강화하려는 황제와 그것을 견제하려는 황족 사이의 갈등이 내재되어 있었다. 강희제가 친정을 실시하기 전에 설치된 내삼원의 대학사들은 사실상 오보이로 대표되는 황족이 임명한 사람들이었다. 이 내삼원을 내각으로 바꾸는 것은 강희제가 사람을 바꾸겠다는 의지를 표명한 것으로 볼 수 있다. 다음 표에서 볼 수 있듯이 강희제가 친정을 실시하기 전과 후의 대학사 출신을 비교하면 시간이 흐를수록 만주인 대 한인의 비율이 역전되고 있음을 알 수 있다. 강희제는 권력을 행사하는데 황족의 입김을 가능하면 배제하고 자신 주도권을 가지려 한 것으로 볼 수 있다.

표. 1671~1721년 내각 대학사 중 만주인과 한인 숫자[39]

년도	1661	1662	1663	1664	1665	1666	1667	1668	1669	1670
滿:漢	6:5	5:4	6:3	6:3	6:3	6:3	5:3	5:3	6:3	5:3
년도	1671	1672	1673	1674	1675	1676	1677	1678	1679	1680
滿:漢	4:4	4:4	4:3	4:3	4:4	3:4	5:3	4:3	4:3	4:3
년도	1681	1682	1683	1684	1685	1686	1687	1688	1689	1690
滿:漢	3:3	2:6	2:4	2:5	2:3	2:3	2:3	3:4	2:3	2:3
년도	1691	1692	1693	1694	1695	1696	1697	1698	1699	1700
滿:漢	2:3	2:3	2:3	2:2	2:3	2:3	2:3	2:3	3:5	3:4
년도	1701	1702	1703	1704	1705	1706	1707	1708	1709	1710
滿:漢	2:4	3:3	2:4	2:3	2:4	2:3	3:3	3:3	2:3	2:3
년도	1711	1712	1713	1714	1715	1716	1717	1718	1719	1720
滿:漢	2:2	3:2	3:2	3:2	3:2	3:2	3:2	3:3	3:2	3:2

1790년 회전이 편찬될 당시의 규정에 따르면, 내각대학사의 정원을 따로 정하지도 만주인과 한인의 구별도 두지 않았고 황제의 판단에 의해 임명한다고 되어있다. 이것은 두 가지 측면에서 이해할 수 있다. 먼저, 적어도 회전의 편찬을 전후한 시기에 내각은 형식적으로 행정의 중심이었지만 아직까지 고정된 틀을 갖춘 것이 아니라 유동적이었다는 것을 의미한다. 다음으로, 기구의 구성이 유동적이었다는 것은 강희제가 내각을 사적인 기구로 이용할 수 있는 여지가 있었음을 의미한다. 앞의 표에서 보이듯이, 내각대학사에 임명된 사람들 중에는 내각이 설치된 초기와 강희시대의 마지막 10년을 제외하고는 만주인보다 한인이 많았다. 이것은 강희제가 정치적인 상황의 변화에 따라 대학사의 숫자를 조정하였다고 볼 수 있게 만든다.[40]

회전은 대학사와 달리 그 밑에서 일하던 관원들의 정원을 규정하였다. 내각의 관원은 만주인 학사 6인, 한군(漢軍)과 한인 학사 각 2인, 만주인 시독학사 4인, 몽골인 시독학사 2인, 한군 시독학사 2인, 만주인 시독 21인, 몽골인 시독 2인, 한군 시독 2인, 만주인과 한인 한전적(漢典籍) 각 2인, 만주인 중서(中書) 75인, 몽골인 중서 19인, 한군 중서 13인, 한인 중서 36인 등이었다. 모두 190명의 관원은 만주인 108인, 몽골인 23인, 한군 19인, 한인 40인 등으로 구성되었다.[41] 한인의 수는 전체의 21퍼센트 밖에 되지 않았다. 더구나 그들은 2명의 학사를 제외하면 모두 지위가 가장 낮은 중서의 신분이었다. 물론 회전의 규정과 실제 관원의 숫자는 다를 수 있다. 하지만 내각에서 대학사 이외의 관원 가운데 한인의 수는 비교가 되지 않을 정도로 적었음을 알 수 있다.

그렇다면 내각대학사에 관한 회전의 규정과 인적 구성을 통해 무엇을 알 수 있을까? 회전의 편찬을 전후한 시기에 황제가 직접 만나서 정책을 의논하던 대학사는 한인이 만주인에 비해 더 많았는데, 대학사 밑의 하급 관원 가운데 한인의 숫자는 다섯 명 중에 한 명 꼴이었다. 황제의 권력이라는 관점에서 본다면 한인 대학사를 통해 만주인 대학사를 견제하면서도 내각 전체의 주도권은 만주인이 쥐게 하는 장치였던 것으로 보인다. 다시 말해서 강희제는 권한이 커지는 고위직에는 한인을 많이 임명하면서도 만주인 왕조의 정체성을 지키려 했던 것이다.

또 한 가지 주목해야 할 점은 내각이 처리하던 업무의 특성상 권한이 강해질 가능성이 높았다는 것이다. 어떤 권력이든 그 정당성은 사적인 기구에서 오는 것이 아니라, 제도화된 기구에서 오는 것이기 때문이다. 사적인 기구가 실세일 수는 있지만, 그 기구는 아무리 비밀스럽게 중요한 정치적 결정을 내리더라도 제도화된 기구를 통해 절차적 정당성을 확보한다. 황제도 그것이 권력을 강화하고 권위를 확보하는 것이라는 사실을 잘 알고 있었다. 하지만 왕조시대의 황제는 정책결정을 독점하고 싶은 유혹으로부터 벗어나기 어려웠다. 이러한 유혹은 옹정시대 이후 기존의 내각을 대신한 군기처가 등장하게 만들었다.

만주인 중심의 이부(吏部)

만주인과 한인의 관직과 관련된 문제를 다루는 기구는 이부였다. 왕조시대의 이부는 인재들을 관리하는 기구로서 6부의 핵심이었다.[42] 유교적 소양을 갖춘 인사들이 선망하던 관직의 이동과 승진에 관한 업무를 맡고 있었기 때문이다. 청나라의 이부는 소수의 만주인에게 특권층으로서 적절한 지위를 보장해야만 했다는 점에서 명조의 그것과는 다르다. 그리고 청나라의 입장에서 만주인은 한인보다 더 먼저 '자리'에 앉게 배려해줘야 하는 대상이었다. 이러한 상황은 청나라가 대청회전을 편찬할 때 각 부원의 규정에서 '대명회전과 달리' 만주인·몽골인·한군(漢軍) 등의 요소가 추가되게 만들었다.[43]

회전의 「이부1」편은 6부의 관직들이 어떻게 구성되어야 하는가를 규정하고 있다.[44] 이부편이 6부의 구성에 대한 서술로 시작한다는 것은 인재관리에서 이부가 지닌 중요성을 반증한다고 말할 수 있다. 각부에는 정관(正官)·수령관(首領官)·속관(屬官) 등이 있다. 정관은 각부의 상서와 시랑, 수령관은 각부의 사무(司務), 속관은 비트허시(bithesi, 筆帖式)·낭중(郎中)·원외랑(員外郎)·주사(主事) 등을 포함한다.

흥미로운 사실은 서술 순서상 수령관이 정관 다음에 나오지만 관품(官品)은 종9품으로 그리 높지 않았고 만주인과 한인 각 한 명씩 있었다. 수령관은 해당 부서의 각종 번잡한 사무를 관리하는 역할을 하였고, 오늘날로 치면 어떤 기구의 사무장에 해당하였다.[45] 수령관이 많은 일을 처리하면서도 지위가 낮았던 것은 원래 한인만을 임명하였던 관직이었기 때문이었던 것으로 보인다. 순치 시대 말까지 만주인이 한인의 관제에 익숙하지 않았던 상황에서 각종 번잡한 업무를 처리하기 위해 수령관에 한인이 임명되었다. 일은 많고 지위는 낮은 관직으로, 청나라의 한인에 대한 차별을 보여주는 사례였다.

한인에 대한 차별을 구체적으로 확인할 수 있는 것이 속관 규정이다. 만주인·몽골인·한군 출신은 비트허시를 제외하고 낭중·원외랑·주사 등은 속관이면서 각부의 특정 사(司)에 속하지 않았는데, 한인 출신은 특별한 경우를 제외하고 사에 소속되어 있었다.[46] 회전의 규정은 이랬다. "만주인·몽골인·한군 사관(司官)과 비트허시는 사의 구분이 없고 모두 당관(堂官)의 말에 따라 움직인다. 한인 사관은 아문의 구분이 있으며, 각 부원이 동일하다."[47] 우리는 이 규정을 통해 청나라가 어떻게 관리들을 상대했는지 알 수 있다. 이부를 포함한 6부에 소속된 만주인 등은 한인과 달리 해당 부서의 장관인 상서로부터 직접 명을 받고 일을 하였다. 반면 한인은 수령관이었던 사무를 제외하고 모두 특정 사에 속하면서 사관의 지휘를 따랐다. 이부의 상서를 비롯한 관리들 사이의 관계는 다음과 같은 조직표로 나타낼 수 있다.

조직표에서 보이듯이, 이부에서 상서를 비롯한 관리들 사이에는 두 계통의 지휘체계가 존재하였다. 한인들은 명조의 체계를 그대로 이어받은 조직 속에서 업무를 처리하도록 되어 있었고, 만주인 등은 사실상 한인과 구별되는 지휘체계 속에서 업무를 처리하였다. 또한 만주인 낭중·원외랑·주사는 모두 24명이었고 한군을 포함하

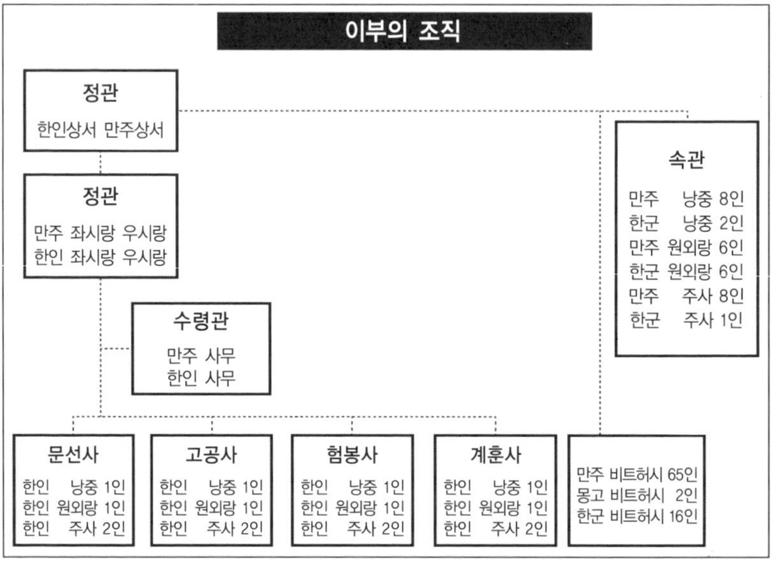

면 33명이었다. 이것은 전체 한인 낭중·원외랑·주사가 13명이었던 것과 비교한다면 이부에서 숫적 열세였던 한인들은 주도적인 역할을 할 수 없었을 것이라는 사실을 쉽게 알 수 있다.

이부에는 네 개의 사가 있었다.[48] 먼저, 문선사(文選司)는 "관리의 반질(班秩)과 품급(品級) 및 선발·제수·승진 등을 관장하였다." 다음으로, 고공사(考功司)는 "중앙과 지방의 문관들에 대한 고과(考課)를 관장하였다." 그 다음으로, 험봉사(驗封司)는 "백관의 봉작(封爵)을 관장하였다." 끝으로, 계훈사(稽勳司)는 "백관의 상제·노후[終養] 및 복성개명(復姓改名)을 관장하였다." 문선사에 관한 서술이 이부 전체 분량의 50퍼센트를 넘고, 계훈사의 경우는 3퍼센트를 넘을 정도 밖에 되지 않는다. 그만큼 문선사는 이부에서 중요한 위치를 차지하였다. 또한 문선사는 9품 안에 드는 품관이 4명으로 다른 사보다 한 명 많았다.

우리가 이부 관리들의 분포에서 주목할 부분은 비트허시[49]이다. 앞의 기구표에서도 볼 수 있듯이 상서와 좌·우시랑은 만주인과 한인의 숫자가 같았지만, 전체적으로 만주인의 비율이 압도적으로 높았다. 몽골인과 한군을 포함하면 부서 안에서 한인의 비율은 더욱 낮아졌다. 어떤 경우든 품관에서 가장 숫자가 많았던 것은 비트허시였다. 비트허시는 정6품·정7품·정8품의 품급을 가지고 있었다. 따라서 그 지위는 정6품관이었던 주사와 같거나 낮았다. 하지만 6부의 핵심이라고 할 수 있는 이부에서 비트허시는 청나라에서 '주도권'을 쥔 것이 누구인지를 보여주는 존재였다. 전국의 어디를 가든지 만주인들은 한인으로 둘러싸여 한어를 들어야만 하였지만, 이부에서는 한인이 만주인에게 둘러싸여 만주어를 들어야만 하였다.[50]

형식적으로 비트허시의 가장 중요한 직무는 한문과 만문으로 된 문서를 각각 만문과 한문으로 번역하는 일이었다. 하지만 우리는 한문을 만문으로 번역하는 일을 통해 실무를 익힌 비트허시들 중에서 고위관직으로 진출하게 될 것이라는 것을 어렵지 않게 예측할 수 있다. 실제로 가경(嘉慶) 시대 이전의 만주인 고관은 대부분 비트허시 출신이었다.[51]

이부를 비롯한 중앙부서의 만주인 비트허시에게 8품 이상의 품관을 수여한 이유는 정치적이었던 것으로 보인다. 여기에는 만주인은 아무리 낮아도 품관 중에서 가장 낮은 9품보다 높은 품급을 가진다는 것을 보여주려는 의도가 있었다. 또한 비트허시는 만주인 상서의 지휘 아래 있었기 때문에 자신보다 품급이 높은 한인 낭중이나 원외랑에게 고개를 숙일 필요도 없었다. 이것은 지위가 낮은 만주인이 한인 앞에서 체면을 잃지 않게 하려는 목적이 있었다.[52] 사실, 각부 상서도 원래 만주인과 한인 사이의 품급이 달라서 만주인이 한인 보다 한 등급 높았다. 순치시대 전반의 경우 만주인 상서가 종1품관, 한인 상서가 종2품관이었다. 그리고 강희시대와 옹정전반에는 각각 정2품관과 종2품관이었다. 둘 사이의 품급 차이가 완전히 사라진 것은 옹정시대 이후의 일이었다.[53] 이것도 만주인의 한인에 대한 우위를 보여주기 위한 제도적 장치로 이해할 수 있다.

관직의 승진이나 이동에서도 만주인의 특권을 보장하는 제도적 장치를 발견할 수 있다.[54] 문선사에 관한 규정에 따르면, 만주인과 한인은 각각 자신들에게 할당된 관직에 정해진 방식으로 수평 혹은 수직 이동할 수 있었다. 다시 말해서 만주인은 만주인에게 할당된 관직에, 한인은 한인에게 할당된 관직에 정해진 방식으로 임명되었다. 그 정해진 방식이란 만주인의 경우 관리후보자 명단이 제출[開列]되거나 공동으로 추천[會推]되면 5품이상은 황제가 그 이하는 이부와 병부에서 낙점하는 방식이 중심이었고, 한인의 경우 이부에서 실시하는 선발시험[銓選]과 같이 상대적으로 어려운 과정을 거쳐야만 하였다.[55]

우리는 회전의 「이부」편을 통해 만주인과 한인이 관직에 들어서고, 관리로서 생활하는 과정에서 명확히 구분된 길을 걷도록 규정되어 있었다는 사실을 확인하였다. 또한 만한병용도 사실 일부 고위 관직에만 적용되는 눈속임이라고 말할 수 있음을 알게 되었다. 회전의 내각과 이부에 관한 규정들은 만주인이 중국을 완전하게 정복한 이후에 한인들과 자신들을 명확하게 구분하고 자신들의 권력을 제도화한 것으로 볼 수 있다.

4. 군기처

역대 중국 왕조들의 권력은 특정 집단의 무력에 의해 점유되었고, 특정집단은 이념에 의해 정통성의 근거를 마련하였으며, 정통성은 통치기구에 의해 뒷받침되었다. 만주인들은 산하이관을 넘은 지 40여년 만에 팔기의 군사력을 바탕으로 삼번이라는 불안요소와 타이완의 반대세력을 제거함으로써 온전한 권력을 갖게 되었다. 그리고 그들은 명나라의 법제를 바탕으로 하여 정통성을 확보하면서도 자신들이 청나라의 중심이라는 사실을 명확히 하였다. 이제 만주인들에게 필요한 것은 자신들의 권력을 뒷받침하고 지속시켜 줄 통치기구였다.

한나라 이래 유교는 중국의 통치자들에게 가부장적인 권력의 정당성을 부여하던 수단이었지만, 동시에 그들을 옭죄는 사슬과도 같았다. 관료들은 성군과 폭군을 비교하면서 황제를 압박하였고, 황제는 그들 사이에서 독선적으로 보이지 않으면서도 효율적으로 권력을 행사하는 방법에 대해 고민하지 않을 수 없었다. 하지만 그것은 결코 쉬운 일이 아니었고, 권력을 쥔 황제는 무거운 책임보다 달콤한 유혹을 더 쉽게 받아들였다.[1] 왜냐하면 유교적 사고 속에서 황제라는 자리는 천하의 모든 것을 소유하고 누리는 자리가 아니라, 천하의 모든 일을 관할하고 책임져야 하는 자리였기 때문이다.

청나라의 황제는 유교군주로서 인자함과 함께 한인 왕조의 황제와 달리 한 가지를 더 고민해야만 하였다. 그것은 소수 만주인이 다수 한인들을 어떻게 통치할 것인가 하는 문제였다. 만주인 황제들이 군기처 중심의 통치체제를 확립하게 되는 과정은 바로 소수 만주인들이 중국 왕조의 통치자로서 정통성을 확보하기 위해 노력하는 과정이었다.

황제권력

통치기구는 황제 권력과 밀접한 관련을 가지고 있다. 따라서 우선 황제 권력에 대해 간단하게 논의할 필요가 있다. 왕조시대가 끝나고 황제 권력에 대해 학문적인 접근이 시작되면서 황제는 늘 비난의 표적이었다. 가장 큰 이유는 청나라가 남긴 부정적인 유산 때문이었고, 그 문제의 근원은 결국 돈 문제였다. 청나라는 시모노세키조약과 신축조약을 통해 이자를 빼고도 8년분의 재정이 넘는 돈을 배상금으로 지불해야 하였고, 중화민국은 줄곧 재정적인 압박에 시달리면서 외채를 끌어다 쓰지 않을 수 없었다.[2] 중화민국은 취약한 재정 때문에 열강에 굽실거릴 수밖에 없었고, 건국초기에는 모든 문제를 청나라 탓으로 돌리는 '좋은 방법'이 있었다. 이 과정에서 처음에는 청나라(만주인)가 비판의 표적이었지만, 문제의 근원을 캐다보면 결국 왕조시대에 모든 권한을 갖고 있던 황제와 그 체제를 비판하게 되었다. 민국시대 학자들이 황제 권력[皇權]과 신사 권력[紳權]을 대립되는 것으로 파악하고 전·현직 관료나 지식인들의 손을 들어준 것도 황제나 왕조시대에 대한 부정적인 인식 때문이었다.[3] 황제가 가진 권력의 크기에 대해 회의적인 시각이 등장한 것은 훨씬 나중의 일이었다. 대부분의 연구자들이 시간이 지남에 따라 황제 권력이 차츰 강화되는 방향으로 나아갔다고 여기지만, 사실상 황제의 권력은 지속적으로 축소되었다는 견해도 있다. 진시황 이래 지속적으로 법률과 제도에 의해 행정절차가 갖춰졌고, 그에 따라 황제가 권력을 임의로 행사할 수 있는 가능성이 갈수록 줄어들었다는 것이다.[4]

황제는 법률과 제도를 초월한 존재이기 때문에 늘 자의적인 성격이 더 주목을 받게 된다. 하지만 송나라 때부터 황제는 법률과 제도의 틀 속에서, 그리고 관료들에 둘러싸여서 자신의 권력을 행사하였다.[5] 그러므로 폭군이 황제제도의 문제점을 가장 잘 보여주는 사례는 될 수 있지만, 왕조시대 통치자들의 전형으로 볼 수는 없다. 청나라의 경우만 보더라도, 태조 누르하치부터 선통제 푸이(傅儀)까지 모두 11명의 황제들이 있었는데, 무능하다는 평가를 받는 인물은 있지만 폭군이라는 평가를 받는 인물은 없다. 이런 점에서 우리가 어떤 왕조의 통치행위를 살펴볼 때 좀 더 많은 관심을 가져야 할 부분은 제도적인 변화의 과정이다.

중앙기구

진시황이 대통일 왕조를 세운 것은 중국의 중앙기구에 큰 변화를 가져왔다. 전국시대 주나라 천자는 춘추시대에 가졌던 상징적

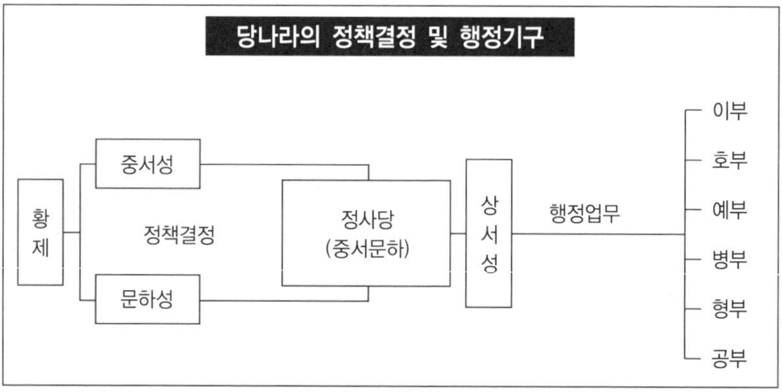

인 권위도 잃은 채 소국으로 전락하였고, 일곱 왕들[七雄]은 서로 치열하게 경쟁하면서 유명무실한 천자가 아닌 실권을 지닌 천하의 통치자를 꿈꾸었다.[6] 전국시대 왕들은 원래 정도의 차이가 있었지만 종법질서에 얽매여 있었고, 각국의 영토는 귀족들이 영지를 소유·세습하는 형태로 유지되었다. 한편 진나라에서 황제는 자신이 직접 임명한 신하들 위에 군림하고 천하를 소유하는 존재였다.

진나라의 통치에서 근간이 되었던 것은 지방의 군현제와 중앙의 관료조직이었다. 전국시대의 왕들은 귀족들에게 영지를 지급하는 방식을 사용하였는데, 대부분의 제후국에서 일부 변경지역에는 귀족의 영지가 적었고 군사상의 문제 때문에 중앙에서 직접 관리하였다. 이런 관리방식은 군(郡)·현(縣)의 기원이 되었다.[7] 군·현이 출현할 무렵, 영지가 아니라 봉록을 받고 왕들을 보좌하는 사람들이 등장하였는데, 이들 가운데 재상(宰相)이 국가의 전반적인 행정을 총괄하였다. 그리하여 군·현의 지방관과 재상을 중심하는 중앙관이 함께 관료조직을 구성하였다.[8] 군현제와 관료조직은 진시황이 대통일을 완수한 뒤에 중앙집권 왕조체제를 지탱하는 기틀이 되었다. 그리고 군현제의 등장은 권력이 중앙과 지방으로 분산된 형태에서 중앙에 권력이 집중된 형태로 바뀌었음을 의미하였다.

최고 권력자 황제, 그를 보좌하던 재상을 비롯한 관료, 그리고 중앙에서 파견된 관리들이 다스리던 군·현 등은 중국의 중앙집권 왕조들을 지탱하는 근간이었다.[9] 진나라 때 틀이 갖춰진 중앙기구는 청나라 이전까지 몇 차례 변화를 겪는다.[10] 우리는 중앙기구 중에서 황제를 보좌하는 재상이 어떤 변화과정을 겪느냐를 눈여겨볼 필요가 있다. 그 이유는 재상이 가진 권한의 크기는 황제가 가진 권력의 강약과 반비례하기 때문이다.[11]

진·한나라의 재상은 사실상 한 명이었다. 승상(丞相)·태위(太尉)·어사대부(御史大夫) 등 세 사람이 삼공(三公)으로 불리기는 하였지만, 서로 대등한 지위를 갖지 않았고 행정기구를 통할하는 권한을 가진 것은 승상이었다. 재상이 한 명인 체제는 위(魏)·진(晋)시대까지 지속되었다.[12] 남북조시대의 과도기를 거쳐 등장한 수나라에서는 중서령(中書令)·시중(侍中)·상서령(尙書令) 등 3명이 공동으로 행정을 관할하였다.[13] 이것은 일인 재상이 아니라 재상회의의 등장을 의미하였다. 재상회의는 당나라에 이르러 정식기구로 발전하게 되었는데, 그것이 정사당(政事堂)이었다.[14] 정사당은 중서문하라고도 불렸고, 중서성의 장관 중서령, 문하성의 장관 문하시중, 상서성의 좌·우복야, 동중서문하평장사(同中書門下平章事=同平章事) 등이 회의에 참가하였다. 상서성의 장관 상서령은 임명되지 않은 경우가 많아서 사실상 좌·우복야가 장관의 자격으로 정사당에 참석하였고, 삼성 장관 이외의 관직을 지닌 인물들이 동중서문하평장사를 임시로 부여받아서 참석하였다.

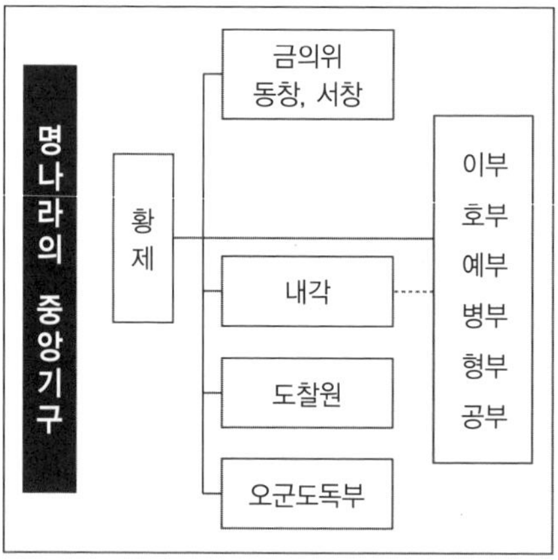

송나라 때 재상회의는 세 차례에 걸친 변화를 겪었다.[15] 처음에는 동중서문하평장사와 참지정사(參知政事)를 각각 재상과 부재상에 임명하여 재상의 지위를 격하시켰고, 다음에는 시중·중서령·상서령·상서좌복야겸문하시랑(尙書左僕射兼門下侍郎)·상서우복야겸중서시랑(尙書右僕射兼中書侍郎)·상서좌승(尙書左丞)·상서우승(尙書右丞) 등을 두어 권한을 분산시켰으며, 끝으로 좌보(左輔)·우필(右弼)·태재(太宰)·소재(少宰)·문하시랑·중서시랑·상서좌승·상서우승 등으로 명칭을 바꾸었다. 당시 재상회의의 권한은 역대왕조 가운데 가장 약하였고, 군사와 재정문제를 처리하던 추밀원(樞密院)과 삼사(三司, 戶部司·鹽鐵司·度支司)가 더 큰 권한을 가지고 있었다. 당나라 때는 재상회의의 구성원이 재정문제를 다루던 염철사나 탁지사를 겸직하였기 때문에 더 큰 권한을 행사하였다.

명나라 때가 되면, 재상회의가 내각이라는 틀을 갖게 되었다.[16] 내각을 구성하고 있던 대학사들은 원래 5품관이었기 때문에 2품관이었던 육부의 상서보다 지위가 낮았다. 하지만 영락제 사후 대학사들이 상서를 겸직하게 되면서 상황은 달라졌다.[17] 재정을 담당하던 호부상서를 비롯한 병부상서·공부상서 등 실무자들은 황제에게 정책결정을 조언하면서 해당 업무를 직접 관할하였다.[18] 따라서 실질적인 권한을 가진 기구가 되었다.

청나라의 압축 성장

황제 아래의 많은 기구들이 황권을 제한하는 것이었는지, 아니면 황권을 행사하는 도구에 불과하였는지는 더 숙고해보아야 할 문제이다. 다만 청나라 이전의 중앙기구들은 황제 중심의 권력구조를 잘 보여주는 것으로 정리할 수 있다. 그리고 명나라의 내각은 천 년 이상의 시간을 거쳐서 등장한 역사적 산물이었다. 그렇다면 군기처가 설치되기 이전 청나라의 중앙기구, 특히 내각은 어떤 변화과정을 겪었을까?

여진인들은 누르하치가 후금을 건국하기 전까지 부족사회에서 살고 있었다. 1596년 신충일은 여진인 촌락들을 방문할 기회가 있었다.[19] 당시 촌락들은 대체로 20가구 정도로 구성되었고, 서로 멀리 떨어져 있었으며, 채집과 수렵을 통해 살아가는 곳도 있었다. 촌락은 족장을 중심으로 구성되었고, 아하(aha)로 불리던 노예들도 눈에 띄었다. 여진사회는 강한 군사조직을 갖추고 있었고,[20] 그 때문에 전쟁 중이던 조선 조정은 여진인의 동정을 파악하려 하였다. 그의 눈에 여진사회는 일부 촌락을 제외한다면 대체로 조선보다 한참 뒤떨어진 곳이었다. 40여년이 지난 뒤 조선인들은 청나라의 군사 공격에 완패를 당하고도 여전히 청나라를 멸시하였다는 점을 고려한다면, 신충일의 기록은 어느 정도 편견이 들어간 것일 수도 있다. 하지만 당시 여진사회는 명나라나 조선과 비교하였을 때, 독자적인 군대를 갖춘 하나의 집단이었고 규모도 작았다.

청나라에서 재상회의 형식의 중앙기구가 등장한 것은 후금의 건국 이후이다.[21] 1616년, 누르하치는 국정에 도움을 받기 위하여 다섯 명 이상의 암반(amban)을 임명하였다.[22] 암반들은 한문사료에는 대신으로 기록되었다. 정책을 논의하는 장소라는 의미의 의정처(議政處)가 기구의 명칭이 되었고, 일반적으로 의정대신회의라고 한다. 홍타이지가 한(汗)을 거쳐 황제가 되면서 회의에는 황족이었던 친왕들도 참여하였고, 명칭이 의정왕대신회의로 바뀌게 되었다.[23]

의정왕대신회의는 청나라가 산하이관을 넘어 중국정복을 시작하면서 더 큰 권한을 갖게 되었다.[24] 당시 황제는 어렸고 남부에서는 명나라 유신들이 중심이 되어 반청항쟁을 이끌고 있었다. 이런 상황에서 만주인들은 서로 단결하고 신속하게 의사를 결정할 수 있는 구심점이 필요하였다. 우리가 주목해야 할 점은 의정왕대신회의가 만주인 왕공대신뿐만 아니라 몽골인과 한인[한군팔기] 등도 참여시켰다는 것이다. 만주인들은 포섭할 수 있거나 우호적인 세력에게 일종의 자리를 제공함으로써 권력을 강화하려 하였다.[25] 회의에서는 거의 모든 사안들이 논의되었고, 결정된 사안에 대해서는 누구도 이의를 제기할 수 없었다. 이것은 의정왕대신회의의 지위가 그만큼 컸다는 것을 의미한다. 황제가 모든 일을 최종적으로 결정하는 왕조에서 황제보다 더 상위의 기구가 존재하였던 것이다. 하지만 강희시대의 후반이 되면 의정왕대신회의에서 논의·의결하는 사안도 줄어들었고, 결원이 충원되지 않으면서 자연스럽게 권한이 약화되었다.

사실 중국 왕조들에서 황제의 친인척은 품위 있게 생활할 수 있는 경제적 지원을 받았지만, 정치에 간여하는 것은 금기시되었다. 한 인물이 황제가 된 이후 그의 친인척들은 이론적으로 모두 신하에 불과하였고, 황실이라는 신분을 이용하여 권력을 탐하는 것은 대단히 위험한 행위였다. 따라서 의정왕대신회의는 만주인들이 중국을 정복하는 과정에서 불가피하게 선택하였던 방식이었고, 정복이 완성된 이후에는 한인들을 통치하고 황실의 입김으로부터 벗어나기 위하여 의도적으로 정치에서 배제되었다. 그 대신에 내각이라는 기구가 차츰 의정왕대신회의의 역할을 대신하게 되었다.[26]

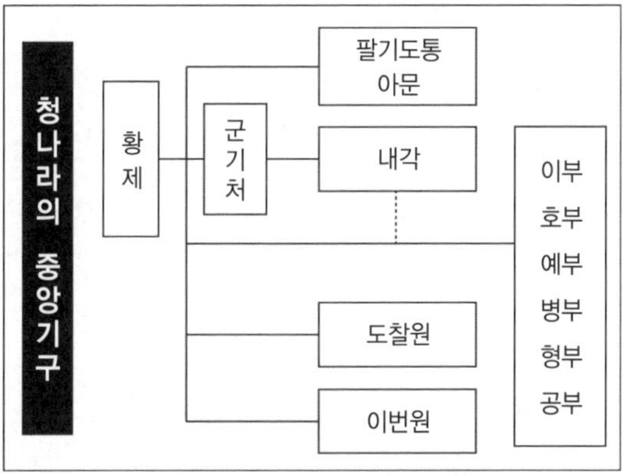

청나라의 내각은 홍타이지시대의 문관과 내삼원이 강희시대에 이르러 명칭을 바꾼 것이었다.[27] 홍타이지는 한이 된 뒤에 의정대신들과 나라 일을 처리하는 것으로 충분하였다. 그는 나라 일이 많아지고 다스리는 영역이 확대되자, 전문적으로 문서를 처리하면서 자문해줄 관리들이 필요하게 되었다. 이렇게 해서 등장한 것이 문관이었고(1629), 뒤이어 나라 일을 분야별로 분담시켜야 할 필요성 때문에 6부가 설치되었다(1631). 문관은 다시 홍타이지의 황제 등극과 함께 내삼원으로 확대·개편되었다(1636). 문관과 내삼원의 구성원들은 홍타이지의 측근들로서 후금의 중요한 정책들에 참여하였고, 6부의 상위기구로서 존재하였다. 간단히 말해서, 의정대신회의가 사적(私的) 혈연관계를 기초로 구성되었다면, 문관(내삼원)과 6부는 공적(公的) 군신관계를 기초로 하였다. 또한 청나라에서 불과 30여년 만에 문관이 내삼원을 거쳐 내각으로 발전하였다. 진나라부터 명나라까지 재상이 재상회의의 형태를 거쳐 내각으로 발전하는데 1천년 이상 걸렸다는 점을 생각한다면, 청나라의 중앙기구는 그야말로 짧은 시간에 압축적으로 성장하였다고 할 수 있다. 청나라 중앙기구의 변화는 내각에 그치지 않았고, 내각보다 상위의 군기처라는 기구가 등장하였다. 그 이유는 무엇이고, 내각과의 관계는 어땠을까?

만주인 황제의 한인 통치

왕조시대의 황제는 유교군주로서 인자함을 보여주어야 했는데, 청나라의 황제는 한인 왕조의 황제와 달리 한 가지를 더 고민해야만 하였다. 이제 그는 더 이상 단순히 만주인들만을 이끄는 한(han)이 아니라 한인과 만주인을 모두 통치하는 황제였다. 원래 만주인 통치자에게 한은 국호보다도 더 중요한 의미를 지닌 용어였다. "한이나 칸은 모두 스스로 칭할 수 없고 통솔하는 씨족이나 부락이 바치는 것이었다."[28] 한이라는 칭호를 얻게 되는 순간, 그 당사자는 단순히 힘 있는 권력자가 아니라 자신이 다스리는 사람들에게 마음으로부터 우러나오는 존경을 받는 존재가 되었다.[29] 황제가 아닌 한(han)은 만주인들의 대표로서 지위를 갖고 있었지만, 황제에게는 한인이나 만주인이나 모두 백성일 뿐이었다. 원래 황제란 그런 존재였고, 홍타이지도 바로 그런 존재이기를 원하였기 때문에 한이라는 명칭 대신 황제란 명칭을 선택하였다.

홍타이지가 죽고 어린 황제가 즉위하면서, 통치기구에 대한 황제의 장악력은 낮아졌고, 다시 의정왕대신회의의 입김이 새졌다. 하지만 만주인 도르곤의 한인 행정기구들에 대한 접수는 신속하게 이뤄졌다. 행정기구의 접수는 마치 만주인의 군대가 한인의 땅을 정복하는 것과 같이 진행되었다. 1644년 여름, 도르곤은 베이징에 입성한 다음 내삼원에 재직하고 있던 관리들에게 "내각·육부·도찰원 등의 관청 관원들은 모두 원래 관직을 갖고서 만주인 관원들과 함께 모든 일을 처리하라."고 명령하였다.[30] 이 명령은 내삼원과 육부 체제를 갖추고 있던 청나라의 중앙기구 아래 명나라 내각·육부·도찰원의 관원들을 직무에 따라 배치한 것이었다. 그리고 이 때부터 내삼원의 관원들은 명나라 내각이 맡았던 표의(票擬) 업무를 시작하였다. 이것은 내삼원이 동북지역의 작은 나라에서 중국 전체를 통치하는 왕조로 전환하게 되었음을 보여주는 상징적인 의미를 지니고 있었다. 하지만 현실권력 도르곤과 상징권력 순치제가 함께 존재하던 상황에서 내삼원이 다룰 수 있는 업무는 제한적이었다. 홍타이지의 의도와 달리 다시 황족의 입김이 강해지고 있었던 상황에서 정식 행정기구로서 내삼원의 역할은 제한될 수 밖에 없었던 것이다.

당시 홍청처우는 대학사를 맡고 있으면서 홍타이지로 하여금 명나라의 제도를 수용하게 만들었고 만주인과 한인 사이의 통합을 위해 노력하고 있었다. 그는 도르곤에게 청나라의 통치를 공고하게 만들기 위해서 만주인이 "한문을 익히고, 한어를 깨우칠" 필요가 있다고 여겼다.[31] 그는 더 나아가 내삼원의 권한을 더욱 강화해야 한다고 여겨서 불만을 드러내기까지 하였다. "내삼원이 모든 업무를 마땅히 함께 들어야 하는데, 지금 각 부(部)의 제본과 주접은 전혀 알지 못하고, 표의하는 것도 관민(官民)이 아뢰는 일 뿐입니다."[32] 하지만 내삼원은 몇 차례의 우여곡절을 겪은 뒤에 내각으로 완전하게 전환되었다.

1658년, 내삼원의 명칭은 내각으로 바뀌었고 직무의 범위도 확대되었다. 그러나 이것은 일시적이었다. 1661년, 순치제가 죽고 오보이(鰲拜) 등 네 명의 보정대신이 어린 강희제를 보필하면서, 내각은 다시 내삼원으로 명칭이 바뀌었다. 1667년, 강희제는 친정을 시작하면서 내삼원의 명칭을 다시 내각으로 바꾸었다. 명칭의 변동은 만주인 귀족의 이해관계 때문이었다. 오보이 등은 6년 동안 의정왕대신회의를 강화하였고, 도찰원 어사들의 감찰권을 약화시켰으며, 만주인을 비난했다는 이유로 많은 사람들을 잡아들였다. 당시 오보이의 행동은 만주인 귀족들을 대표하여 과거 전통을 내세우고 일인중심의 통치가 아니라 집단지도체제의 형식을 회복함으로써 조정 내에서 자신들의 지분을 확보하려했던 것으로 이해할 수 있다.[33] 하지만 이미 청나라는 동북변방의 작은 왕조가 아니라 거대한 영토를 보유한 제국이었기 때문에 수많은 정무를 처리하기 위해서 명나라의 통치기구를 받아들여야만 하였다.

만주인과 한인을 백성으로 둔 강희제는 만주인 귀족의 발언권이 커지는 것을 원하지 않았던 것으로 보인다. 그는 귀족의 정치개입을 견제하기 위하여 내각에 '적절한' 힘을 실어주었다. 내각은 황제를 보좌하여 일상적인 정무를 처리하게 되었고, 그만큼 권력도 커져서 밍주(明珠)와 같은 힘 있는 대학사도 등장하였다. 하지만 강희제가 내각에 힘을 실어준 것은 귀족을 견제하기 위한 것이었고, 권력을 자신의 손에서 조금도 놓지 않으려 하였다. 그의 생각은 나이가 들수록 강해져서 65세 되던 해에는 이렇게 말하였다. "이제 천하의 크고 작은 사무는 모두 짐이 직접 처리할 것이고 다른 사람에게 넘기는 일이 없을 것이다. 중요한 일을 다른 사람에게 나누어 맡기는 것과 같은 일은 결코 없을 것이다."[34] 사실 정책결정과 권력이라는 관점에서 내각의 핵심적인 기능은 표의(票擬)였다. 대학사들은 황제에게 올라온 글들을 요약하고 의견을 제시하였으며, 그것이 정책결정과 집행에 반영되게 함으로써 그들의 힘을 보여줄 수 있었던 것이다. 하지만 대학사들이 표의를 할 수 있는 사안은 명나라 때에 비해 줄어들었다. 또한 그들은 자신들의 의견을 제시하여 황제에게 받아들이도록 하는 것이 아니라, 황제의 마음에 맞게 표의하는 정도였다.[35]

강희제가 만주인 귀족의 힘을 약화시키기 위하여 내각에 그야말로 '최소한'의 힘만을 실어준 이유는 무엇일까? 그는 한편으로 만주인 귀족들이 만주인이라는 이유로 황제의 권력을 조금이라도 나누려는 것을 용납할 수 없었고, 다른 한편으로 내각에 눈에 띄는 힘을 실어주었을 때 귀족들이 반발할 수도 있다는 의구심을 품었다. 그는 순치제가 죽은 뒤 오보이가 보여주었던 어떻게 만주인 귀족들의 불만을 이용하고, 자신의 권력을 강화하였는지 잘 알고 있었다. 강희제는 내각을 통해 만주인 귀족들을 견제하려고 했음에도 불구하고, 그 역시 만주인이 정치에서 중심이어야 한다는 사실을 부인하지 않았던 것으로 보인다. 이 때문에 강희제가 친정한 이후 고위 관료의 만주인 비율은 오히려 높아졌다.[36]

강희제는 만주인을 포함한 모든 백성들의 황제였다. 강희제는 어린 나이에 황제가 어떤 존재인지 알지도 못하는 상태에서 제위에 올랐지만, 7년 동안의 교육과 경험을 통해 황제로서 자신의 지위·권력·책임 등을 자각할 수 있는 기회가 있었다. 어느 왕조든 자신의 존재를 자각한 황제는 자신이 발탁한 사람들을 곁에 두려 하였다.[37] 그는 의정왕대신회의나 내각이 아닌 자신의 기구를 갖고 싶었고, 그 결과 등장한 것이 남서방(南書房, 1677)이었다.[38] 남서방은 형식적으로 황제의 학문과 취미 활동을 돕기 위하여 설치되었다. 강희제는 일과를 마친[退朝] 후에 유교적 소양을 갖춘 학자들에게 학문적인 도움을 받기 위하여 공부방이 필요하다고 말하였고, 자금성 건청궁의 남서쪽에 장소를 마련하였다. 남서방에서 강희제를 보좌했던 사람들 가운데 67%는 한림원 출신들이었고, 과거시험의 성적이 우수했던 인재들이었다.

우리가 눈여겨봐야 할 점은 황제의 정책자문기구로서 남서방의 성격이다. 강희시대에 정책이 결정되고 집행되는 과정에서 '공식적'으로 남서방의 구성원들이 개입할 여지는 없었다. 군사와 팔기업무는 의정왕대신회의에서 논의되고, 그 외의 정책들은 내각의 자문을 거쳐 황제에 의해 결정되었으며, 만주인이 중심이라는 생각은 청나라의 조종가법(祖宗家法)이었기 때문이다.[39] 하지만 현실적으로 남서방 출신들이 대학사가 되었다는 점을 고려한다면 강희제의 정책결정에 영향을 미치지 않았다고 보기는 어렵다. 결국 남서방이 처음에는 순수하게 황제의 학문과 취미 활동을 위해 설치되었을지라도, 황제가 발탁한 과거시험 합격자들이 남서방의 자리를 채우고 사적으로 친밀한 관계를 맺게 되면서, 차츰 중요한 정책까지 논의하게 되었다고 보는 것이 타당하다. 황제와의 사적인 만남이 가능했던 남서방이라는 공간은 의정왕대신회의와 내각보다 더 중요한 일들이 논의되는 곳으로 발전할 가능성을 갖고 있었다.

군기처의 만한병용

군기처의 설립은 측근 등용과 기밀 유지라는 두 가지 측면에서 이해될 수 있다. 먼저, 측근 등용의 측면이다. 강희제는 '자기 사람들'을 곁에 두고 학문과 취미활동에 도움을 받기 위하여 남서방을 두었다. 다음으로, 기밀 유지의 측면이다. 옹정제는 준가르 정벌을 진행하는 과정에서 군사기밀을 다루기 위하여 군수방(軍需房)을 설치하였다.

남서방은 강희제가 형식적으로 일상생활의 보좌진을 필요로 하였기 때문에 만들어진 것으로 보인다. 하지만 남서방은 내용적으로 황제가 정책결정에 도움을 받기 위하여 자문을 해주는 측근들이 필요하였기 때문에 만들어진 것으로 보이고, 설사 처음에는 순수하게 일상생활의 보좌진이었다고 하더라도 권력집단으로 발전할 수 있었다. 이러한 상황은 청나라만의 특징이 아니기 때문에 큰 이견이 없이 받아들여질 수 있다. 우리가 더 궁금한 사실은 왜 군사업무를 다루던 곳이 청나라 황제에게 중요한 정책결정기구로 발전하였느냐는 것이다. 이점에 대해 설명하기 위해서는 먼저 왕조시대 군사권이 갖는 의미를 살펴보아야 한다.

중국에서 왕조교체는 강력한 무력을 지닌 집단에 의해 이뤄졌고, 황제는 그 집단의 우두머리로서 군사권을 장악함으로써 권력을 유지할 수 있었다. 하지만 억압적이지 않고 어진 황제가 되어야 한다는 유교사상은, 북방민족의 혈통을 가진 왕조를 제외하면, 황제로 하여금 군사적 능력을 대놓고 과시하는 일을 꺼리게 만들었다. 대표적인 사례로 송나라를 들 수 있다. 송나라는 군사세력으로부터 황권을 지키기 위하여 문치주의를 표방하였고, 군사권을 문관들이 장악하였다.[40] 형식적으로 군사기구였던 추밀원이 군사권을 갖고 있었지만, 그 책임자는 문관이었다. 황제는 권력이 군사세력에 의해 위험에 빠지는 것을 막으려는 목적으로 군사정책을 결정하는 과정에서 무관을 배제하였다. 그리고 황제가 실제적으로 군사지휘권을 가지고 있다고 하더라도 중앙의 핵심기구의 명칭에서 '군(軍)'이라는 글자를 사용하지 않았다. 추밀원이 군사업무를 총괄했지만 그 명칭은 '중요한 기밀[樞密]을 다루는 기구'라는 뜻을 담고 있었다. 송나라 황제는 군사권이 권력을 유지하는데 필수적인 요소라고 여겼고, 군사권을 강력하게 통제하면서도 그것을 노골적으로 드러내지 않았던 것이다.

한편, 군기처는 명칭에 '군'이라는 글자를 사용하였고 '군사기밀을 다루는 곳'이라는 뜻을 가지고 있었는데, 이것은 강인하고 전투적인 정신을 받들었던 청나라의 특성이 반영된 것으로 이해할 수 있다. 그런데 군기처가 다루는 업무의 범위는 군사에만 머무르지 않았다. 그렇다면 군사업무를 다루기 위하여 만들어진 군수방이 어떻게 군기처로 명칭을 바꾸고 청나라의 핵심적인 정책결정기구로 발전하였을까? 1729년, 군수방은 준가르와 전쟁을 수행하는데 군수품의 보급문제를 처리하려는 목적에서 설치되었고, 처음에는 호부의 한 부서에 지나지 않았다.[41] 일반적으로 군사업무는 공개적으로 진행할 수 없고, 특히 전쟁의 수행이라는 문제는 더욱 그랬다. 따라서 군수방은 공식적인 절차가 아니더라도 황제와 직접 대면할 수 있는 이친왕(怡親王) 인샹(允祥)에 의해 관리되었다. 군사와 관련된 일을 다룬다는 점, 비밀리에 일을 처리한다는 점, 황제와 사적으로 대면할 수 있다는 점 등에서 군수방은 권력기구로 바뀔 수 있는 가능성을 갖추고 있었다. 1731년, 군수방은 군기처로 명칭을 바꾸고 정식으로 황제를 보좌하는 기구로 변신하게 되었다.

군기처가 등장하면서 내각의 힘은 상대적으로 축소되었다. 하지만 군기대신은 내각 대학사 가운데 서열이 높고 경험이 풍부한 인물들이 맡았고, 대학사나 육부의 상서를 겸직하고 있었다. 따라서 내각과 군기처는 서로 대립적인 관계가 아니라 상보적인 관계를

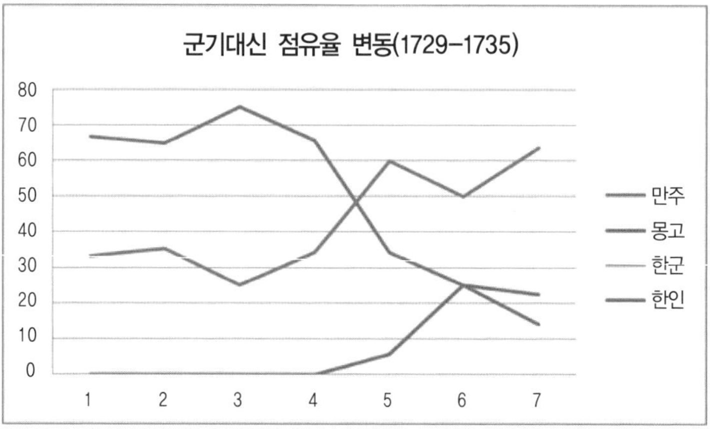

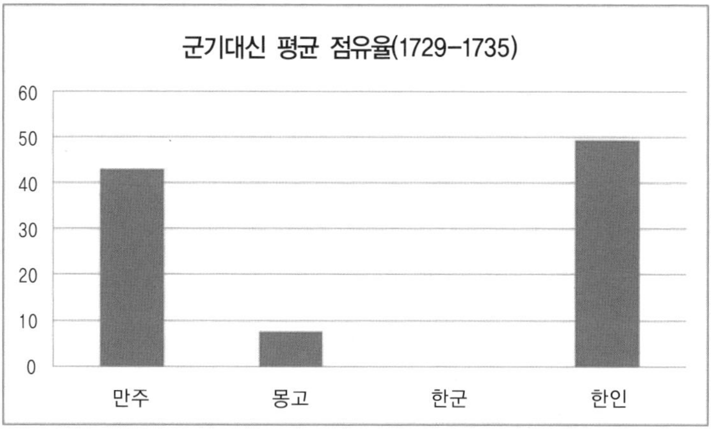

맺고 있었다.[42] 내각은 표의권을 가지고 일상적인 행정업무를 담당하였고, 군기처는 중요한 군사정책과 국정에 관련된 황제의 유지(諭旨)를 담당하였다. 원래 의정왕대신회의가 군사정책에 대한 결정에서 중요한 역할을 했었다는 점을 상기한다면, 황제와 혈연관계에 있던 만주 귀족들이 아니라 황제와 상하관계에 있던 관료들이 군사정책을 자문하였다는 것은 무슨 의미가 있을까? 그것은 청나라가 북쪽 변방의 소규모 왕국으로부터 제국으로 변모하는 과정에서 황제 중심의 통치기구를 갖추게 되었다는 것을 의미한다. 중국 왕조의 역사에서 황실과 귀족이 차례로 정치에서 배제되었던 것은 황제 중심의 통치구조로 나아가는 과정에서 나타났던 현상이었다. 청나라에서도 그러한 과정을 겪었던 것이다.

담당업무 이외에 군기처와 관련하여 분석할 것이 있다. 군기처가 만주인 황제를 보좌하던 최고권력기구였다는 점을 고려한다면, 어떤 관료들로 그 기구가 채워졌는지를 살펴볼 필요가 있다.

군기대신은 황제가 경사의 관료들 가운데 특별히 발탁[特簡]하는 방식으로 임용되었고, 정원이 따로 정해지지 않았다. 옹정제는 3명을 군기대신으로 임명하여 군사기밀 등을 담당하게 하였는데, 건륭제는 그 숫자를 5명까지 늘렸다. 함풍시대 이후에는 내우외환이 이어지면서 군기대신의 숫자가 10명까지 늘어나기도 하였는데, 대체로 6,7명이 첸칭먼(乾淸門) 광장 서쪽의 군기당(軍機堂)에서 업무를 보았다. 청나라의 군기대신은 모두 138명이었고, 그 중 7명의 좌도어사(左都御史)와 6명의 경관(京官)을 제외한 125명은 대학사·상서·시랑 등이 겸직하였다.[43] 옹정시대 군기대신은 위의 표에서 보이듯이 처음 3년 동안 한인들의 숫자가 많았지만, 그 이후에는 점차 줄어들었다. 만주인이 군기처를 주도하는 상황은 건륭시대에 들어서면서 더욱 명확해졌다.[44]

옹정시대 군기대신 가운데 한인 비율이 높았던 이유는 군기처가 자리를 잡는 과정에서 장팅위(張廷玉)와 장팅시(蔣廷錫)가 4년 동안 봉직하였기 때문이다. 그리고 옹정시대 전체를 놓고 본다면 몽

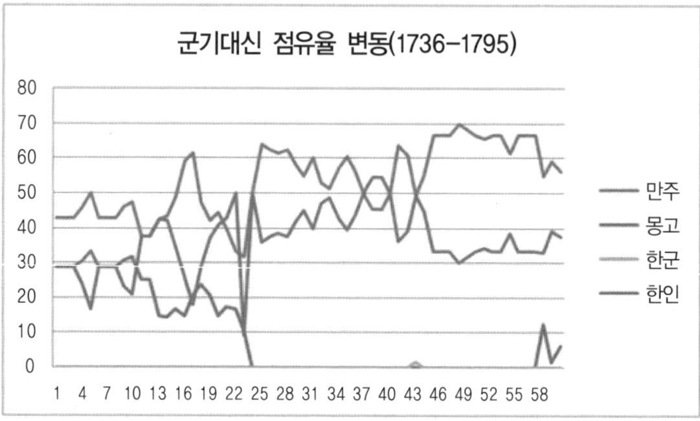

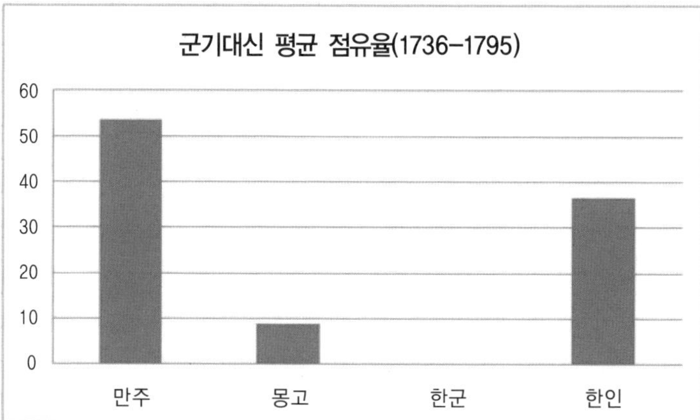

골팔기를 포함하였을 때 한인은 군기대신의 과반수에 미치지 못하였다. 군기처가 건륭시대에 들어서서 확립되었다는 점을 고려한다면, 더 의미 있는 통계수치는 건륭시대의 상황을 분석함으로써 얻을 수 있다.

건륭시대 군기대신들 가운데 만주인·몽골팔기·한군팔기·한인 등의 점유율을 산출해보면, 군기처를 누가 주도하고 있었는지 명확해진다. 건륭시대 동안 군기처에서 한인의 비율이 높았던 때는

60년 중 6년뿐인데, 몽골팔기를 범 만주인으로 포함할 경우 단 3년만 한인이 군기처에서 간신히 과반을 넘었다. 아래 표에서 볼 수 있듯이, 군기처 안에서 만주인과 한인의 비율은 건륭시대 후반에 더욱 분명하게 고착화된다. 만주인은 군기처에서 항상 과반수를 넘었고, 한인보다 20% 정도 많은 숫자를 차지하고 있었다. 건륭시대 전체 평균을 산출해보면, 군기대신은 만주인·몽골팔기·한군팔기·한인 등이 각각 53.7%, 8.8%, 0.02%, 36.6%를 차지하고 있었다.

만주인 군기대신이 항상 과반수였다는 것은 무엇을 의미하는가? 무엇보다도 중요한 정책결정에서 만주인의 이익과 의사가 관철되는 구조였다는 것을 의미한다. 건륭시대에 진행되었던 대외원정이 실제로 그렇게 큰 경제적 이익이 없었음에도 진행될 수 있었던 것은 황제의 위신을 높이려는 정치적 의도 때문이었는데,[45] 대외원정이라는 중요한 정치군사적 사안이 내부의 반대 없이 진행될 수 있었던 것도 군기처의 인적 구성을 보면 쉽게 이해할 수 있다.

우리는 군기처의 만주인과 한인 비율을 통해 만한병용의 실상을 파악할 수 있다. 왜냐하면 육부는 상층에서 결정된 정책들을 집행하는 역할을 하였다는 점에서 청나라가 내세운 만한병용의 실제 모습은 핵심 정책결정기구를 통해 더 정확하게 볼 수 있기 때문이다. 청나라에서 건륭시대까지 만한병용은 사실 한인들을 달래기 위한 일종의 정치적 수사였고, 만주인은 사실상 모든 중요한 정책을 자신들의 의지에 따라 결정할 수 있는 정치구조를 가지고 있었다.

5. 정치구조의 변화

청나라 역사에서 황제와 군기처 중심의 정치구조는 옹정시대를 거치면서 건륭시대에 확립되었다. 함풍시대에 이르러, 정치구조에 변화가 나타나기 시작하였고 신유정변(辛酉政變)으로 완성되었다. 중국사연구에서 1850년대는 주로 제2차 청영전쟁이나 태평천국을 중심으로 서술되었고, 함풍시대의 정치구조나 권력관계는 중요한 관심의 대상이 아니었다.[1] 하지만 신유정변으로 완성된 정치구조는 청나라 말기까지 지속된다는 점에서 좀 더 관심을 가지고 살펴볼 필요가 있다.

1850년대 정치집단들 사이의 세력관계나 권력교체의 정치논리를 파악하기 위해서는 함풍제가 제위에 올라선 이후에 자신의 정치를 시작하는 과정을 추적해야 한다. 그리고 그가 짧은 생을 마감하면서 남긴 유조(遺詔)가 어떤 의미를 지니고 있으며 정치집단들이 그것을 어떻게 이용하였는지를 분석할 필요가 있다.[2] 과거에 신유정변은 서양열강의 지원 아래 자희태후와 공친왕이 일으킨 것으로 정당하지 못한 정변이라는 시각이 주류였지만, 1990년대 이후에는 서양열강의 개입은 부정되고 청나라 조정 내부의 권력관계라는 관점에서 분석되고 있다.[3] 하지만 일반인들에게 더 널리 받아들여지는 관점은 자희태후를 중심에 두고 그녀의 야심, 쑤순(肅順)

과의 갈등, 공친왕과의 연합 등이다. 그 이유는 두 가지이다. 먼저, 신유정변은 역사적 사실보다 소설적 상상이 더 흥미를 자극하고 호소력을 발휘하는 주제이다.[4] 다음으로, 신유정변에 대한 이해는 그 당시의 사실보다 자희태후가 살아있는 권력으로서 더 오랜 시간을 군림했던 시기의 인상에 의해 더 영향을 받기 때문이다. 이런 '기억의 뒤엉킴'은 한 사람이 역사적 인물로 바뀐 다음에 그 사람과 관련된 이전의 일들이 의미 있는 것으로 다시 해석되기 때문이다.[5]

최근에는 함풍시대에 일어난 일들을 이데올로기적 시각이나 야사(신화·소설)의 범주를 넘어서서 역사인물의 관점에서 접근하려는 시도들이 보인다. 다만 그러한 시도들은 당시에 일어난 일들을 청나라 정치구조의 변화라는 시각에서 분석하지 못하고 있다.[6] 우리는 도광시대가 끝나고 함풍시대가 시작된 이래 청나라 정치구조에 나타난 변화과정을 추적할 필요가 있다.

황제권력의 약화

도광시대까지 청나라의 정치구조에서 핵심은 황제와 황제의 정책결정을 보좌하던 군기처였다. 청나라 때도 명나라 때와 마찬가지로 내각이 존재하였다. 하지만 표의(票擬) 권한이 엄격하게 제한을 받았고 대학사들이 주도적인 판단에 의해 표의를 진행했던 것이 아니라 황제의 의중을 감안하여 작성하였다.[7] 또한 형식적으로도 군기대신들은 대학사들 가운데 황제에 의해 선발된 인물들이었다는 점에서 황제와 가까웠고, 겸직의 방식을 통해 6부의 관리들보다 더 큰 힘을 가지고 있었다.[8] 당연히 군기대신들의 군기처는 내각보다 상위의 권력기구로서 기능하였다.

군기처와 군기대신의 권한이 커지는 것은 황권의 관점에서 볼 때 바람직하지 않았다. 황제는 강력한 권력을 행사하기 위하여 방대한 관료집단을 필요로 한다.[9] 하지만 관료들은 유가의 정치를 실현한다는 명분으로 황제를 상징적인 존재로 만들려 한다. 황제는 정치와 행정에 무관심한 경우가 아니라면 특정인의 권한이 지나치게 커지는 상황을 방관하지 않는다.[10] 건륭시대 말기의 허선(和珅, 1750-1799)의 전횡은 나이가 들고 재위기간이 길어진 황제가 특정인에게 권력을 대행하게 만들었기 때문에 가능하였다.[11]

특정인에게 권력이 지나치게 집중되는 현상은 도광시대 후반에도 나타났다. 무창아(穆彰阿, 1782-1856)는 20여 년 동안 군기대신의 자리에 있으면서 각종 시험을 이용하여 자신의 사람을 심었고 정치집단을 형성하였다. 그의 "문생고리(門生故吏)는 조정 안팎에 퍼져있었고, 저명한 사인(士人)들이 그에게 많이 발탁되어 한 때 '무창아 사람들[穆黨]'으로 불렸다."[12] 1848년 대학사 7명 중 5명, 총독 11명 중 7명, 순무 15명 중 10명이 무창아 사람들이었다. 도광시대의 마지막 해(1850)에는 군기대신 6명 중 4명이 무창아 사람들이었다.[13]

황제 이외의 인물에게 권한이 집중되더라도, 황제가 그 인물의 행위를 파악하고 통제할 수 있다면 큰 문제가 아닐 수 있다.[14] 어찌 되었든 세상 사람들은 언제든지 그 인물이 황제에 의해 바뀔 수 있고 권력의 중심을 황제라고 생각하기 때문이다. 하지만 한 인물이 관료집단을 좌지우지하고, 황제가 그의 행위와 그로 인해 야기된 상황을 파악할 수 없거나 파악하더라도 한통속이 된 관료집단에 둘러싸였을 때는 문제가 달라진다. 가경제는 태상황 건륭제 밑에서 허선의 눈치를 보는 신세였다. 하지만 건륭제가 세상을 떠나자 곧바로 황제로서 권한을 제대로 행사하여 허선을 제거하고 자신의 시대가 되었음을 선포하였다.

함풍제도 재위 초에 가경제와 유사한 상황에 놓여있었다. 무창아는 전임 황제의 절대적인 신임을 받고 있었고, 고위관료집단의 상당수는 그의 사람들이었다. 이러한 상황에서 유약한 황제였다면, 관료집단과 타협하는 쪽을 선택하였을 것이다. 하지만 함풍제는 가경제와 마찬가지로 자신의 시대가 되었음을 선포하기로 결정하였다. 그는 무창아가 청영전쟁시기에 황제를 제대로 보필하지 못하였고, 타협적인 태도를 보였으며, 야오잉(姚瑩, 1785-1853)과 린쩌쉬(林則徐, 1785-1850)를 처벌했던 것을 문제 삼았고 관직을 박탈하였다.[15]

무창아 등에 대한 처벌은 전혀 예기치 못한 일이었다. 밖으로 드러난 함풍제의 성격은 즉위 전후가 달랐다. 이주(奕詝, 1831-1861; 咸豊帝)는 이신(奕訢, 1833-1898; 恭親王)보다 재능이 떨어졌지만 어질다는 평판 덕택에 황제의 자리를 거머쥘 수 있었다. 이런 점에서 무창아의 처벌은 예상치 못한 상황으로 받아들여질 수 있다.[16] '황자(皇子)' 가운데 한 명이었던 이주(奕詝)는 즉위 후에 곧바로 무창아를 제거함으로써 황제로서 자신의 권한을 분명하게 행사하였고 단호한 모습을 보여주었다. 이제 함풍제가 할 일은 무창아의 빈자리를 '자신의 사람들'로 채우는 일이었다. 함풍제가 가장 많이 의지했던 인물은 자신의 스승으로서 재위에 오르는데 도움을 주었던 두서우톈(杜受田, 1788-1852)이었다. 함풍제는 두서우톈에게 태자태부(太子太傅)·형부상서(刑部尙書)·협판대학사(協辦大學士) 등을 겸직하게 하였고, "국가의 중요한 정무 및 대신들의 진퇴를 반드시 자문한 뒤에 처리하였다."[17] 또한 "고금(古今)의 정치적 이익과 폐단 및 백성들 삶의 아픔에 대해 힘을 다하여 모두 바로잡으려고 하였고 뛰어난 방안을 헌상하였다."[18] 1852년, 두서우톈은 갑작스럽게 병사하자, 함풍제는 오른팔을 잃은 것과 같았고, "자신도 모르게 흐느끼고 눈물이 흘러내렸고 진실로 몹시 슬프고 고통스러워하였다."[19]

두서우톈이 세상을 떠난 뒤에 함풍제가 발탁하여 전폭적으로 신뢰한 인물은 쑤순(肅順, 1816-1861)이었다.[20] 사실 두서우톈은 엄밀하게 말해서 도광시대의 인물이었다. 두서우톈은 함풍제의 스승이었지만 자신이 선택한 것이 아니라 도광제가 임용하였다. 그는 갓 스무 살의 혈기왕성한 함풍제의 뜻을 거스르지 않는 인물이었다. 함풍제는 "조정의 신하들이 구습에 젖어서 문제를 바로잡으려는 책략이 부족한 상황을 혐오하였는데, 쑤순은 종실의 방계인물로서 특별히 발탁되어 일을 엄격하게 처리하였다."[21] 쑤순는 두서우톈과 같은 원로의 도움으로 무창아 등을 법대로 처벌하였고, 죄인들은 지위고하를 막론하고 벌을 받는다는 것을 보여줌으로써 즉위 초의 정치적 주도권을 확립하였다. 그리고 원로들이 곁을 떠난 상황에서 함풍제는 한 동안 공친왕의 도움을 받았지만 '최종적으로' 쑤순을 자신의 곁에 두게 되었다.

쑤순은 자신의 입장을 강하고 명확하게 표명하면서도 황제의 심기를 잘 살피는 인물이었다. 주관이 뚜렷한 것과 심기를 잘 살피는 것은 양립하기 어려울 듯이 보이고, 사실 이런 점은 쑤순에 대한 평가를 극단적으로 만들었다.[22] 신유정변을 열강과의 타협으로 보는 관점에서 쑤순은 주관이 뚜렷한 인물이다. 그는 열강의 압력에 굴하지 않았고 외세에 대한 반대를 견지하였다는 것이다. 반면, 신유정변이 청나라가 동치중흥으로 나아가는 계기였다는 입장에서 쑤순은 황제의 심기를 잘 살피는 인물이다. 그는 왕조의 앞날보다 황제로부터 신임을 얻고 자신의 지위를 유지하는데 관심을 가졌다는 것이다. 후자와 같은 평가는 자희태후가 청나라 말의 정치권력을 장악한 뒤에 쑤순이 무능하고 아첨하는 인물로 서술되면서 고착되었다. 그런데 우리는 당시 상황에 대해 좀 더 정치구조라는 측면에서 접근할 필요가 있다. 왜 함풍시대에 쑤순이 권력을 장악하게 되었는지 단지 그의 처세술이 아니라 정치구조를 분석해야 한다는 것이다.

청나라에서 황제 중심의 정치구조가 지속되기 위해서는 두 가지 전제가 필요하였다. 하나는 황제가 군기처를 확실하게 통제할 수 있어야 한다는 것이고, 다른 하나는 청나라의 군기처와 군기대신들은 명나라의 내각과 대학사들처럼 황제를 보좌할 뿐 권력을 사유화해서는 안 된다는 것이다. 두 가지는 서로 연관되어 있다. 황제가 군기처를 통제할 수 없으면, 군기처는 영반(領班)을 중심으로 권력을 사유화하게 된다. 그리고 황제는 정치가 귀찮아서든 무능해서든 그런 사유화를 방치하게 된다.

가경제가 허선을 제거함으로써 권력을 농단하는 대신이 사라진 듯하였다. 하지만 이제 청나라는 더 이상 절대적인 권위와 뛰어난 능력을 가진 황제를 갖지 못하였다. 물론 우리는 후대인으로서 청나라의 역사에 대해 당시 사람들보다 더 많은 정보를 가질 수 있기 때문에, 건륭제 이후 황제들에 대한 일반적인 평가를 통해 당시의 정치 상황을 파악할 수 있다. 사실, 가경제와 도광제는 동시대의 백성들이나 관료들에게 우리가 생각하는 것보다 훨씬 더 큰 권위를 가지고 있었을 가능성이 높다. 하지만 황제 이외의 권신(權臣)들이 세인들의 입에 오르내리고 역사서에 등장한다는 것은 그만큼 황제의 권위가 떨어지고 권력이 약화되었음을 의미한다.[23] 가경시대에는 전반기의 칭구이(慶桂, 1737-1816)와 후반기의 둥가오(董誥, 1740-1818), 도광시대에는 각각 차오전융(曹振鏞, 1755-1835)과 무창아, 그리고 함풍시대에는 쑤순이라는 권신이 강력한 힘을 가지고 있었다. 이들은 모두 군기처의 영반이었다. 함풍제는 도광시대의 권신이었던 무창아를 제거함으로써 자신의 권력을 강화하였는데, 왜 다시 쑤순이라는 신하가 막강한 권력을 갖게 되었을까? 함풍제가 정치에는 무관심하고 향락만을 좇은 무능한 황제이기 때문이었을까?

영화나 소설 속에서 일반인들이 함풍제에 대해 갖게 되는 정치적 능력[혹은 권력욕]을 가진 의귀비(懿貴妃, 1835-1908; 함풍제 사후 자희태후가 됨)에게 권력을 넘기는 무능한 인물이다.[24] 함풍제에 대한 평가가 달라지기 시작한 것은 최근의 일이고, 그것은 대체로 학문적인 측면에서 이뤄졌다. 흥미와 선정성을 걷어낸 뒤, 그의 모습을 있었던 그대로 그려보려는 노력이 있다는 것이다. 물론 그렇다고 해서 함풍제가 뛰어난 명군으로 재평가되지는 않는다. 그리고 그의 재평가는 쑤순의 재평가와도 관련이 있다. 함풍제는 재위 첫 해부터 태평천국의 반란을 처리해야 하는 문제에 직면하였고, 반란이 점점 더 확대되면서 관료사회는 흔들리기 시작하였다. 더욱이 두서우톈의 죽음은 정치적 경험이 부족했던 함풍제를 난처하게 만들었다. 그는 반란을 진압하고 흔들리는 관료사회를 바로잡을 강력한 인물이 필요하였다.

함풍시대 초기, 중국의 상황은 급박하게 흘러가고 있었다. 태평천국은 세력을 화중지역으로 확대하였고, 팔기(八旗)와 녹영(綠營)으로 구성된 청나라 군대는 태평군을 제대로 막아내지 못하고 있었다. 1853년 봄, 태평군은 난징(南京)을 점령한 뒤에 북벌군을 파견하여 수도를 위협할 기세였다. 함풍제가 먼저 의지한 것은 자신의 혈육 공친왕이었다. 1852년 10월부터 군기대신에 임명된 공친왕은 이듬해에 영반으로서 함풍제를 보좌하게 되었다.[25] 이것은 황제의 형제가 정치에 개입하지 않는다는 청나라의 관례를 깬 일이었다.[26] 함풍제는 팔기와 녹영이 태평군을 제대로 막아내지 못하고 관료사회가 흔들리는 위기상황에서 급한 나머지 자신의 경쟁자였던 공친왕의 도움을 필요로 하였다. 당시 조정 내부에서는 태평천국을 진압하는 방식을 둘러싸고 이견이 존재하였다. 공친왕의 선임 영반이었던 치쥔짜오(祁寯藻, 1793-1866)는 관군이 제 역할을 하지 못하는 것을 알면서도 쩡궈판(曾國藩, 1811-1872)이 모집한 상군(湘軍)을 태평천국의 진압에 활용하는 방침에 대해서 부정적인 입장을 취하였다. 하지만 공친왕은 당면한 위기를 타개하기 위해서 만인과 한인을 구별해서는 안 된다고 여겼다.[27] 공친왕은 영반으로서 만주인 장군들 사이의 갈등을 중재하고 태평천국의 진압에 전력을 기울이도록 하였고, 쩡궈판의 상군도 적극적으로 진압에 참여하도록 하였다.

1854년 8월, 쩡궈판은 태평천국으로부터 우창(武昌)을 탈환하였다. 공친왕은 위기상황에서 자신의 정치적 능력을 보여주었고, 함풍제도 처음에는 크게 기뻐하였다. 하지만 그의 기쁨이 의구심으로 바뀌는데 오랜 시간이 걸리지 않았다. 먼저, 한인에 대한 의구심이 생겼다. 치쥔짜오는 함풍제에게 "쩡궈판은 시랑(侍郎)의 직책을 가진 필부일 뿐입니다. 필부가 시골에서 궐기하라고 소리치자마자 그를 따르는 자들이 1만여 명이었는데, 국가의 복이 아닐 것입니다."라며 주의해야 한다고 하였다.[28] 청나라는 팔기를 군사적인 요충에 주둔시키는 주방팔기를 통해 한인들을 감시하면서 군림하는 형태의 통치방식을 만들어냈다. 이러한 형태에서 지역의 군대를 이끄는 책임이 있는 자리를 한인에게 맡기는 일은 있을 수 없는 것이었다. 따라서 쩡궈판이 상군이라는 비정규군을 통해 지역의 군사지휘권을 행사하는 일은 만주인 황제의 마음을 불편하게 만들었다. 그는 승전보를 듣고 쩡궈판에게 호북순무(湖北巡撫)의 직책을 회수하였고, 오히려 일을 "지체하고 관망하여 기회를 잃거나, 서둘러 공격하고 공명을 탐하여 일을 그르치지 말라!"고 애매하게 지시하였다.[29]

한편, 공친왕의 정치적 능력도 함풍제의 의구심을 자극하였다. 공친왕은 무엇보다도 만주인의 나라를 지켜야 한다는 마음에서 만주인 장군들 사이의 갈등을 중재하고 태평천국의 진압을 위해 최선을 다했을 수 있다. 하지만 그런 능력이 부족했던 황제의 입장에서 본다면, 정치적 주도권을 잃을 수도 있다는 의구심이 들지 않을 수 없다. 함풍제는 공친왕을 지켜보았고, 공친왕은 함풍제의 의구심을 잠재울 수 없었다. '황제 이주'는 '신하 이신'을 정치·군사적인 문제가 아니라 의례 문제로 낙마시켰다. 그 전말은 이랬다. 공친왕은 황후가 아니라 정귀비[靜貴妃, 1812-1855]의 소생이었다. 정귀비는 황후가 죽은 뒤에 이주(함풍제)를 자신의 친자식처럼 키웠고, 이주도 친어머니처럼 따랐다. 공친왕은 정귀비를 황태후로 추존해줄 것을 요청하였다. 여기에는 미묘한 문제가 있다. 친모가 황태후가 되면 그 친모의 소생인 공친왕은 황제와 동급이 될 수 있다. 물론 함풍제의 죽은 친모도 황태후이기는 했지만, 살아있는 것과 죽은 것은 상황이 다르다. 함풍제는 정귀비가 살아있을 때는 공친왕의 요청을 받아들이지 않았는데, 1855년 7월, 정귀비가 죽자, 황태후로 추존하였다. 함풍제는 자신을 길러준 정귀비가 죽자 더 이상 거리낄 것이 없었고, 결국 행동에 들어갔다. 그는 황태후의 장례에서 자신이 무릎을 꿇고서 고인을 떠나보냈는데 "공친왕은 무례하게 걸으면서 떠나보냈다."면서 태도를 문제 삼았다.[30] 그는 공친왕이 "모든 의례에서 대부분 정성이 부족"하였던 점을 질책하였고, 군기대신, 종인부(宗人府) 종령(宗令), 정황기(正黃旗) 만주도통(滿洲都統) 등 모든 직책을 거둬들이고 근신하도록 하였

다.[31]

공친왕이 제거된 뒤에 더 이상 함풍제의 자리를 넘볼 수 있는 인물은 존재하지 않았다. 함풍제는 공친왕의 자리에 원칭(文慶, ?-1856)을 임명하였다. 원칭은 군기처의 영반으로서 태평천국의 진압과 관련된 정책에 영향을 끼쳤다. 그는 영반이 되기 전부터 싸이상아(賽尙阿, 1794-1875)·나르징거(納爾經額) 등 만주인 장군들이 제 역할을 하고 못하는 상황에서 만주인과 한인을 구분해서는 안 되고, 특히 한인을 중용해야 한다고 건의하였다. 그 이유는 한인들이 "대부분 재야 출신들이라서 백성들의 아픔과 고통을 잘 알고" 있기 때문이라고 하였다.[32] 청나라는 줄곧 "만주인 대신이 병권(兵權)을 쥐고 한인은 단지 그것을 보조하게 할 뿐이었으며, 당시 만주인으로 독무(督撫)의 자리에 있던 사람이 늘 열 두세 명이었다."[33] 이처럼 만주인이 정치적 주도권을 쥐고 있는 상황에서 원칭은 나라를 구하기 위해서 관례나 기득권에 얽매이지 않고 인재를 등용해야 한다고 건의한 것이었다. 쩡궈판·후린이(胡林翼, 1812-1861)·뤄빙장(駱秉章, 1793-1867) 등은 모두 원칭의 추천을 통해 태평천국을 진압하는데 적극적으로 참여하였다. 1856년, 원칭은 영반이 된지 일 년여 만에 세상을 떠났다.

원칭이 죽은 뒤에 그 자리는 실권을 지닌 쑤순에 의해 채워지지 않았고, 펑윈장(馮蘊章)이 그의 자리를 이어받았다.[34] 이것은 쑤순이 청나라에서 최고의 정책자문기구였던 군기처의 군기대신으로 봉직하지 않으면서 권력을 갖게 되었음을 의미한다. 1858년 과거시험 부정사건이 일어났을 때, 쑤순은 사건과 연루된 군기대신을 처벌하였는데, 이것은 당시 권력관계를 잘 보여준다.[35] 옹정시대 이후 군기처는 차츰 청나라 정책결정의 중추기구가 되었고, 군기처의 영반은 재상이나 명나라 내각의 수보대학사와 같은 지위를 갖고 있었다. 그런데 쑤순은 군기처 밖의 관료로서 군기대신의 처벌을 주도하였다. 어떻게 이런 일이 있을 수 있었을까?

공친왕이 군기처에서 밀려난 뒤에 함풍제는 이친왕(怡親王) 짜이위안(載垣, 1816-1861)에게 공친왕이 맡았던 종인부 종령을 비롯하여 군사적인 업무를 맡겼다. 이친왕은 함풍제에게 쑤순을 적극적으로 추천하였고, 이복형이었던 정친왕(鄭親王) 똰화(端華, 1807-1861) 등과 밀접한 관계를 유지하였다. 쑤순·이친왕·정친왕 등은 군기대신이 아니었지만, 친밀한 관계를 유지하였고 함풍제의 핵심측근으로서 세력을 키워나갔다. 그들의 힘을 보여준 상징적인 것이 과거시험 부정사건이었다.

요컨대, 함풍시대에 정치구조가 바뀌고 있음을 보여주는 두 가지 일이 있었다. 하나는 공친왕이 위기상황에서 기존의 원칙을 깨고 황제의 동생으로서 군기처 영반에 임명되었던 일이다. 다른 하나는 공친왕이 군기처에서 밀려난 뒤에 쑤순 등이 군기처의 밖에서 군기대신들보다 더 큰 힘을 행사했던 일이다. 전자는 함풍제의 권위가 절대적인 힘을 발휘하지 못하는 상황에서 그보다 더 정치력이 강한 공친왕이 최고권력기구를 장악한 것이었다. 공친왕은 2년도 안 돼서 밀려났다. 하지만 함풍제가 공친왕을 완전히 제거할 수 없었다는 사실은 당시 공친왕의 정치적 위상을 보여주는 것이었다. 후자는 함풍제가 의도했든 그렇지 않았든 최고의 정책결정기구로서 군기처의 위상이 약화되었음을 보여준다.

정해진 기구와 절차를 통해서 일이 처리되는 것이 아니라, 개인에 의해 일이 처리되는 현상이 생긴 이유는 무엇일까? 함풍제는 제도화된 권력이 아니라 권력을 사유화함으로써 자신의 권위를 세우려했던 것이다. 이것은 정통성이나 황권이 약할 때 나타나는 현상이다. 공친왕은 권력으로부터 밀려나고, 쑤순 등은 황제의 신임을 바탕으로 권력에 다가서면서 함풍시대의 정치구조는 황제가 군기처보다 사적으로 신임하는 인물들을 통해 국정을 처리하는 쪽으로 정해진 듯 보였다. 하지만 황제·쑤순·공친왕 사이의 신뢰·긴장관계는 화중지역의 태평천국이 여전히 건재한 상황에서 영·프연합군이 청나라를 침략하게 되었을 때 새로운 양상을 띠게 되었다.

정치구조의 변화

함풍제는 즉위 초에 황제로서 자신의 권위를 분명하게 보여주었고, 태평천국 때문에 관료사회가 흔들리고 있을 때 공친왕을 통해서 어느 정도 안정을 꾀할 수 있었다.[36] 하지만 함풍제는 공친왕의 정치적 영향력이 더 이상 커지는 것을 원하지 않았고, 의례를 소홀히 했다는 이유로 모든 관직을 박탈하였다. 공친왕의 자리는 원칭과 정친왕으로 채워졌고, 함풍제를 정점으로 하는 권력구조는 완성된 듯이 보였다. 하지만 원칭이 죽은 뒤에 문제가 다소 복잡해졌다. 함풍제는 더 이상 무게감 있는 인물을 찾을 수 없었고, 결국 평원장이 영반의 자리에 앉았는데 그의 위상은 전임자들과 달리 그리 높지 않았다. 정치기구가 갖는 위치와 그 자리를 채운 인물이 갖는 위상이 다를 때 정치는 불안해질 수밖에 없다. 그 즈음에 설상가상으로 전쟁의 먹구름이 밀려오고 있었다.

사실 함풍시대의 정책방향은 영국과의 두 번째 전쟁을 피할 수 없게 만들었다.[37] 함풍제의 대외정책 방향은 오랑캐에 대해 타협적인 태도를 취했다는 이유로 무창아를 제거할 때 분명하게 드러났다.[38] 함풍제는 외세에 대해 강경한 정책을 펼침으로써 청나라의 위신, 더 나아가 황제로서 자신의 위상을 높이겠다는 생각을 갖고 있었다. 두서우톈은 함풍제에게 이렇게 건의하였다. "군대의 위엄을 바로잡고, 뛰어난 병사를 모집하고, 향단(鄉團)을 독려하고, 지형과 현지사정을 살펴서 군무대신을 보내십시오."[39] 여기에서 우리는 제1차청영전쟁이 끝난 뒤 10여 년 동안의 상황을 이해할 필요가 있다. 1842년, 영국과의 전쟁이 끝난 뒤 청나라 조정은 이제 한시름 놓았다는 분위기였다. 반면 지방, 특히 광저우에서는 성안으로 들어오려는 영국에 대한 반감이 커지고 있었다. 더욱이 가능하면 영국과의 무력충돌을 피하려던 입장이었던 치잉(耆英, 1878-1858)이 떠난 뒤에, 차례로 양광총독(兩廣總督)을 맡은 쉬광진(徐廣縉, 1786-1858)과 순무 예밍천(葉名琛, 1807-1859)은 영국과 어떤 대결도 불사하겠다는 태도를 취하였다. 특히 예밍천은 함풍제의 전폭적인 신뢰를 바탕으로 강경한 태도를 고수할 수 있었다.[40]

함풍제는 야만인[夷人]을 강경하게 상대함으로써 무창아를 처벌했던 자신의 행위가 지닌 일관성을 보여주려 하였고, 쉬광진과 예밍천은 황제의 지지와 현지 주민들의 반외세감정을 지지기반으로 삼았다. 영국 측은 총독들에게 광저우로 들어가고 조약을 개정하는데 협조해달라고 요구했지만, 그 요구는 단호히 거부되었다. 하지만 1858년 5월, 함풍제는 막상 전쟁이 눈앞에 닥치자 이렇게 말하였다. "그렇다면 전쟁뿐이란 말인가? 아니다." "아직 전쟁을 할 때가 되지는 않았다." 그는 현지 상황에 따라 전쟁을 피할 수 있으면 피해야 한다는 태도를 보였다.[41] 이날의 같은 상유에서 흥미로운 사실이 발견된다. 함풍제는 "공친왕이 건의한 것에 취할 만한 부분이 많다."는 의견을 덧붙였고, 대신들에게 논의하도록 하였다. 함풍제가 언급한 공친왕의 건의는 "야만인들이 광둥에서 소란을 피우고 톈진을 침범한 일에 대해 책망한 뒤에 그들의 사정을 헤아려주되, 무턱대고 나약하게 나가서는 안 된다."는 것이었다.[42]

공친왕은 며칠 뒤에 열병대신(閱兵大臣)이 되었다.[43] 열병대신은 팔기와 녹영의 군사훈련을 정기적으로 감독하는 자리였다. 과거 공친왕이 갖고 있었던 만주도통이라는 관직과 비교하였을 때 지휘권을 갖지 않는 다소 상징적인 의미를 지닌 자리였다.[44] 함풍제는 영·프연합군이 무력으로 압박하는 상황에서 공친왕에게 상징적인 권위를 부여함으로써 군대의 사기를 진작하는데 이용하고 싶었던 것으로 보인다. 하지만 전쟁이 시작되고 영·프연합군이 베이징을 압박하면서 공친왕은 상징적인 자리에 머물지 않게 되었다. 이점은 후술하기로 하고, 우선 공친왕의 복귀에 대해 살펴보겠다.

공친왕은 두 번 함풍제의 부름을 받았다. 첫 번째는 태평천국의 기세가 오르면서 관료사회가 흔들리고 있던 때였고, 두 번째는 영·프연합군이 청나라를 침략하게 되었을 때였다. 함풍제는 공친왕의 정치적 영향력이 강화되는 것을 우려하였음에도 불구하고, 위기의 순간에는 '청나라'를 지키기 위하여 공친왕을 의지할 수 밖에 없었다. 공친왕은 함풍제의 경계심 때문에 정계에서 밀려났음에도 불구하고, 여전히 정치적 영향력을 유지하고 있었던 것이다.[45] 그리고 공친왕에게 청나라의 위기는 정치적 기회를 제공하였다.

1858년 5월 이후, 공친왕은 차츰 관료들과 일반인들에게 얼굴을 내미는 횟수를 늘려갔다. 공친왕은 함풍제를 대신하여 사직제사[8월]·천단제사[11월]·태묘제사[12월] 등을 지냈다.[46] 황제가 할 일을 공친왕이 대신하고 있었다. 1859년 4월, 공친왕은 내대신(內大臣)에 임명되었는데,[47] 내대신이 황제의 시위대를 통솔하는 일을 맡았다는 점에서 특별한 의미를 지닌다. 공친왕은 이제 국가의 중요한 제사를 대행하였을 뿐만 아니라, 황제의 안위를 책임지는 자리에 앉아 있었다. 그는 1855년에 밀려났던 모든 자리로 복귀하지 않은 상태였다. 하지만 그럴 필요가 없었다. 새로운 기구가 설치되면서 정치구조가 바뀌었고 실질적인 권력을 행사하게 되었다.

우리는 공친왕이 처음부터 새로운 기구를 통해 정치구조를 바꿈으로써 권력을 재편하려고 했는지, 아니면 위기상황이 그에게 힘을 부여했는지 설명하기 어렵다. 다만 그가 권력을 차지하고 재편하려는 의도가 없었다면, 새로운 기구는 단지 임시기구로서 그 수명을 다하는 것이 옳았다. 하지만 새로운 기구, 총리각국통상사무아문(總理各國通商事務衙門, 줄여서 총서)은 그가 죽을 때까지 청나라의 정책결정을 주도하였고 권력의 핵심이었다.

총서는 임시기구로 출발하였다. 1860년 8월, 함풍제는 이친왕이

영·프연합군과의 협상을 제대로 처리하지 못한다는 이유로 공친왕에게 그 임무를 맡기고 흠차대신에 임명하였다.[48] 그런데 이친왕은 어떤 처벌도 받지 않았고 황제와 함께 러허(熱河)로 떠났다. 12월, 총서를 설치해달라는 공친왕의 건의를 받아들이면서도, 교섭을 진행하는 과정에 대해 모든 일들을 낱낱이 보고하고 "조금이라도 숨기는 일이 없도록 하라."고 경계하였다.[49]

공친왕은 함풍제를 대신해서 제사를 지내고 내대신의 자리에 있었을지라도, 황제가 있는 자리를 지키고 있는 상황에서는 여전히 많은 신하들 중 한 명에 불과하였다. 하지만 함풍제가 베이징을 떠나면서 상황은 달라졌다. 특히 총서의 설치는 정치적 영향력을 확대하고 있던 공친왕에게 날개를 달아준 것이나 다름없었다. 그리고 이미 외국세력이 중국사의 전개에서 중요한 요소 중 하나가 된 상황에서 외교를 담당했다는 것은 큰 의미를 지녔다. 청나라 중심의 질서에서 외교권은 의미가 없었다. 사실, 청영전쟁 이전까지 청나라에는 외교가 없었고, 황제 이하 관료들은 그 필요성도 느끼지 않았다. 그러나 서양세력이 영향력을 발휘하는 상황에서 외교업무는 왕조의 존립을 좌우할 수 있는 부분이었고, 그 일을 담당하는 것은 권력의 일부를 차지하고 있음을 의미하였다. 따라서 영·프연합군과 협상을 주도했던 공친왕·원상(文祥)·바오윈(寶鋆) 등은 존재감을 높여가고 있었다.

공친왕이 권력의 일부를 차지하고 그의 존재감이 높아짐에 따라, 쑤순·이친왕·정친왕 등이 장악하고 있던 관료사회는 두 세력으로 나뉘게 되었다. 하나는 함풍제와 함께 피난 중이었던 러허파(쑤순파), 다른 하나는 현지에 남아서 협상을 진행하던 베이징파(공친왕파)였다.[50] 이 두 세력 사이의 갈등과 대립은 함풍제가 죽은 뒤에 정점으로 치달았고, 최종적으로 베이징파가 러허파를 제거하고 관료사회를 장악하게 되었다.

관료사회를 구성하던 사람들의 입장에서 본다면, 청나라의 가장 시급한 과제는 태평천국을 진압하는 일이었다. 그렇기 위해서 우선 영·프연합군의 문제가 어떤 식으로든 정리·해결되어야만 하였다. 러허파는 서양열강에 대한 이해가 부족하였기 때문에 강경한 대응을 주문할 뿐이었다. 반면에 베이징파는 영·프연합군과의 협상하는 과정에서 서양열강의 실력(實力)을 파악하게 되었고, 이미 총서를 통해 일종의 내각을 구성하고 있었으며, 군기처의 권한들을 하나 둘 잠식하고 있었다.[51] 이런 상황에서 베이징파는 조속한 안정을 바라던 관료들의 지지를 이끌어낼 수 있었지만, 러허파는 자신들을 지지하던 황제가 사라지자 의지할 것은 죽은 황제의 유지뿐이었다.

한편, 두 세력 사이의 결전에서 중요한 열쇠를 쥐고 있었던 것은 자희태후였다. 우리는 이미 자희태후가 신유정변 전후에 직접 상유의 초안을 작성함으로써 주도적인 역할을 했다는 것을 알고 있다.[52] 그런데 자희태후의 눈으로 보면, 당시의 사건은 정변이 아니라 자신의 권한을 제대로 행사하여 자신의 지위를 인정하지 않고 있던 찬양정무대신(贊襄政務大臣)들을 제거한 것이다.

사실, 함풍제는 죽기 전에 황제권을 보호하는데 가장 큰 관심을 가지고 있었던 것으로 보인다. 그는 찬양정무대신들의 힘이 지나치게 커지는 것을 막기 위하여 정책결정에 대한 자안태후와 자희태후의 재가권을 보장하였고, 찬양정무대신들의 역할은 황제를 보좌하는 것으로 제한하였으며, 황제권을 보호하기 위하여 찬양정무대신들과 태후들이 서로 견제할 수 있도록 하였다. 사실, 자안태후와 자희태후는 중요한 정책을 결정하는 문서에 최종적인 재가권(거부권)을 가지고 있었기 때문에 문서의 초안을 작성하거나 검토하는 찬양정무대신보다 더 높은 권한을 갖고 있었다.[53] 이런 점에서 함풍제의 의도에도 불구하고 그가 내린 유조는 "신유정변의 화약을 온전히 담지하고 있었다."[54] 그런데 찬양정무대신들은 태후들의 권한을 과소평가하였다. 이런 상황에서 태후, 특히 자희태후는 공친왕과 연합하고 함풍제의 유조에서 명시한 자신의 권한을 최대한 행사함으로써 찬양정무대신들을 제거할 수 있었다.[55]

자희태후는 자신의 권한을 충분히 사용할 줄 아는 정치적 능력을 갖고 있었고, 공친왕은 황제가 수도를 비운 틈을 이용하여 현실적인 정치권력을 갖게 되었다. 함풍제가 떠난 베이징에서, 자희태후는 어린 황제의 친모로서 충분히 권한을 행사하면서 권력을 누리고 싶었고, 공친왕은 영·프연합군의 군사적 위협 속에서 수도를 지킨 '당당한 친왕'으로서 왕조(권력)의 지분을 갖고 싶었다. 권력의지가 충만한 두 사람에게 찬양정무대신들은 공동의 적이 되었고, 결국 참수되거나 관직에서 물러나게 되었다.

요컨대, 청나라의 정치구조는 함풍시대를 거치면서 재편되었고, 권력은 분점되었다. 군기처 대신 총서가 정치와 행정의 중심이었고,[56] 사실상 자희태후가 행사하던 황제권은 축소되었다. 하지만 공친왕이 하는 모든 일은 자희태후의 재가 없이 불가능했다는 점에서 자희태후와 공친왕 사이의 상하관계는 분명하였다. 우리는 그 상하관계를 공친왕의 정치적 부침에서 분명하게 확인할 수 있다. 자희태후는 태평천국의 위협이 사라지자, 공친왕으로부터 의정왕의 지위를 빼앗았고,[57] 양무운동이 성과를 이뤘다고 판단하였을 때는 "활력이 없고 구태에 빠져있다"는 이유로 공친왕의 모든 관직을 박탈하였다.[58] 한편, 중앙의 정치구조와 함께 지방에서 일부 독무(督撫)들은 지방에서 군사권을 행사하였는데,[59] 이 상황도 황제권을 축소시켰다.

구조변화와 권력관계

함풍시대를 거치면서 청나라의 정치구조는 재편되었고, 권력관계는 변화하였다. 정치구조는 권한이 축소된 황제, 행정을 장악한 총서, 그리고 일부 지방의 군사권을 행사하던 독무 등으로 재편되었고, 그에 따라 황제에게 집중되었던 권력도 분점되었다. 그렇다면 우리는 이러한 구조변화와 권력관계에서 어떤 의미를 찾을 수 있을까?

첫째, 황제권의 약화이다. 청나라는 모든 권력이 황제에게 집중되었고, 그 방식에 의해 유지되던 왕조였다. 그런데 함풍시대를 거치면서 동치시대부터 권력이 분점되었다. 군기처가 총서에 의해 대체되면서, 중앙은 황제(자희태후)라는 상징권력과 공친왕이라는 현실권력의 이중구조를 지녔다. 상징권력과 현실권력의 분리현상이 나타난 것이다. 황제가 공친왕의 임면권을 가지고 있었기 때문에 상하관계는 분명하였다. 하지만 황제는 공친왕이라는 현실권력의 도움 없이 왕조를 유지하기 어려웠고, 그 때문에 위기상황이 되면 공친왕에게 도움을 구하는 상황이 되풀이되었다.

따라서 관료사회를 확고하게 장악하던 공친왕이 사라졌을 때 청나라의 위기는 더욱 가중될 수밖에 없었다. 공친왕 사후 한 달 만에 발생한 무술변법운동은 황제가 얼마나 무기력한지를 보여주었다. 의화단운동시기 독무들의 동남호보선언은 중앙의 정치력이 부재한 상황에서 지방의 발언권이 강화되었음을 명확하게 보여주었다.

둘째, 만한관계의 변화이다. 1744년, 만주인이 산하이관(山海關)을 넘은지 100년째 되던 해에 어사(御史) 항스쥔(杭世駿)은 "단 한 명의 한인 총독도 없는" 상황이 개선되어야 한다고 건의하였다. 건륭제는 전혀 만주인과 한인을 "차별할 생각이 없다."면서 1백 년 동안 만주인 인재가 많이 나와서 한인보다 못한 것이 없다고 반박하였다. 결국 항스쥔은 "사사로운 이익 때문에 함부로 상주문을 올렸다."는 이유로 파면되었다.[60]

다시 100년이 지난 뒤, 만주인 관료와 장군들은 청영전쟁에서 민족 특유의 강인함을 보여주지 못하였다. 함풍시대가 되면 서로 정치적 경쟁관계에 있던 공친왕과 쑤순은 둘 다 한인인재의 등용에 적극적이었다.[61] 쑤순이 중용(重用)한 쩡궈판(曾國藩)·궈쑹타오(郭崇燾)·왕카이윈(王闓運)·쭤쭝탕(左宗棠) 등은 신유정변 이후에도 정치적 탄압을 받지 않았다. 이들이 건재할 수 있었던 것은 황제에게 모든 권력이 집중된 정치구조가 바뀌었고, 황제·공친왕·독무 사이의 권력관계가 변화되었으며, 태평천국운동의 진압 과정에서 군사적 지분을 확보하였기 때문이었다.

셋째, 공친왕의 부상(浮上)이다. 함풍시대 이전 황위계승경쟁에서 밀려난 황자들은 비극적인 최후를 맞는 경우가 많았고, 어린 황제를 보좌하던 섭정왕은 죽은 뒤에도 처벌을 면치 못하였다.[62] 공친왕은 청나라의 위기 때마다 정치적으로 재기하는 모습을 보여주었다. 친왕이 된 황자들이 있었음에도 불구하고 공친왕이 정치적 영향력을 계속해서 유지할 수 있었던 것이다. 그가 정치적 영향력을 유지할 수 있었던 이유는 함풍시대 이후 내우외환 속에서 황제권이 약화되었기 때문이었다. 외국열강에 대한 외교권과 지방의 군사권을 잃은 황제는 관료에 대한 인사권을 통해 권력을 유지할 수 있었을 뿐이었다. 동치시대 이후 사실상의 황제였던 자희태후도 외교권과 지방의 군사권을 행사하지 못하였기 때문에 공친왕을 파면했다가 다시 등용하는 일을 반복할 수밖에 없었다.

함풍시대 정치구조와 권력관계에 대해 더 분석되어야 할 문제가 남아있다. 공친왕과 관료사회의 관계에 대해서는 알려진 이야기가 많지 않다. 그의 목소리를 확인할 수 있는 방법이 많지 않기 때문에 그와 관련된 정책이나 사건들은 많은 부분 상황에 의해 분석된다. 청나라 말기 역사전개에서 공친왕이 차지하고 있는 비중에 비해 그에 대한 분석의 글을 찾아보기 어렵다. 함풍시대 이후 정국에 대한 이해를 위해서는 공친왕의 역할을 더 주목할 필요가 있을 것으로 보인다.

6. 황제 위의 권력

청나라의 왕조체제가 지닌 강점은 강력한 군사조직을 바탕으로 한 효율적 정치구조로 요약될 수 있다. 사실 중국의 왕조체제는 황제가 재상이나 자문기구를 두더라도 형식적으로 군사·행정·사법권을 모두 통솔하는 방향으로 발전해왔다.[1] 진한(秦漢)시대 1인 재상은 당송(唐宋)시대 재상들의 협의체를 거쳐 명나라에 이르러서 다수의 대학사들로 구성된 내각이라는 일종의 자문기구가 되었다. 그리고 황제는 군사와 행정 기구들을 직접 지휘하였다. 청나라는 명나라의 제도를 계승하면서도 만주특색의 정치구조를 지닌 왕조체제를 만들어냈다.

만주인 왕조체제의 특징을 가장 잘 보여주는 것이 팔기와 군기처였다.[2] 팔기는 중앙에서 황제를 보위하였고, 지방의 요지에 주둔하면서 한인 지방관들을 감독하였다. 이것은 청나라의 황제가 팔기의 우두머리에서 비롯되었던 것과 관련이 있다. 즉, 청나라에서 사냥과 전투에 뛰어난 능력을 전사는 일반인들보다 우월한 지위를 갖고 있었고, 전사들 가운데 가장 뛰어난 사람이 가장 높은 지위를 갖게 되었다. 이런 점에서 명나라가 문관 우위의 왕조였다면 청나라는 팔기를 중심으로 하는 무관 우위의 왕조였다고 말할 수 있다.

군기처(軍機處)는 군사기밀을 다루는 곳이라는 명칭에서 과거의 황제자문기구들과는 다른 느낌을 준다. 그 기원도 당나라의 정사당, 송나라의 중서, 명나라의 내각 등과 달리 군사작전을 위해 설치되었던 기구에 두고 있었다.[3] 그렇다고 군기처의 구성원들이 무인이었던 것은 아니고, 만주인만으로 구성되었던 것도 아니다. 군기처는 청나라의 권력구조를 살펴볼 수 있는 일종의 프리즘과 같은 기구였다. 군기처의 군기대신 수는 대체적으로 만주인(몽골인 포함)과 한인이 균형을 유지하고 있었고, 표면적으로 만주인과 한인이 잘 융화되고 있음을 보여주었다.[4] 그리고 1861년 이전까지 황위교체와 같은 일이 있었던 한 두 해를 제외한다면 황족이 군기대신으로서 군기처에서 사무를 보는 일은 없었다. 군기처는 완전하게 황제의 지휘와 통제 아래 있었던 자문기구로서 황제의 지시를 따랐다. 건륭제·가경제·도광제가 세상을 떠나자마자 새로운 황제들은 전임 황제들의 권신(權臣)들을 처벌하고 친정을 개시하였는데, 이것은 백련교도의 난이나 청영전쟁에도 불구하고 함풍시대였던 1850년대 초반까지 황제권이 여전히 강했다는 것을 의미한다.[5]

제도권력과 현실권력

군사권과 행정권을 지닌 황제의 권력은 대내외적인 위기가 한꺼번에 밀어닥치는 상황 속에서 차츰 무너지기 시작하였다. 대내적인 위기는 태평천국운동이었고, 대외적인 위기는 영국과 프랑스

연합군의 침략이었다. 백련교도의 난이 일어났을 때와 마찬가지로 청나라에서 만주인의 자랑이었던 팔기의 군대는 무기력하였고, 황제 옆의 관료들은 열강의 침략에 제대로 대처하지 못하였다. 이러한 상황은 황제가 중심에 있던 청나라의 왕조체제를 변화시켰다.

우선, 태평천국의 기세는 반세기 전 백련교도가 난을 일으켰을 때와 마찬가지로 관군에 의해 꺾이지 않았고, 자발적으로 조직된 단련과 열강의 군사적 도움에 의해 진압될 수 있었다. 지역의 신사들은 사적인 군대를 보유하게 되었고 황제는 더 이상 지방의 군사권을 통제할 수 없게 되었다. 다음으로, 영국과 프랑스 연합군이 수도를 점령한 상황에서 황제 옆의 관료들은 열강과 어떻게 외교적인 문제들을 처리해야 하는지에 대해 무지하였다. 외교문제는 황제의 이복동생이었던 공친왕이 주도하였다.

함풍제는 군사권과 외교권을 제대로 행사하지 못하는 상황에 빠졌고, 연합군을 피해 러허(熱河)에서 지내던 중 세상을 떠났다. 함풍제 사후, 청나라 왕조체제의 정치구조는 중요한 변화를 맞이하게 되었다. 함풍제의 유지에 따르면, 찬양정무대신(贊襄政務大臣)들이 주도권을 쥐고 어린 황제를 보좌하고 자안·자희태후는 최종재가권을 행사하여 그들의 권한을 제한하는 구조였다. 하지만 상황은 세상에 없는 황제의 뜻대로 되지 않았다.[6] 황제가 수도를 비운 동안 열강과의 교섭을 위하여 총서가 설치되었고, 총서는 공친왕을 중심으로 사실상 조정(朝廷)의 기능을 하던 기구였다. 공친왕은 찬양정무대신에서 배제된 것을 받아들일 수 없었고 수도의 관료들도 그에게 동조하고 있었다. 그는 자희태후가 찬양정무대신들의 월권에 불만을 품고 있다는 사실을 알게 되었다. 결국, 1861년 공친왕과 자희태후는 함풍제의 유지(遺旨)를 따르지 않기로 결정하였고, 찬양정무대신들을 축출하는 신유정변을 일으켰다.[7]

자희태후는 자신의 권한을 충분히 사용할 줄 아는 정치적 능력을 갖고 있었고, 공친왕은 황제가 수도를 비운 틈을 이용하여 현실적인 정치권력을 갖게 되었다. 함풍제가 떠난 베이징에서, 자희태후는 어린 황제의 친모로서 충분히 권한을 행사하면서 권력을 누리고 싶었고, 공친왕은 연합군의 군사적 위협 속에서 수도를 지킨 '당당한 친왕'으로서 왕조(권력)의 지분을 갖고 싶었다. 권력의지가 충만한 두 사람에게 찬양정무대신들은 공동의 적이 되었고, 결국 참수되거나 관직에서 물러나게 되었다.

신유정변을 전후하여 청나라의 정치구조는 재편되었다. 우선 황제권이 약화되고 권력이 분점되었다. 청나라의 왕조체제에서 모든 권력은 황제에게 집중되었고, 그 체제는 황제를 중심으로 유지되었다. 그런데 황제가 연합군을 피해 러허에 있을 때, 공친왕은 총서를 이끌었고 총서의 관료들이 군기대신을 겸직하였다. 그리하여 공친왕은 관료사회를 자신의 통제 아래 두게 되었고, 외교도 괄할하였다. 다만, 황제권을 대리하고 있던 자희태후는 관료의 최종 임면권을 가지고 있었기 때문에 공친왕을 견제할 수 있었다.

공친왕이 지위를 유지할 수 있었던 것은 황실과 관료들의 지지였다. 특히 지방의 한인 관료들은 강화된 입지를 바탕으로 공친왕을 지지하였다. 만주인 관료와 장군들은 이미 청영전쟁에서 민족 특유의 강인함을 보여주지 못하였다. 함풍시대가 되면 만주인 관료들은 정치적 입장에 관계없이 한인인재의 등용에 적극적이었다. 쩡궈판(曾國藩)·궈쑹타오(郭崇燾)·쭤쭝탕(左宗棠) 등은 공친왕과 대립하던 쑤순(肅順)에 의해 등용되었지만, 그들은 신유정변 이후에도 정치적 탄압을 받지 않았다. 이들이 건재할 수 있었던 것은 태평천국운동의 진압 과정에서 지방의 군사권을 확보하였기 때문이었다. 그들은 정치적 소용돌이 속에서 흔들리지 않을 만큼 현실적인 힘을 갖게 되었던 것이다.

정치구조와 함께 권력관계에도 변화가 생겼다. 권력은 제도권력과 현실권력으로 나눠지게 되었다. 왕조체제가 잘 작동하고 황제가 제도적으로 권력을 보장받고 현실에서도 그에 상응하는 권력을 행사하고 있다면, 제도권력과 현실권력의 구분은 무의미하다. 왕조체제는 천명을 받은 황제에게 모든 권한을 제도적으로 부여한다. 그 체제는 제도적으로 보장된 권력이 제대로 행사될 수 있을 때 잘 유지될 수 있다. 청나라에서도 황제의 군사·행정권은 제도적으로 보장되었고, 중요한 정책의 최종적인 결정은 황제의 성지(聖旨)를 통해 최종적인 재가를 받았다. 신유정변 이후에도 청나라에서 황제는 제도로 보장된 권력을 갖고 있었다. 하지만 현실에서 권력은 어린 황제를 대신하고 있던 태후들과 공친왕의 손에 놓여 있었다.

요컨대 신유정변 이후 청나라의 왕조체제는 권한이 축소된 황제, 행정을 장악한 총서, 그리고 일부 지방의 군사권을 행사하던 독무 등으로 재편되었고, 그에 따라 황제에게 집중되었던 권력도 분점되었다. 그렇다면 왕조체제의 재편, 권력 분점 그리고 제도권력과 현실권력의 괴리 등은 어떤 결과를 낳았을까?

왕조체제의 재편, 권력분점, 제도와 현실 권력의 괴리 등은 황제의 권위를 약화시키고, 내부갈등을 야기하였다. 왕조체제는 누구도 그 정당성에 대해 의문을 품지 않는 절대적인 권력을 통해 안정적으로 유지될 수 있다. 중국의 역사에서 불안정한 황제권은 왕조의 안정을 위협하는 요소였고, 청나라도 예외가 될 수 없었다. 황제는 이론적으로 하늘로부터 위임받은 권한(=권력)을 행사하고, 현실적으로 자신의 왕조에 대한 무한한 사명감을 느낀다.[8] 그는 왕조에서 일어나는 길흉화복(풍년·재해·반란·번영)을 자신의 행동이 가져온 결과라고 여겨야 한다. 민주정치가 보편화되는 과정에서 황제의 통치행위가 지닌 자의성은 비판의 대상이 되었지만, 왕조체제에서 그의 사명감과 책임감은 왕조를 존속시키는 힘이 되었다. 바꿔 말하면, 황제 혹은 황제권의 대리인이 절대권력을 상실하고 사명감과 책임감을 갖지 못하게 되었을 때 왕조체제를 쇠퇴하게 만들 수 있었다.

황제에게 사명감과 책임감을 갖게 만든 것은 어릴 때부터 제공되었던 교육 덕택이었다. 청나라의 황자들은 새벽 4시 정도가 되면 일어나서 공부방으로 갔고, 정오를 지나 오후가 될 때까지 유교경전·만주어·활쏘기·말타기 등을 학습하였다.[9] 그들 가운데 황제가 된 자는 머리로는 황제가 어떤 존재이고 어떤 책임을 갖고 있는지 알고 있었다. 위에서 언급한 사명감과 책임감의 무게는 황제마다 다르게 느낄 수 있었지만, 그 무게가 없다고 부정하는 일은 있을 수 없었다. 황제들은 자신이 왕조의 통치와 그 구성원이었던 백성들의 삶에 무한 책임을 지는 존재라는 사실을 알고 있었다. 황제와 관료들은 대의명분이 지닌 중요성을 알고 있었으며, 그것이 부족할 때 행동에 제약을 받을 수밖에 없다는 사실도 알고 있었다. 왕조가 평안하지 못할 때 황제가 내리던 죄기조(罪己詔)는 그것이 보여주기든 진심이든 필요한 일이었다. 청나라가 쇠퇴하는 징후들이 나타났던 가경과 도광시대의 황제들이 근검을 강조하고 '실천'했던 것은 황제로서 소임을 다하려는 모습이었다.[10]

청나라 왕조체제 아래에서 줄곧 제왕으로서 역할과 책임을 학습한 황제의 아들이 왕조정치의 최고책임자가 되었다. 순치제나 강희제처럼 어린 황제가 제위에 오른 경우에도 섭정왕은 한시적으로 황제를 보좌하였다. 신유정변 이후 자희태후의 수렴청정도 원래는 한시적일 수밖에 없었다. 황제와 섭정왕·수렴청정 태후 사이의 가장 큰 차이는 물려받은 권력과 그렇지 않은 권력이다. 황제의 권력은 죽을 때까지 유지되고, 그것에 대한 도전은 곧 찬탈이었다. 순치제와 강희제가 친정을 시작한 이후 섭정왕들이 불행한 최후를 맞이한 것은 왕조체제에서 그 어떤 이도 황제가 지닌 권력을 보유할 수 없음을 보여주었다.[11] 시간이 정해진 권력이라는 점에서 자희태후는 그 시간을 마음에 둘수록 불안하지 않을 수 없었다. 그녀가 불안한 이유는 자신의 권력이 무한한 것이 아니고, 황제의 성장과 의지에 따라 자신의 지위가 바뀔 수 있기 때문이었다. 그렇다면 시간이 정해진 권력을 지닌 자희태후가 불안감을 해소할 수 있는 방법은 무엇이었을까?

자희태후의 정치권력

자희태후는 황제권을 대리하고 있었지만 온전하지 않았고 한시적이었다. 그녀는 뛰어난 정치력과 강한 권력의지로 공친왕과 협력하여 찬양정무대신들을 제거하였고, 실질적으로 황제권을 대리하고 있었다. 하지만 1873년 동치제가 친정을 시작하게 되면서 그녀는 어떤 정치적 권한도 가질 수 없었기 때문에 그녀의 권력은 원래 불완전하고 시간이 정해진 것이었다.

그런데 1875년 동치제는 친정을 시작한지 2년도 되지 않아서 세상을 떠났고, 후임 광서제는 자희태후의 조카, 여동생의 아들로 네 살짜리 어린아이였다. 황위는 후대가 계승하는 것이 관례였다. 그런데 광서제는 동치제와 같은 세대에 속하였기 때문에 관례를 깬 것이다. 광서제의 제위계승으로 자희태후의 황제권 대리인으로서 지위는 연장되었다. 그리고 1881년 동태후가 세상을 떠나게 되자, 그녀의 독점적 지위는 확고해졌다. 하지만 그녀는 불안하였다.

사람은 자신이 가진 지위가 불안할 때 그것을 확인함으로써 그 불안감을 떨쳐버리려 하고, 자신이 가진 지위를 과신할 때 타인들을 자신의 의지대로 할 수 있다고 착각한다. 이러한 점은 태후로 하여금 끊임없이 자신의 권력을 확인받고 싶게 만들었다. 그 가장 좋은 방법은 바로 많은 사람들에게 자신의 힘을 행동으로 보여주는 것이었다.

1865년 자희태후는 맨 처음 자신의 권력의지를 행동으로 보였다. 그녀는 공친왕에게 의정왕의 지위를 박탈하였다.[12] 이 일이 있기 전까지 자희태후는 단순히 어린 황제의 친모가 수렴청정을 실시하던 중국의 전통에 의지하여 권력을 갖게 된 것이었다. 하지만 이제 자희태후는 스스로 권력자가 되었다. 권력을 획득하고 권위를 세우는 가장 좋은 방법은 경쟁상대를 무력화시킬 수 있는 힘을 보여주는 것이다.[13] 자희태후는 관리에 대한 자신의 임면권을 의정왕이었던 공친왕에게 행사함으로써 상하관계를 분명하게 하였다. 물론 그렇다고 하더라도 그녀가 완전하게 권력을 장악한 것은 아니었다. 아래 표에 보이듯이 군기처에서 비공친왕계의 세력이 늘어난 것은 1876년이었고, 역전된 것은 1882년이었다. 자희태후가 관료들을 장악하기 위해서는 더 많이 기다려야만 하였다.

자안태후는 더 많은 권력을 행사하려는 자희태후와 행정기구를 계속해서 장악하려는 공친왕 사이에서 일종의 완충 작용을 하였던 것으로 보인다. 1874년과 1884년의 상황은 자희태후가 명의상 자안태후와 공동으로 정치에 간여할 수 있는 권한을 분점하고 있을 때와 혼자서 독점하고 있을 때 어떤 상황이 벌어지는지 잘 보여준다.[14]

1874년은 자희태후가 40세 생일을 맞이하는 해였다. 동치제는 1873년부터 친정을 시작하였는데, 그는 "글을 쓰면 틀리는 글자가 많았고, 『대학』도 제대로 알지 못할 정도"였으며, "태후가 대놓고 심하게 질책하였지만 개선되지 않았다."[15] 동치제가 친정 후 가장 열정적으로 추진했던 사업은 원명원의 재건이었다. 왜 그는 원명원의 재건에 관심을 가졌던 것일까?

표. 군기처 내부의 세력분포[16]

년도	공친왕계					비(非) 공친왕계				비율	사건
1861	奕訢	桂良	沈兆霖	寶鑾	曺毓英					5:0	신유 정변
1862	奕訢	桂良 文祥	沈兆霖 李棠階	寶鑑	曺毓英					5:0	桂良 사망 沈兆霖 이직
1863	奕訢	文祥	寶鑑	李棠階	曺毓英					5:0	
1864	奕訢	文祥	寶鑑	李棠階	曺毓英					5:0	
1865	奕訢	文祥	寶鑑	李棠階	曺毓英	李鴻藻				5:1	의정왕 상실 李棠階 사망
1866	奕訢	文祥	寶鑑	曺毓英 胡家玉		李鴻藻 汪元方				4:1	曺毓英 사망 李鴻藻 憂免 胡家玉 파직
1867	奕訢	文祥	寶鑑	沈桂芬		李鴻藻	汪元方			4:2	汪元方 사망
1868	奕訢	文祥	寶鑑	沈桂芬		李鴻藻				4:1	
1869	奕訢	文祥	寶鑑	沈桂芬		李鴻藻				4:1	
1870	奕訢	文祥	寶鑑	沈桂芬		李鴻藻				4:1	

년도	공친왕계					비(非) 공친왕계				비율	사건
1871	奕訢	文祥	寶鋆	沈桂芬		李鴻藻				4:1	
1872	奕訢	文祥	寶鋆	沈桂芬		李鴻藻				4:1	
1873	奕訢	文祥	寶鋆	沈桂芬		李鴻藻				4:1	
1874	奕訢	文祥	寶鋆	沈桂芬		李鴻藻				4:1	恭親王 革·復職
1875	奕訢	文祥	寶鋆	沈桂芬		李鴻藻				4:1	光緒元年
1876	奕訢	文祥	寶鋆	沈桂芬		李鴻藻	景廉			4:2	文祥 사망
1877	奕訢	寶鋆	沈桂芬			李鴻藻	景廉			3:2	
1878	奕訢	寶鋆	沈桂芬	王文韶		景廉				4:1	李鴻藻 憂免
1879	奕訢	寶鋆	沈桂芬	王文韶		景廉				4:1	
1880	奕訢	寶鋆	沈桂芬	王文韶		李鴻藻	景廉			4:2	慈禧 중병
1881	奕訢	寶鋆	沈桂芬 左宗棠	王文韶		李鴻藻	景廉			4:2	沈桂芬 사망 左宗棠 이직
1882	奕訢	寶鋆	王文韶			李鴻藻	景廉	翁同龢	潘祖蔭	3:4	王文韶 乞養
1883	奕訢	寶鋆				李鴻藻	景廉	翁同龢	潘祖蔭	2:4	
1884	奕訢	寶鋆				李鴻藻	景廉	翁同龢		2:3	潘祖蔭 憂免

먼저, 황제로서 권위의 확립이다. 동치제는 청나라 황제 가운데 가장 능력이 처지는 것으로 평가되었다. 하지만 아무리 능력이 모자란 황제라고 하더라도 황제로서 권위를 세우려는 의지까지 없었다고 볼 수 없다.[17] 과거 동치제 이전의 세 황제도 모두 부친 세대의 힘 있는 신하들을 내치는 방식으로 자신의 힘을 보여주고 권위를 세웠다. 그런데 동치제에게는 문제가 있었다. 힘 있는 신하들은 내치면 그만인데, 자희태후는 내친다고 일이 마무리될 수 없었다. 황제는 효의 실천을 위해 자희태후에게 문안을 드려야 했고, 그것은 수렴청정의 연장일 수 있다. 그가 선택할 수 있는 유일한 방법은 효의 실천을 명분 삼아서 자희태후와 떨어져 사는 것이었다.

다음으로, 자희태후의 의지이다. 원명원의 재건은 동치제만의 의지가 아니었다. 자희태후는 수렴청정을 하는 동안 단순히 황제의 뒤에 앉아만 있었던 것이 아니다. 그녀는 공친왕으로부터 의정왕의 지위를 박탈한 사건에서 보이듯이 실질적인 정치권력을 행사하였다. 권력으로부터 벗어난 그녀에게 필요한 것은 그 공허함을 메워줄 공간이었고, 그 공간은 크고 화려해야만 하였다.[18] 자희태후가 원명원을 재건하려던 시도는 처음이 아니었고, 그 시도는 그녀의 개인적인 욕심 때문이었다. 1869년 이후 내무부의 지출이 급증하여 호부로부터 보조를 받는 일이 계속되었다. 이것은 전례가 없던 일이었고, 그 원인은 자희태후 개인의 즐거움을 충족시키기 위해 경비가 많이 필요하였다는 것이다. 그녀의 즐거움을 위해 원명원의 재건도 시도되었다. 1869년 9월, 내무부(內務府) 고수(庫守) 구이샹(貴祥)이 전국의 "가구·농지에 따라 기부금을 받는 방법"

으로 재원을 마련하여 원명원을 재건할 수 있다는 의견을 냈고, 어사(御史) 더타이(得泰)는 그의 의견에 동조하는 상주문을 올렸다. 하지만 이는 황실과 관료의 격렬한 반대에 부딪혀 좌절되고 말았다.[19] 그럼에도 불구하고 원명원 재건 논의는 끝나지 않았다.

동치제와 자희태후 사이의 공감대는 원명원의 재건에 힘을 실어주었다. 1873년 9월말, 동치제가 자희태후 40세 생일을 1년여 남겨두고 원명원의 재건계획을 발표하였다. 어사(御史) 선화이(沈淮)는 "내무부의 재정이 어렵고 수·한재가 빈발하고 군비도 충분히 갖추어지지 않은 상황"이라며 재건을 미루어야 한다고 주청하였다. 동치제는 선화이가 "소문만 듣고 직접 가거나 본 것 없다."며 질책하였다. 그는 두 태후가 10년 동안 수렴청정을 하느라 고생한 것을 생각하면 "마음이 너무도 불편하였다."며 기부금을 거둬서 원명원을 재건하여 두 태후를 편히 모시도록 하겠다고 천명하였다.[20] 동치제의 강력한 의지에 공친왕이 은 2만량을 기부하면서 원명원의 재건은 기정사실이 되었고,[21] 이듬해 공사가 시작되었다.

사실 공친왕이 절검을 강조하는 성격이었다는 점을 고려한다면 그는 기부금을 내기보다 간언을 했어야 할 것으로 보인다. 함풍제가 공사를 계획한 두 가지 이유를 공친왕의 입장에서 본다면 그의 행동을 이렇게 설명할 수도 있다. 먼저, 공친왕은 황제가 자희태후를 멀리 놓고 싶었던 것과 같은 마음이 있었을 것으로 볼 수 있다. 1865년 자희태후에 의해 파직을 당했던 적이 있고, 노련한 태후보다는 어린 조카가 상대하기 편안할 수 있었다. 다음으로, 공사가 자희태후의 뜻이라는 것을 쉽게 알 수 있는 상황에서 대놓고 반대할 수 없었다. 여전히 자희태후는 황제의 명의를 이용하여 조정에서 공친왕의 자리를 치워버릴 수 있는 사람이었기 때문이다. 하지만 공친왕은 원명원의 재건에 그다지 호의적이지 않았다. 그는 진심으로 개인적인 지위보다 왕조의 명운을 더 중시하였고, 그 진심이 드러나는데 오랜 시간이 걸리지 않았다.

동치제는 어렸을 때 잠깐을 제외하고 학업보다는 유흥에 관심이 많았고 친정을 시작한 이후에도 정무에 전념하지 못하였다. 어떤 의미에서 원명원 재건공사는 동치제가 바깥을 자유롭게 돌아다닐 수 있는 핑계가 되었다. 황제가 바깥으로 나도는 상황은 공친왕을 비롯한 관료들을 불안하게 만들었지만, 유교의 관점에서 황제 자신이 직접 공사현장을 살피고 효를 실천하겠다는 것을 막을 수는 없는 일이었다. 하지만 당시 청나라의 경제적 상황에서 대규모 공사를 진행할 수 있는 여력이 없었다.[22] 공친왕 등은 정무를 돌보지 않는 황제와 늘어나는 공사비를 걱정하고 있었지만 공사의 진행을 막을 뚜렷한 명분이 없었다. 그 기회는 여름에 찾아왔다.

1874년 7월, 리광자오(李光昭)의 사기사건[23]이 발생하였다. 리광자오는 먼저 가짜 증명서를 만들어서 자신이 황제의 특명으로 원명원의 재건에 쓰일 목재를 조달하는 임무를 맡고 있다고 프랑스 목재상을 속였다. 그는 목재를 조정에서 지불을 보증한다면서 5만 냥 어치를 손에 넣었다. 베이징으로 돌아온 뒤, 그는 30만 냥 어치 목재를 구매하였으니 대금을 달라고 요청하였다. 동치제는 크게 기뻐하면서 톈진에 목재가 도착하면 관세를 부과하지 말라고 명하였다. 하지만 목재가 톈진에 도착한 뒤에 대금이 지불되지 않자 프랑스 목재상이 조정에 지불을 요구하면서 그의 사기행각은 들통이 났다. 직예총독 리훙장은 사건의 전말을 황제에게 상세하게 보고하였고, 동치제는 리광자오를 파면하고 참수형에 처하였다.

리광자오 사건을 계기로 수면 아래 있던 원명원의 재건 반대 의견이 공론화되었다. 공친왕·순친왕을 비롯한 왕공대신들은 동치제에게 소견(召見)을 요청하였고, 몇 차례 거부 끝에 그들은 마침내 황제에게 공사의 폐단을 지적하면서 중지를 읍소하였다. 또한 공친왕은 주접을 올려 동치제가 친정을 시작한 이래 보여준 문제점들도 열거하고 바로잡을 것을 간언하였다.

공친왕은 황제에게 다섯 가지를 간언하였다.[24] 첫째, 혜성이 나타난 것은 하늘이 암시를 보내는 일이니 잘못을 되돌아보고 "천명을 두려워하셔야 합니다." 둘째, 환관이 제멋대로 황궁 밖으로 출입하고 확인되지 않은 물품이 반입되는 것을 금지한 "조법(祖法)을 따르셔야 합니다." 셋째, 황제의 행동 하나 말 한마디는 모두 백성의 모범이 되어야 하는 것이니 "언행에 신중하십시오." 넷째, 근래에 신하들이 올린 상소들을 읽지도 않으시는데 읽어보시고 "간언을 받아들이셔야 합니다." 다섯째, 독서는 정무처리 능력을 향상시키는데 필요한 일이니 "학문에 정진하십시오."

동치제가 별다른 반응을 보이지 않자, 공친왕 등은 거듭 소견을 요청하였고 황제는 마지못해 허락하였다. 하지만 공친왕과 황제 사이에는 가시 돋친 설전이 오갔다. 동치제는 "내가 공사를 중지하면 어떻겠느냐? 너희들이 그 때도 지껄일 것인가?"라며 신경질적인 반응을 보였다. 공친왕이 "간언한 것은 그뿐만이 아닙니다."라며

반박하자, 동치제는 그러면 "이 (황제) 자리를 네게 넘기는 게 어떻겠냐?"라고 쏘아붙였다.[25]

표면적으로 동치제는 공친왕 등의 간청을 못마땅하게 생각하였지만, 다른 것은 몰라도 원명원 재건 공사는 지속할 수 없다는 것을 알았기 때문에 왕공대신들의 의견을 받아들였다. 당시 자희태후는 정치적 지위를 갖고 있지 않은 상황이었고, 모든 결정은 공친왕을 중심으로 하는 관료들의 강력한 반대의견을 황제가 받아들이는 형식으로 내려졌다. 동치제는 이렇게 말하였다.[26] 수렴청정으로 고생하신 태후들의 노고를 위로하려고 공사를 시작하였으나 재정상황이 어렵고 군비지출이 필요한 상황에서 "토목공사 때문에 백성들에게 과중하게 힘을 쓰게 할 생각이 전혀 없으니 원명원 공사의 모든 공정을 즉시 중지하라!" 결국 논란이 되었던 원명원 공사는 중지되었고 일은 그렇게 일단락되는 듯하였다.

하지만 동치제가 받아들인 것은 딱 거기까지였을 뿐이다. 공사중지를 명한 다음날에 반전이 일어났다. 1874년 7월 29일, 동치제는 "공친왕이 소견할 때마다 말을 하는데 예의를 갖추지 않은 경우가 많았다."는 잘못을 들어 친왕의 지위를 박탈하였다.[27] 혈기왕성한 황제의 순간적인 분노와 치기어린 행동은 오래 가지 못하였다. 8월 1일, 동치제는 두 태후를 만난 뒤에 자신의 명령을 거둬들였다. 하지만 그는 공친왕의 무례함은 "마땅히 처벌을 받아야 할 일이지만" 그간의 노고를 생각하여 친왕의 지위를 회복시킨다는 말을 빼놓지 않았다.[28]

자희태후의 생일잔치

자희태후는 자신의 기한이 정해진 정치권력에 대한 불안감 때문에 그 권력을 확인받기 위하여 관료사회에서 가장 높은 지위에 있던 공친왕을 두 번에 걸쳐 파면했다가 복직시켰다. 그녀가 자신의 지위를 확인받았던 또 다른 방법은 의례였다.

원명원의 수리를 둘러싼 대립이 야기한 조정 내의 폭풍이 지나간 뒤, 10월 10일 자희태후의 40세 생일잔치는 성대하게 열렸다.[29] 동치제는 이미 1873년 말에 자희태후의 40세 생일을 맞이하여 친왕·군왕을 비롯한 황실 구성원들에게 차등을 두어 하사금을 내리고, 군기대신과 일부 독무들에게 하사품을 주는 일을 준비시켰다.[30] 1874년 원명원 공사가 시작된 뒤에는 구체적으로 잔치의 방식에 대해 지시하였다. 그 방식은 건륭시대에 열린 황태후의 50세 생일잔치의 사례를 따르는 것이었다. 황제는 수도에 거주하는 모든 팔기관원 및 남녀 태감(太監) 가운데 60세 이상의 사람들에게 상을 준비하도록 하였다.[31] 잔치가 임박했을 때, 하사품을 받는 대상은 더욱 확대되었다. 중앙과 지방, 만주인과 한인, 문관과 무관의 구분 없이 1·2품 관리의 가족 가운데 80세 이상인 사람들에게도 하사품이 내려지게 되었다.[32] 잔치 이틀 전에는 리훙장을 비롯한 여덟 명의 대신 모친들에게 편액을 하사하였다.[33] 당일 날에는 중앙과 지방, 문관과 무관에 구분 없이 좌천이나 파면 처분을 받은 사람들의 처벌을 경감시켰다.[34]

자희태후의 40세 생일잔치가 열렸을 때, 동치제는 매일 두 태후를 모시고 점심식사를 하였다.[35] 베이징의 10월 중순[양력으로 11월말]은 이미 추위가 시작되는 계절이었고, 햇볕이 나는 날과 그렇지 않은 날의 기온차가 컸다. 10월 21일, 동치제는 열이 나고 몸이 무거웠다. 열흘 뒤에는 정무를 처리할 수 없어서 계획되어 있던 소견을 모두 취소하였다.[36] 처음에 동치제는 단순히 감기에 걸린 것으로 여겨졌지만, 시간이 지나면서 병세가 더 심해졌다. 그에게 찾아온 것은 감기가 아니라 천연두였다.[37] 다시 열흘이 지난 뒤에는 동치제 명의의 상유가 내려졌다. "나랏일[萬機]이 지극히 중요한데 어떻게 잠시라도 미루고 편안하려 하겠는가? 다만 짐의 몸이 지금 힘든 일을 견뎌내기 어렵다. …… 두 황태후께 내 몸에 보양과 휴식이 필요하니 모든 조정 내외의 모든 아문에서 올린 일들을 살피고 처리해주시라고 청하였다. …… (이런) 임시 처리방식을 받아들여주셔서 짐은 마음속으로 다행이라고 여긴다."[38]

상유가 내려지기 전에 자희태후는 자안태후와 함께 이미 앓고 있던 동치제를 데리고 대신들을 소견하였다. 그녀는 대신들에게 동치제의 병세를 보여줌으로써 자신이 다시 필요한 때가 되었음을 알리려는 의도를 갖고 있었다. 대신들은 동치제의 팔과 얼굴에 난 붉은 반점들이 무엇을 의미하는지 알 수 있었고, 동치제 친정 이전의 정치상황을 준비해야만 하였다.[39] 12월 5일, 동치제는 앓아누운 지 50여 일만에 세상을 떠났다. 재위기간은 13년이었지만, 직접 정무를 처리한 것은 1년 정도였다.

동치제가 떠난 자리는 자희태후의 조카로 채워졌고, 자희태후는 다시 정치적 지위를 갖게 되었다. 1881년 동태후의 사망으로 자희태후의 정치적 지위는 더욱 강해졌다. 우리는 앞 절에서 제시한 표를 바탕으로 만든 다음 도표에서 이를 분명하게 볼 수 있다.

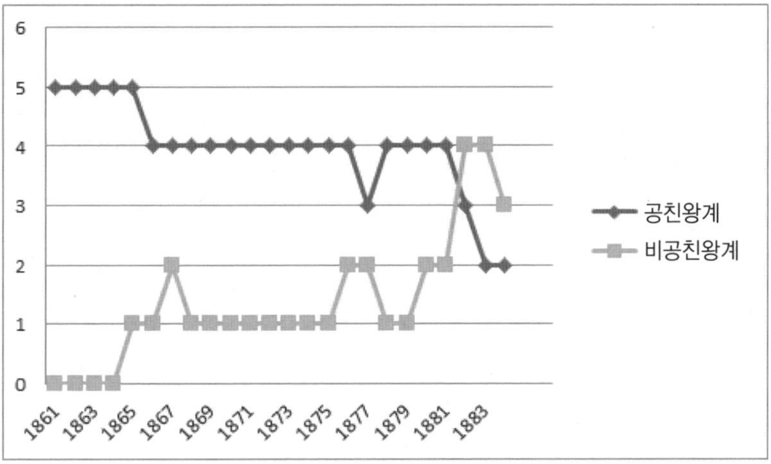

도표. 군기처 내부의 계파비율

자안태후가 사망한 이듬해에 군기처 내부의 계파비율은 역전된다. 군기처 내부의 계파별 인원수는 자희태후가 동치제 사망 후에 다시 수렴청정을 시작한 이후 4대2의 비율을 유지하였다. 그런데 1881년 자안태후가 사망한 이듬해였던 1882년이 되면, 공친왕계와 비공친왕계의 비율은 3대4로 변하였고, 1883년에는 2대4로 완전히 역전되었다. 이것은 중요한 정책을 결정할 때 공친왕이 군기처의 영반이라고 하더라도 자희태후의 의지가 관철될 수 있는 구조가 되었음을 의미한다. 1865년과 1874년 두 번에 걸쳐 자희태후는 공친왕의 관직을 박탈한 적이 있었지만, 왕공대신들의 청원에 의해 철회하였다. 하지만 이제 형식적으로 자희태후와 함께 최고의결권을 갖고 있던 자안태후가 사라졌고, 군기처를 장악한 상황이 되면서 그녀의 정치적 행위를 막을 견제장치(걸림돌)가 사라졌다. 공친왕이 자리를 잃는 것은 시간문제였다.

결국 1884년 자희태후에게 기회가 찾아왔고, 그 기회는 프랑스가 가져다주었다. 프랑스는 이미 사이공조약(1861)을 통해 베트남 남부의 3개성을 차지하였고, 베트남의 무역권·선교권·대외관계 등을 통제하고 있었다. 1880년대에 들어서면서 프랑스는 베트남을 완전히 식민지로 만들려 하였다. 베트남은 청나라가 자국에 도움이 되기를 바라는 마음에서 프랑스의 반대에도 불구하고 1871년과 1881년 청나라에 조공을 바쳤다. 또한 태평천국의 잔당으로 청나라와 베트남의 국경에서 활동하던 류융푸(劉永福)의 흑기군에게 도움을 요청하였다.[40]

당시 직예총독 리훙장은 완전한 형태의 해군함대와 해안방어체계가 수립되지 않았기 때문에 전쟁보다는 협상을 통해 문제를 처리해야 한다고 보았다. 대외정책을 총괄하고 있던 공친왕은 리훙장의 견해에 동의하였다.[41] 하지만 리훙짜오(李鴻藻)·웡퉁허(翁同龢)·장페이룬(張佩綸) 등 청류(淸流)는 대외유화책에 불만을 품었고, 프랑스와 전면전을 벌여야 한다고 주장하였다.[42] 청류의 공격이 거세질 무렵, 청나라군은 베트남북부에서 벌어진 프랑스군과의 전투에서 패배하였고, 프랑스군은 청나라의 국경을 위협하기 시작하였다. 1884년 3월, 좌서자(左庶子) 성위(盛昱)는 군기대신들과 리훙장의 안일한 태도가 프랑스군을 날뛰게 만들었다고 지적하였고, 자희태후에게 엄하게 질책할 것을 상주하였다.[43]

자희태후는 "군기처는 사실상 나라 안팎의 용인(用人)과 행정을 다루는 중추이다. 공친왕 이신 등은 시종 보필하는데 소극적이었고 뱀처럼 몸을 웅크린 채 안위만을 보전하였다."면서 군기대신들을 질책하였고 전투의 패배에 대한 책임을 물었다. 모든 군기대신들은 자리에서 물러났고, 예친왕(禮親王) 스둬(世鐸) 등 새로운 인물들로 채워졌다.[44] 청류로 분류되던 리훙짜오도 함께 군기대신에서 물러났는데, 이는 자희태후가 청류를 지지했다기보다 정치적으로 이용하였음을 보여주는 행위였다. 이 사건이 청나라의 명운을 가른 갑신역추(甲申易樞=甲申之變)였고 자희태후는 이제 단순히 관료의 임면권뿐만 아니라 공친왕이 없어진 자리에 자신을 사람들을 채움으로써 관료사회 자체를 완전히 장악하였다.[45]

갑신역추 후, 청류에 속하였던 우다정(吳大徵)·천바오천(陳寶琛)·장페이룬(張佩綸) 등은 각각 북양·남양·푸젠의 해안 방어를 맡기 위하여 톈진·상하이·푸저우 현지로 향하였다.[46] 이들 3인방은 군사를 모르는 서생들이었다. 자희태후가 세 사람의 서생에게 군대를 지휘하게 만든 것은 프랑스와의 전쟁에서 승리를 위한 배치였을까? 그랬을 수도 있다. 왕조에 대한 충성심과 열정, 외적에 대한 자부심이 넘치는 청류에게 기대를 걸었을 수도 있다. 하지만 결과적으로 그들은 군대를 제대로 통솔할 수 없었고 전투에 패하였으며, 자신들이 끌어내리는데 공헌하였던 공친왕과 같은 처지에 빠지게 되었다. 천바오천과 장페이룬은 파직되었다. 다만 우다정은 프랑스 군대와 멀리 떨어진 톈진에 있어서 화를 피하였다. 자희태후는 공친왕을 끌어내린 지 12일 만에 협상을 통해 문제가 해결되어야 한다는 리훙장의 건의를 받아들였고, 다시 20일 뒤에는 리훙장을 전권대신으로서 톈진에 파견하여 프랑스와 조약을 협의하게 하였다.[47]

프랑스와의 협상이 진행되고 있을 때, 10월10일에 있을 자희태후의 50세 생일맞이 준비를 하라는 상유가 내려졌다.[48] 생일잔치와 관련하여 내려진 상유는 모두 21건이었는데, 이것은 자안태후가 살아있을 때 내려진 상유 7건보다 3배나 많은 것이었다. 10월1일부터 생일을 축하하기 시작하였다. 관료집안의 장수 노인들을 위한 잔치, 친왕을 비롯한 황실에 대한 작위수여, 관료들에 대한 포상, 체납된 세금의 감면 등의 상유가 내려졌다.[49] 자희태후의 생일과 관련된 상유는 생일 이틀 뒤까지도 내려졌고, 이듬해에도 8월까지 8건이 더 내려졌다.[50]

1886년 광서제는 16세가 되었고, 그 나이는 조정 안팎에서 관례상 어린 나이로 등극한 황제의 친정이 고려되는 때였다. 자희태후는 순친왕과 군기처 영반 스뒤 등을 소견하였고, 다음해부터 황제에게 친정하게 하려 한다는 내용의 유지를 내렸다.[51] 그런데 광서제의 친아버지 순친왕은 자희태후에게 몇 년 더 정무를 처리하는 "훈정(訓政)"을 "간청(懇請)"하였다.[52] 우리는 자희태후가 친정의 개시일시를 명확하게 밝히지 않았고 훈정의 "간청"을 받아들였다는 것에 주목해야 한다. 일반적으로 어떤 일을 진행하려는 의지가 확고한 경우에 모월 모일에 어떤 일을 진행한다고 말한다. 자희태후는 자신이 황제에게 정무를 넘길 뜻이 있었다기보다 왕·대신들의 마음을 떠본 것임을 의미한다. 순친왕은 자신의 친아들이 친정을 하였을 때 얻는 영예보다 자희태후의 의중을 헤아리는 것이 공친왕과 같은 위험에 빠지지 않는 길임을 알고 있었다. 3년 뒤인 1888년 6월, 자희태후는 명확하게 광서제의 혼례와 친정 행사를 각각 이듬해 1월과 2월에 거행한다고 밝혔고, 황제도 받아들이지 않을 수 없다는 상유를 내렸다.

자희태후는 나랏일을 광서제에게 넘겨준 뒤 이화원에서 지냈는데, 그녀에게 중요한 일이 하나 떠올랐다. 1891년 1월 의전용 가마를 수리하라는 상유가 내려졌고, 그 이유는 4년여나 남은 60세 생일잔치에 사용한다는 것이었다.[53] 1892년 겨울, 광서제가 3년 앞으로 다가온 황태후의 생일에는 "천하의 신민(臣民)을 이끌고 60세 탄신을 축하하고 특별히 왕공대신들과 함께 축하잔치를 거행"하려한다는 뜻을 비쳤다. 자희태후는 황제의 뜻을 "거절하는 것은 교만한 것"이라면서 이렇게 말하였다. "나는 황제가 나를 데리고 식사하고 문안(問安)할 때마다 사치를 물리치고 검약을 중시하고 백성들을 잘 보살피라고 강조하였다. 잔치를 준비하는데 왕대신들은 …… 결코 조금이라도 지나치게 비용을 써서는 안 될 것이고, 내가 늘 검소하고 백성들을 생각하였던 마음을 헤아려야 할 것이다."[54]

자희태후가 "검소하고 백성들을 생각하였던 마음"은 말뿐이었다. 1888년 청나라는 "신식 순양함과 어뢰정을 포함하는 대소 50척, 약 5만 톤으로 이루어진, 동시대 일본해군을 능가하는" 해군을 가지고 있었다.[55] 하지만 1889년부터 해군의 건설을 책임지고 있던 순친왕을 통해 이화원(頤和園)의 보수에 해군경비를 사용하게 하였다. 당

그림. 황후의 의전용 가마

시 해군은 경비가 1/10으로 줄어든 상황에서 군함의 구입은 말할 것도 없었고 군대를 유지하는 것도 어렵게 되었다.[56] 해군의 유지가 어려워진 상황에서도 생일을 맞이하는 준비는 계속되었다. 1893년 1월 1일, 광서제는 천하와 함께 황태후의 탄신을 축하하기 위하여 특별과거시험으로 "금년에는 은과향시(恩科鄕試) 내년에는 은과회시(恩科會試)"을 실시한다고 상유를 내렸다.[57] 이듬해 1월 1일에는 왕공대신과 비빈들에게 상을 내려 자희태후의 60세 탄신을 미리 경축하였고, 8월 15일에는 자희태후의 휘호에 '드높이 빛나신다'는 의미의 숭희(崇熙)를 추가하였고, 아울러 왕공대신들에게 차등을 두어 관작을 수여하였다.[58] 당시 청나라는 일본과 전쟁을 치르고 있었지만, 10월10일 생일잔치는 차질 없이 진행되었고 생일잔치에 힘을 쓴 관리들에게 두둑한 포상금이 지급되었다.[59] 생일잔치를 준비하고 진행하는 동안 청나라는 일본과의 전투에서 연이어 패배하였고, 시모노세키조약으로 3년 국가예산이 넘는 액수의 배상금을 물어야만 하였다.

7. 자희태후의 왕조

역사가는 역사서술이 객관적이고 공정해야 한다고 배우고, 또한 그래야 한다고 가르친다. 객관성과 공정성을 강조하는 관점에서 보면, 심리를 나타내는 용어를 사용하여 역사를 서술하는 것이 바람직하지 않게 여겨질 수도 있다. 하지만 역사사건이 진행되는 과정에서 어떤 역사인물과 그를 둘러싼 환경을 이해하는데 도움이 되고 믿을 만한 근거들을 제시할 경우, 심리를 나타내는 용어를 사용하는 것도 역사서술에서 유용한 방법이 될 수 있다. 자희태후는 갑신역추 이후 청나라의 모든 권력을 자신의 손에 넣게 되었지만, 여전히 자신의 지위에 대한 불안감을 완전히 떨쳐버리지 못하였던 것으로 보인다. 1900년 의화단사건[1]을 전후한 시기에 자희태후가 보여준 행동들과 그 행동들을 하게 된 심리는 무엇이었을까? 누군가의 심리를 설명하는 가장 좋은 방법은 그 당사자가 남긴 글에 묻어있는 감정의 흔적을 모으는 것이다. 그리고 글이 부족한 상황에서 선택할 수 있는 방법은 행동의 흔적을 모으는 일이다.[2]

사실, 의화단사건과 관련된 연구는 이미 많이 축적되어있다.[3] 그런데 의화단사건을 전후한 시기에 자희태후가 보여준 행동에 대한 분석은 찾아보기 어렵다. 그 이유는 의화단사건이 대체로 반외세 운동이라는 관점에서 백성들과 열강 사이의 관계(충돌)를 중심으로 접근되었기 때문이다.[4] 최근에는 근대사연구와 청사연구 사이의 소통이 필요하다는 시각이 등장하였고, 만주인이 세우고 통치한 청나라라는 관점에서 여러 주제에 대한 연구가 진행되고 있다.[5] 연구영역 사이의 소통과 만주인의 시각은 대체로 청사연구자들이 자신들의 연구영역을 확대하고 주제를 다양화하는 과정에서 제기된 것으로 이해할 수 있다. 하지만 근대사연구에서는 여전히 과거의 시각이 지배적이고, 청나라 말기의 만주인이나 정치구조 등에 대한 관심은 충분하지 않다.

이러한 상황에서 자희태후의 눈을 통해 의화단사건을 전후한 시기 정국을 분석하는 것은 나름대로 의미가 있을 것이다.[6] 그녀가 어떻게 의화단이라는 민간의 불법 무장조직을 이용하여 열강에 선전포고를 하는 불합리한 일이 가능하였을까? 이제 시간의 흐름에 따라 무술정변, 기해건저(己亥建儲), 의화단사건, 열강에 대한 선전포고 등을 서술할 것이다. 그 과정에서 자희태후가 어떻게 판단하고 행동하였으며 그 이면의 심리는 무엇이었는지 추적하는 것은 흥미로운 일이다.

불안

정치적 사건들이 진행될 때 자희태후가 보여준 행동을 설명하기 위해 그녀가 어린 시절에 직접 목격했던 할아버지와 아버지의 관직생활을 간단히 살펴보기로 한다. 1835년, 자희태후는 중앙부처에서 근무하던 중급 관리의 딸로 태어났다. 원래 여허나라

(Yehenala, 葉赫那拉) 가문은 청나라 8대 명문가의 하나였고, 자희태후의 증조 할아버지와 할아버지는 호부 원외랑(員外郞)과 형부 낭중(郎中)까지 지냈으니, 그녀의 집안은 청나라 사회에서 꽤 살만하였고 일정한 지위도 갖고 있었다고 말할 수 있다.[7]

자희태후가 열세 살 되던 해(1847), 호부(戸部)에서 발생한 대량의 공금결손 사건은 그녀의 집안을 어려움에 빠지게 하였다. 당시 그녀의 할아버지는 호부로 옮긴지 일 년밖에 되지 않아서 사건과 관련이 크지 않았던 것으로 보이지만, 어떤 관용도 베풀어지지 않았다. 할아버지는 감옥에 갇혔고, 아버지는 보석금을 마련하기 위해 가산의 일부를 처분하였다.[8] 보석으로 풀려난 할아버지는 다시 복직하여 관리로서 여러 직책을 거쳤고, 1856년 이후에 사망하였다.[9] 아버지는 부친의 흠결에도 불구하고 중앙부처의 하급관리로서 자리를 유지하였고, 1849년에는 정4품에 해당하는 지방관[道員]이 되었다.[10]

1851년, 자희태후는 열일곱 살이 되었고, 청나라의 팔기 집안 미혼 여성에 대한 규정에 따라 수녀(秀女) 선발에 참여하여 60명의 수녀 가운데 한 명이 되었고, 이듬해 황태후가 뽑은 스물여덟 명에 들어서 난귀인(蘭貴人)으로 봉(封)해졌고, 의빈(懿嬪, 1854)을 거쳐 황자를 낳은 뒤에는 의귀비(懿貴妃, 1856)로 책봉되었다.[11] 자희태후가 귀인으로 있을 때, 그녀의 아버지는 태평군이 공격해오자 "관할지역이 도적들에 의해 유린되는데도 은량(銀兩)과 관인(官印)을 챙겨 도망한" 죄로 파면되었다.[12] 당시 자희태후는 황제에게 여러 후궁 가운데 한 명일뿐이었고, 황제는 태평군의 기세가 점차

거세지고 관리들의 기강을 바로 세워야만 하는 상황이었기 때문에, 그녀의 아버지에게 관대한 처분이 내려지지 않았다. 그녀의 아버지는 관직에서 파면된 뒤 두 달 만에 세상을 떠났다.

자희태후가 훗날 혈연과 혼인 관계를 통해 자신의 권력을 강화했다는 점을 고려하면, 그녀는 아버지의 고난 앞에서 어떤 도움도 주지 못하였던 자신에 대한 무력감을 느꼈을 수 있다. 소극적이고 수동적인 사람은 정치적 풍파 속에서 대체로 운명에 수긍하고 정치에 대한 관심을 더 이상 갖지 않는다. 반면 적극적이고 자아가 강한 사람은 오히려 정치와 그 정치가 만들어내는 권력을 손에 넣으려 한다. 왕조시대에 궁궐에서 생활하던 황태후를 비롯한 여성들은 그들만의 공간으로부터 나오지 않는 것이 미덕이었고, 그러한 고정된 관념과 틀을 뛰어넘은 여성은 비난의 대상이 되었다. 비난을 무릅쓰고 고정된 관념과 틀을 깨는 일은 강한 자기확신과 권력의지가 필요하였다.

신유정변으로부터 갑신역추까지 자희태후의 권력은 지속적으로 강화되었다. 자희태후는 처음에 공친왕과 손을 잡음으로써 실질적인 권력을 갖게 되었고, 그 다음에는 공친왕의 관직을 박탈했다가 다시 복귀시키는 방식으로 자신이 권력에 정점에 있다는 사실을 각인시켰으며, 마지막으로 공친왕의 모든 관직을 박탈함으로써 '사실상' 황권을 손에 넣었다.[13] 하지만 자희태후는 '사실상' 황권을 손에 넣었고, '사실상' 황제가 되었을 뿐이다. 바꿔 말하면 자희태후는 진짜 황제가 될 수 없었다. 진짜 황제가 될 수 없으면서도 황제의 지위와 권력을 소유하기 위해서 선택할 수 있는 방법은 황제를 무력화시키는 것이었는데, 그 기회는 광서제와 유신파들이 가져다 주었다.

1887년 광서제는 친정을 시작하였다. 자희태후는 형식적으로 정치에서 손을 뗀 것처럼 보였을 뿐이었다. 그녀는 갑신역추를 통해서 예친왕(禮親王) 스둬(世鐸)를 군기대신으로 삼고, 순친왕(醇親王) 이환(奕譞)을 해군대신으로 하여 관료집단을 장악하였고, 광서제가 친정을 시작한 후에도 영향력을 갖고 있었다. 사실 순친왕(자희태후 여동생의 남편)은 공친왕이 제거된 뒤에 태후의 심복이었다. 자희태후는 황제의 결혼식 이후에 권력을 넘겨주겠다고 하였다. 그런데 순친왕을 중심으로 한 대신들이 아직은 무리라면서 훈정(訓政)을 간곡하게 요청하였다. 훈정은 모든 정무를 처리할 때 우선 태후의 지시[懿旨]를 청한 다음 황제에게 상주하는 형식을 취하는 것이었다.[14] 훈정이 가능했던 것은 자희태후와 그녀가 임명한 관료들 사이의 묵계가 있었기 때문이다. 관료들은 계속해서 자신들의 자리를 보전하면서 자기 사람들을 모으고 싶었으며, 자희태후는 그들의 욕심을 이용하여 계속해서 영향력을 유지할 수 있었다.

세력은 미약하였지만, 훈정에 대해 반감을 품은 몇몇 관료들이 나타났다. 황제의 스승이었던 웡퉁허(翁同龢), 예부시랑 즈루이(志銳), 공부시랑 왕밍롼(汪鳴鑾) 등이었다. 그들은 황제가 명실상부하게 자신의 의무뿐만 아니라 권력을 행사해야 한다는 입장이었다. 즉, 자희태후가 진심으로 왕조를 위하는 마음에서 임시방편으로 수렴청정과 훈정을 실시했다면, 황제가 충분히 정무를 처리할 수 있는 시기가 되었으니 태후는 정치에서 완전히 손을 떼야 한다는 것이었다. 하지만 그들이 직접 자희태후를 공격하거나 대놓고 물러나라고 하지 못하였다. 그 대신에 자희태후 곁에 있던 신하들과 그들의 정책을 비판하였다.

일본과의 전쟁을 둘러싸고 자희태후를 중심으로 하는 후당(后黨)과 광서제를 중심으로 하는 제당(帝黨)의 대립이 표면화되었다. 리훙장(李鴻章) 등 후당은 전쟁에 신중해야 한다는 입장이었고, 웡퉁허 등 제당은 적극적으로 전쟁을 수행해야 한다고 주장하였다. 결국 청나라는 전쟁에서 무참하게 패배하였고, 열강의 먹잇감이 되어 많은 이권을 빼앗기게 되었다.

청일전쟁의 패배 후 지방에서 신사들이 변법을 주장하였다. 그들은 양무운동이 형식적인 변화를 지향하였기 때문에 실패할 수밖에 없었고, 이제 청나라에 필요한 것은 제도적인 변화라고 여겼다. 즉, "모든 측면에서 큰 성과를 얻는 핵심은 제도적인 변화"라는 것이었다.[15] 양무파가 서양의 기술을 받아들이는 것만으로 서양을 압도할 수 있었다고 믿었다면, 변법파(유신파)는 서양의 제도를 배우는 것이 우선이고 그 다음이 기술을 받아들이는 것이라고 여겼다.

지방 신사들은 적극적인 모습을 띠었고, 강학회(强學會, 1895)·보국회(保國會, 1898)를 조직하고 각각 강학보(强學報)·시무보(時務報)를 간행하여 변법의 여론을 조성하였다. 강학회에는 캉유웨이(康有爲)·량치차오(梁啓超)·원팅스(文廷式)·장즈둥(張之洞)·위안스카이(袁世凱) 등이 참여하였다.[16] 베이징에서 활동하던 인사들과 다수의 현직관료들은 지역별 모임으로 활동하다가 일종의 연합

조직인 보국회에 가입하였는데, 강연과 집회를 통해 변법의 필요성을 선전하였다.[17] 보국회는 짧은 시간에 급속도로 조직이 확대되었기 때문에 후당에게 경계의 대상이 되었고, 결국 어사들이 "민주·민권의 논리는 반란의 무리들을 양성하게 될 것"이라고 탄핵하였다. 구성원들의 상당수를 차지하고 있던 현직 관료들은 섣불리 움직이면 큰 화를 입을 수 있다는 판단에서 보국회를 탈퇴하였고, 활동을 시작한 지 16일 만에 와해되었다.[18] 보국회가 아주 짧은 시간 등장했다가 와해되어버린 것은 당시 관료사회에서 후당의 힘이 어느 정도였는지 잘 보여주는 상징적인 사건이었다. 후당은 청일전쟁 이후에도 변법에 대해 부정적이었고, 적어도 기존 관료사회 외부의 조직을 통해 어떤 흐름과 움직임이 만들어지는 것을 매우 위험하게 여겼다.[19]

1898년 4월, 광서제의 「국시를 정하는 조서」가 내려졌다.[20] 나흘 뒤 황제는 웡퉁허가 "일을 처리하는데 대부분 동의·협조를 거치지 않아서 사람들에게 받아들여지지 않았고 여러 사람의 탄핵이 있었다. 또한 (짐을) 만나러 와서 일을 자문할 때마다 가부를 마음대로 하였고 좋고 싫음을 그대로 표현"하였다는 이유 등으로 면직·귀향 처분을 내렸다.[21] 같은 날, 1품 관직 및 시랑(侍郎)에 임명되는 모든 관리들은 황태후 앞에서 감사인사[謝恩]를 올리도록 하였고, 룽루(榮祿)는 서직예총독(署直隸總督)으로 북양군대를 통솔하게 되었다.

변법이 시작되었을 때 청나라의 정치구조를 살펴보면, 광서제의 조서가 독자적으로 내려지기 어려웠고, 설령 독자적으로 내려졌다고 하더라도 쉽게 제한될 수 있었다. 자희태후는 여전히 중요한 안건에 대해 의지(懿旨)를 내려서 정책의 집행을 통제하였다. 자희태후가 웡퉁허를 물러나게 한 것은 그가 광서제의 배후에서 자문을 해준다고 여겼기 때문이었고, 시랑 이상의 관료들에게 감사인사를 하게 한 것은 황제의 임면권을 제한하려는 의도를 갖고 있었으며, 룽루에게 북양군대를 통솔하게 한 것은 만일에 있을 수 있는 무력행동에 대한 대비책이었다.

광서제는 리훙장을 총리아문의 업무에서 손을 떼게 한 것을 비롯하여 변법에 반대하는 관리들을 제거하고 자신을 지지하는 인사들을 그 자리에 앉혔다.[22] 광서제는 보국회의 활동이 중단된 상황에서 조급해졌고 황제로서의 권한을 최대한 활용한다면 변법이 가능하다고 판단한 것이었다. 하지만 그의 과감한 홀로서기는 성급하였다.[23] 그는 보국회의 붕괴에서 이미 자희태후와 그를 둘러싼 세력들의 힘을 느끼고, 더 많은 사전 준비작업을 진행했어야 하였다. 관료조직의 일은 한 사람이 하는 것이 아니었고, 여러 부서가 함께 보조를 맞춰야만 가능하였다. 중요한 정책결정은 자희태후의 의지를 통해 이뤄졌고, 관료사회가 그녀에게 장악된 상태에서 한두 명의 관리들을 교체한다고 해서 새로운 형태의 정책이 곧바로 진행될 수는 없었다. 더구나 강학회에서 활동하던 제자 원팅스를 통해 여론의 동향을 알려주었던 웡퉁허는 자희태후에 의해 자리에서 물러났다. 외부와의 연결고리가 끊기고 후당의 공세가 강해지는 상황에서 변법은 제대로 추진될 수 없었다.[24]

결국 광서제에게 모든 권한을 박탈하는 정변이 일어났고 변법은 좌절되었다. 그렇다면 자희태후가 자신이 생애에서 신유정변(1861)에 이어 두 번째 정변을 일으킨 명분은 무엇이고 실제 이유는 무엇이며, 성공한 이유는 무엇일까? 우리는 변법이 진행되고 있을 때 자희태후가 어떤 생각을 가지고 있었는지 살펴볼 수 있는 직접적인 자료를 갖고 있지 않다. 정변을 전후하여 올라온 상주문과 내려진 상유 등이 태후의 마음을 대변하고 있었다고 볼 수 있다.

먼저, 자희태후는 정국의 혼란을 수습한다는 명분을 내세웠다. 8월 3일, 어사 양총이(楊崇伊)는 자희태후에게 캉유웨이 등이 "인심을 현혹하여 조정을 문란하게 하고 일본인들을 끌어들이고 있어 종묘사직에 재앙이 미칠까 심히 두렵습니다. 황태후께서 즉시 훈정을 개시하여 환란의 씨앗을 막아주시기"를 간청하였다.[25] 같은 날, 자희태후는 광서제가 독자적으로 정무를 처리하는 권한을 모두 박탈하였다. 다음날, 광서제는 잉타이(瀛臺)에 갇히는 신세가 되었다. 모든 권력을 장악한 뒤, 자희태후는 황제의 명의로 "종묘사직이 중요하다는 일념으로 황태후에게 거듭해서 자애롭고 은혜로운 훈정을 해달라고 간청하여" 받아들여졌다는 상유가 반포되었다.[26]

다음으로, 정변을 일으킨 실제 이유는 광서제를 배제하고 직접 통치하기 위해서였다. 광서제가 친정을 시작한 이후에도 자희태후는 중요한 정책결정에서 의지(懿旨)라는 형식을 통해 권력의 일부를 행사하고 있었다. 왕조의 권력에서 가장 중요한 관리의 임면권이 형식적으로 광서제에게 있었다. 신유정변을 일으킨 이후에 관료사회를 장악하고 관리의 임면에 관한 실권을 장악하고 있었던 인물은 공친왕이었다. 하지만 황제 명의의 최종적인 재가는 두 명의 태후에 의해 내려졌다. 당시 자희태후는 공친왕의 모든 직무를 정지했다가 의정왕의 지위를 박탈한 채 복귀시킴으로써 누가 권력의 중심인가를 보여주었다.[27] 그런데 이제 반대의 상황이 되었다. 누가 보더라도 권력의 중심은 자희태후였지만, 형식적으로 그 권력이 집행되는 절차는 광서제의 최종적인 재가에 의해 완성되었다. 사실 광서제는 변법을 통해 황제로서 권한을 제대로 행사하려고 시도하였다. 자희태후가 공친왕과 같은 태도를 취했다면 광서제는 황제로서 권한을 제대로 행사하게 되었을 것이다. 하지만 자희태후는 오히려 조카 광서제를 무력화하고 전면에 등장함으로써 사실상 모든 권력을 손에 넣었다.

끝으로, 정변은 관료들의 지지에 의해 성공할 수 있었다. 변법은 장즈둥과 같은 양무파에게도 지지를 받지 못하였는데, 변법 자체보다는 그것을 추진하던 캉유웨이에 대한 불신 때문이었다. 장즈둥은 캉유웨이가 자신의 출세를 위해 변법을 추진하고 공자의 생각을 왜곡한다고 보았고, 자신의 정적으로 여겼다.[28] 관료나 관료가 되기 위해 준비하고 있던 사람들에게 급격한 변화는 혼란을 야기하는 것으로 받아들여졌다. 하지만 캉유웨이 등은 청나라가 변해야 일본처럼 발전할 수 있고 그렇지 않으면 사라질 수도 있다는 위기의식만 강했고, "인심이나 풍속이라는 조건들이 변법을 가로막는다는 점을 간과하였다."[29] 결국 8월 3일에 광서제의 명의로 내려진 상유에서 캉유웨이는 "학문이 괴벽하고 평소 저술들은 유가의 경전과 규범에 어긋나지 않는 것이 없다."[30]는 비난을 받았고 반역자로 쫓기는 신세가 되었다.

자희태후는 광서제를 잉타이에 연금함으로써 황제로서 어떠한 권한도 행사할 수 없게 하였다. 그녀는 광서제가 친정을 시작한 뒤로 잃어버렸던 권력을 회수함으로써 다시 완전하게 권력을 장악하였다. 하지만 그녀는 그 정도에 만족하지 않았고 광서제가 다시 권력의 장악하려는 시도를 할지도 모른다고 불안하였다. 그래서 아예 광서제가 다시 자신의 권력을 넘보는 일이 없도록 반항의 싹을 자르려 하였다. 이것이 이른바 기해건저(己亥建儲)의 배경이다.

1899년 말, 광서제는 1년여 동안 "짐의 몸이 끝내 회복되지 않아서" 정무를 처리할 수 없는 상황인데, 아들이 없으니 단군왕(端郡王)의 아들 "푸쥔(溥俊)을 황태자[大阿哥]로 삼아서 제위를 잇게 하라."는 상유를 내렸고, 내각에는 이듬해 1월1일에 의례를 거행하도록 지시하였다.[31] 그의 상유는 사실상 자희태후에 의해 내려진 것이었다. 1899년 초부터 외국인들 사이에서 광서제가 폐위되고 새로운 황제가 즉위할 것이라는 소문이 떠돌고 있었다.[32] 자희태후는 광서제를 폐위하는 대신에 황태자를 세움으로써 자신이 훈정을 시행하고 있는 정당성을 확보하려 하였다. 하지만 그마저 여의치 않았다. 기해건저의 소식을 들은 신사 1231명이 연명으로 광서제를 지지하는 글을 올렸고, 해외의 화교들도 청나라에 있던 영·미·일 공사관에 황제를 구해달라고 요청하였다.[33] 각국 공사들은 "입궁하여 축하하는 것을 거부하였고 광서제의 병세를 공개할 것과 외국인 의사에게 진찰을 허가해줄 것"을 요청하였다.[34] 자희태후는 국내외의 반응에 대해 사실상 무시하는 태도로 일관하였다. 왜 자희태후는 이 일에 집착하였던 것일까?

자희태후는 자신의 경험을 통해 권력이 지닌 속성을 깨달았고, 그것을 잃었을 때 어떤 처지가 된다는 것을 목격하였으며, 자신이 지닌 불안한 지위를 유지하는 전제 조건은 황제가 존재하되 어리거나 무력해야 한다는 사실을 잘 알고 있었다. 자희태후의 불안감은 광서제를 권력으로부터 배제시켰고, 당시 그녀 주위의 관료들이 그것을 용인하였다.

격정

기해건저는 청나라가 정치권력이 재편되는 '내부'의 문제였다. 그런데 청일전쟁의 패배 이후에 열강들은 청나라에서 많은 이권을 차지하게 되었고, 그 때문에 청나라 정치권력의 재편은 자신들의 이권을 유지할 수 있는지를 결정할 수 있는 이해관계가 걸린 문제가 되었다. 또한 변화를 추구하거나 지지하는 사람들은 열강의 힘에 의지하려 하였다. 광서제의 권력 회복과 관련하여, 캉유웨이는 일본에 희망을 걸었고 화교들은 각국 대사관에 영향력을 행사해달라는 요청을 하였다. 그들의 행위는 열강으로 하여금 청나라 내부의 문제에 관심을 갖게 만들었다.

청나라 중앙에서 정치권력이 재편되고 있을 때 산둥(山東) 지역의 백성들 사이에서 심상치 않은 움직임이 나타나고 있었다. 1898년 4월이 되면서 의화단의 세력이 급속하게 확대되었고, 11월에는 독일과 미국계 교회를 공격하는 사건까지 발생하였다.[35] 원래 의화단의 활동 초기에 청나라는 의화단을 단련으로 편입시켜서 관청의 통제 아래 두려는 정책을 시행하였다.[36] 자희태후도 지방의 치안에 문제가 생겼을 경우에 해결하는 방법으로 단련의 활용을 지시하였다. 그녀는 "향촌의 단련은 돌아가면서 훈련을 하게 되면 시간이 지남에 따라 백성들이 모두 무기를 다룰 수 있게 될 것이고, 자연스럽게 긴급한 일을 처리해야 할 때 도움을 받을 수 있을 것"이니 "모든 성에서 일률적으로 꾸준히 (활용을) 추진하도록" 하였다.[37] 자희태후가 단련을 이용하여 의화단의 문제를 해결하려 했던 것은 과거의 경험과 관련이 있었다. 태평천국이 진압되는데 결정적인 역할을 하였던 것이 지역에서 만들어진 군대를 이용하는 방법이었는데, 자희태후는 그러한 방식이 반세기 가까이 지난 상황에서도 통할 것이라고 생각하였다. 하지만 의화단을 단련으로 편입하고 단련을 통해 치안을 강화하려는 시도는 효과적이지 않았다. 의화단은 시간이 갈수록 그 세력이 더욱 확대되었다.

청나라 조정은 지나치게 거대해진 의화단이 토비들과 결탁하여 왕조의 안정에 해를 끼칠 수 있다고 판단하였다. 자희태후는 자신의 권력을 유지하는데 도움이 되는 관점에서 상황을 바라보았다.[38] 그래서 의화단의 활동을 금지하고 조직을 와해시키는 방향으로 정책을 바꾸었다.[39] 1899년 11월, 위안스카이가 산둥에 부임하여 의화단에 대한 대대적인 진압을 개시하였다. 하지만 의화단은 탄압을 피해서 산둥지역을 떠나 톈진까지 진출하였고, 의화단의 기세는 꺾이지 않았다.

1899년 12월, 영국·프랑스·독일·미국 등 열강은 의화단이 갈수록 위세를 떨치고 자국민들을 공격하는 상황이 빈번해지자 청나라 조정에 의화단을 포함하여 대도회까지 강력하게 진압해줄 것을 요청하였다. 그들은 만약에 자신들의 요구가 받아들여지지 않으면 자국민의 보호를 위해 필요한 조치를 취할 것임을 분명하게 밝혔다.[40] 3월에는 5개국 공사들이 총리아문을 방문하여 의화단 문제를 논의하였다. 당시 공사들은 의화단이 관청의 포고령에도 불구하고 계속해서 단원들을 모집하고 외국인을 공격하고 있다면서 분노하였다. 그들은 더욱 강력한 진압이 진행되지 않는다면 스스로 필요한 조치를 취할 수밖에 없다는 의견을 전달하였다. 그리고 영국·미국·프랑스·러시아의 군함이 다구(大沽) 근처까지 다가와서 의화단을 진압하라고 압박하였다. 4월에는 베이징 주재 열강의 공사들이 연명으로 조정에 조회(照會)를 보내서 의화단의 진압을 요구하였다.[41]

열강의 의화단에 대한 진압 요구는 강도가 세졌다는 점을 제외한다면 크게 달라진 점은 없었다. 그런데 1899년 12월부터 청나라의 의화단에 대한 정책에 변화가 보인다. 무술정변 이후 군기처 안에는 자희태후의 생각에 이견을 제시하거나 반기를 들 수 있는 관료가 존재하지 않았다. 따라서 의화단에 대한 정책의 변화는 자희태후의 생각이 바뀌었기 때문이었다고 볼 수 있다. 그렇다면 어떻게 바뀌었고 왜 바뀌었을까?

자희태후가 내린 세 건의 상유는 열강이 청나라를 강력하게 압박하는 상황에서 당시의 정세를 어떻게 판단하고 있었는지 잘 보여준다. 1899년 12월, 자희태후는 지방의 치안이 불안해진 이유를 비밀결사나 토비[會匪] 때문이라는 주장에 대해 반박하였다.[42] 백성들의 모임을 모두 비밀결사라고 하는 것도 반대하였다. 그 이유는 이랬다. 왕조에 "불만을 품은 무리들이 모여서 서로 작당하고 다수라는 것을 믿고서 소란을 피우는 일은 결코 법으로 용서하기 어려운 것이다. 만약 평범한 양민들이 무예를 습득하여 스스로 자신의 가족을 지키거나 마을 사람들과 함께 서로 동네를 지킨다면, 이것은 위험에 대비하여 서로 돕는 의로운 행위이다." 더 나아가서 "일이 생기면 (옥석을) 구분하지 않고 소문을 잘못 받아들여서 모두 비밀결사나 토비라고 하며 연좌하여 닥치는 대로 죽여서 선악을 구분하지 못하고 백성들을 두려움에 떨게 만들었다."고 지방관들을 질책하기까지 하였다. 그리고 앞으로 유사한 사건이 발생할 경우 "토비인지의 여부와 혼란을 초래했는지 여부만을 문제시하고, 비밀결사인지 아닌지 혹은 교인들이 관련되었는지 아닌지에 대해는 거론하지 말라!"고 지시하였다.

1900년 3월, 의화단의 활동 지역이 점차 베이징으로 확대되는 상황이었는데, 자희태후는 더 구체적으로 의화단에 대해 언급하면서 군기대신들에게 이렇게 상유를 내렸다.[43] "일반 백성과 교인은 모두 조정의 소중한 백성[赤子]으로 왕조의 땅위에서 먹고 생활하고 있으니, 마땅히 서로 영원히 화목하게 지내야 하는 것이다. 만일 양쪽이 다투는 사건이 발생하면 옳고 그름을 논하되 일반 백성과 교인을 구분하지 말고 공평함을 유지하는데 힘써 처리함으로써 조금이라도 한쪽에 치우쳐서는 안 될 것이다. 백성들이 무술을 배워서 스스로 자신의 가족을 지킨다면, 다만 그들이 토비인지 여부만 따져보고 비밀결사인지 여부는 물을 필요가 없다.” 이 상유는 앞서 내린 상유에 이어서 의화단을 진압하는 것에 대해 유보적이다. “일반 백성과 교인은 모두 조정의 소중한 백성”이라고 한 것은 사실상 의화단의 손을 들어준 것이나 다름이 없다. 당시 의화단이 교회·선교사 등을 공격하여 피해를 주고 있는 상황에서 의화단이나 교인이 모두 조정의 백성이니 사건을 공정하게 처리하라고 지시하고 있었기 때문이다.

두 달 뒤에 내려진 상유는 해당 지방관에 대한 질책을 담고 있었다. 당시 의화단문제를 담당하고 있었던 인물은 원래 자희태후의 총신이었던 룽루(榮祿)이었다. 1900년 5월, 베이징 근교에서 의화단이 무리지어 소란을 피우고 관군의 출동을 방해하기 위하여 철도를 훼손하는 사건이 일어났다. 이때 룽루는 강경하게 대응하였다. 자희태후는 이렇게 말하였다. “권민(拳民)들에 비록 선악이 뒤섞여 있을지라도 모두 조정의 소중한 백성이니 늘 마땅히 방법을 강구하여 제압하고 해산해야 한다. 담당 관리는 경솔하게 처리하고 생각 없이 군대를 보내 소탕하여 일을 야기해서는 안 될 것이다. 이 일은 지극히 중요하다.”[44]

하지만 며칠 뒤에 다시 상유를 내려 의화단의 과격한 행동에 경고하였는데 그 내용은 이랬다. 일부 토비들은 “교인이라는 명분으로 일반 백성을 기만하고 향촌에서 제멋대로 행동하고,” 일부 간악한 자들과 토비들이 의화단에 들어가서 “철로를 훼손하고 교당을 불사르고 있으니” 일단 경고를 해보고, 다시 유사한 일이 생기면 “군대를 보내서 힘으로 토벌하라!”[45] 다음날, 현지에 관리를 파견하여 "즉시 해산하고 무리지어 소란을 일으키지 말도록 효유(曉喻)하게 하였다."[46]

지방관들이 자희태후의 상유에 따라 경고를 했음에도 불구하고 의화단의 과격한 행동은 그치지 않았고, 수도의 치안에도 문제가 발생하였다. 그녀도 이제 "베이징에서 무적자(無籍者)들이 삼삼오오 무리를 지어 칼과 무기를 가지고 거리를 돌아다니고 모였다 흩어지기를 반복하고 있다. 만약 신속히 엄격하게 금지하지 않는다면 사리에 맞지 않는다."[47]고 할 정도로 상황을 심각하게 여겼다. 그래서 수도의 치안을 담당하고 있던 보군통령아문(步軍統領衙門) 등에게 신속하게 체포하여 처벌하도록 하였다. 즈리(直隸) 총독(總督) 위루(裕祿)는 원래 의화단의 활동 초기부터 줄곧 진압을 주장하였고, 자희태후가 입장을 바꾸자, 그는 더욱 강경해졌다. 그는 이렇게 상주하였다.[48] 열강이 "자꾸 중국의 처리가 지나치게 느슨하다는 것을 이유로 군대를 보내 토벌을 돕겠다고 말합니다. 이번에 우리 군대가 스스로 토벌을 진행해야만 일을 처리하는 것이 자유로울 것입니다. 만약 외국인들이 간여하게 되면 일은 더욱 손을 쓸 수 없게 됩니다. …… 신속하게 제대로 토벌해야 합니다."

자희태후가 유화적인 태도를 바꾸게 된 가장 큰 이유는 열강의 군대가 베이징 안으로 진입하였기 때문이었다. 열강은 조정의 태도를 지켜보면서 의화단의 진압을 요구하였지만, 변화가 없는 상황에 대해 불안해하였다. 결국 영국·프랑스·미국·러시아·이탈리아·일본 등의 국가는 총리아문이 반대했음에도 불구하고 5월 4일부터 사흘에 걸쳐 자국민을 보호하기 위하여 위병(衛兵)을 베이징으로 보냈다.[49] 외국 공사관이 자금성에서 멀지 않은 곳에 있었기 때문에 자국민 보호가 목적이라는 이유라고 하더라도 외국의 무장 군대의 존재는 청나라 조정에 강한 압력으로 작용하였다. 열강은 청나라 조정의 태도 변화에 만족하지 않았다. 그들은 군사적인 행동과 실질적인 효과를 원하였다. 그들은 청나라 조정과 군대를 믿지 못하였고, 5월 14일에 열강의 정식 군대가 베이징으로 들어온 것도 놀라운 일이 아니었다. 자희태후는 위루에게 이렇게 명령을 내렸다.[50] "톈진 부근의 철로의 거점에 군대를 주둔시키고, 만약 각국의 부대가 베이징행 기차를 타려고 하면, 위루가 책임지고 실력으로 저지하라." 아울러 "모두가 경계하고 만일의 사태에 대비하라."

열강의 군대가 수도를 압박하는 상황에서 의화단에 대한 진압은 제대로 진행될 수 없었고, 의화단은 오히려 시스쿠(西什庫) 성당을 비롯한 성당들을 공격하는 과격한 행동을 계속하였다.[51] 5월 19일, 열강은 마침내 톈진으로 들어가는 관문이었던 다구(大沽) 포대를 공격하여 점령하였다. 다음 날, 자희태후는 친왕·군기대신·대신들과 1차 어전회의를 열었고 대처방안을 논의하였다.[52] 이 회의의 결정은 이랬다. 의화단이 외부로부터 온 "적군을 막아내고 격퇴하는데 충분한 자원이 될 수 있다면, 조정은 그들의 과거 허물을 용서하고 어떻게 하는지 기다릴 수 있다. …… 계획이 정해진 뒤에 움직여야지 결코 제멋대로 일을 처리해서는 안 될 것이다." 자희태후는 의화단을 이용하여 열강의 군대를 막아낼 수 있다면 기회를 주는 것이 옳고, 열강이 군대를 동원한다고 곧바로 의화단을 토벌해서는 안 된다고 판단하였다. 자희태후는 수도에 있었기 때문에 외국군대가 군사적 공격을 시작했지만 청나라의 군사력과 상황의 심각성을 실감하지도 정확히 파악하지도 못하였다.

1차 어전회의 이후, 21일부터 사흘 동안 매일 한 차례씩 어전회의가 열렸다. 일단 상황을 지켜보자던 1차 회의의 결정은 2차부터 강경한 분위기로 바뀌었고, 후베이(湖北)와 장시(江西) 지역의 군대를 즉시 수도로 이동시키라고 명령하였다. 22일과 23일의 3·4차 어전회의에서는 전쟁과 타협을 놓고 논쟁이 진행되었고, 결국 전쟁을 해야 한다는 쪽으로 정리되었다. 어전회의에서 열강에 대한 강경론이 대두된 이유는 상황에 대한 잘못된 판단 때문인 것으로 보인다. 5월 22일, 톈진을 떠나 베이징을 향하던 열강의 연합군이 관군에게 길이 막혀 퇴각하는 상황이 벌어졌다.[53] 이것은 자희태후를 비롯한 어전회의 참석자들에게 열강을 물리칠 수 있다는 생각을 갖게 만들었다. 5월 23일, 4차 어전회의가 끝난 뒤, 총서(總署)는 각국 공사들에게 조회를 보내서 "24시간 이내에 베이징을 떠날 것"을 요구하였다.[54] 5월 24일, 장즈둥은 룽루에게 전보를 보내서 신속하게 의화단에 대한 토벌령을 내려야 한다고 주장하였다.[55] 하지만 어전회의의 강경한 결론은 25일에 구체적으로 나타났고, 자희태후는 "우리는 그들에게 예의에 어긋난 적이 없거늘 그들은 자칭 문명국이라고 하면서도 무례하고 제멋대로였으니", "구차하게 살기를 도모하여 만고에 치욕을 남기는 것이 어찌 크게 징벌하고 자웅을 겨루는 것만 같겠는가?"라고 열강과 일전을 벌릴 것이라는 격정(激情)이 담긴 조서를 내렸다.[56]

중앙에서 자희태후를 중심으로 열강과 전쟁을 벌이겠다는 결정이 내려졌을 때, 리훙장·장즈둥·류쿤이 등 주요 독무(督撫)들은 사실상 중앙의 명령을 거부하였다. 지방에 있던 장즈둥 등은 유교적 관점에서 과거 태평천국과 마찬가지로 질서를 어지럽히는 의화단을 토벌해야 한다고 여겼는데, 청나라의 군사력으로는 열강을 당해낼 수 없다는 판단도 작용하였다. 조정에서 의화단과 함께 열강의 군대를 격퇴하려는 방침이 정해지자, 장즈둥은 열강과의 충돌을 피하는 것이 최선이라는 생각에서 방법을 고심하였다. 5월 30일, 그들은 열강과 서로 충돌을 피하기로 합의하는 내용의 협약을 맺었는데, 동남호보라고 불린다.[57] 이런 사실을 알게 된 자희태후는 장즈둥 등에게 전보를 통해 먼저 외국과 전쟁을 피하려하는 것에 대해는 나라를 위한 결정이라고 하면서도 "조정에 어쩔 수 없는 고충이 있고" "전쟁을 하지 않을 수 없는 상황이니" "독무들은 더 이상 지체하고 의심하면서 관망하지 말고 신속히 병사들을 모으고 군량을 준비하여 영토를 보호하라!"며 조정의 뜻을 따르도록 하였다.[58]

자희태후는 어전회의를 주재하였고 격정에 휩쓸려 열강과 전쟁을 하겠다고 결정하였다. 어전회의의 결정은 지방 독무들의 만류에도 불구하고 번복되지 않았다. 전쟁이 시작된 이후 열강의 우세 속에서 전투가 진행되었고, 청나라 군대와 의화단은 고전을 면치 못하였다. 7월 17일, 자희태후는 전쟁에 반대하였던 세 명의 대신들을 사형에 처하라는 조서를 내려[59], 전선에서 싸우는 병사들을 독려하려 하였다. 하지만 청나라 군대와 의화단은 자희태후가 바랐던 전투력을 보여줄 만한 힘을 갖지 못하였고, 열강의 군대 앞에서 속수무책으로 전사자 숫자만 늘어났다. 결국 나흘 뒤에 열강의 군대는 베이징으로 밀려들어왔다. 7월 20일 자희태후는 베이징을 떠나 피난길에 올랐고, 두 달이 넘는 시간이 걸려서 시안(西安)에 도착하였다.[60] 8월 14일, 자희태후는 피난 도중에 "의화단은 진실로 재앙의 근원이다. 이제 발본색원하려면 철저하게 제거하지 않으면 안 될 것"이라면서 의화단을 토벌하라고 명령하였다.[61] 아울러 "권비를 옹호했던 장친왕(莊親王) 등에 대해 죄의 경중을 구분하여 처벌해야 한다."는 리훙장의 주장을 받아들여, 전쟁에 대해 적극적이었던 친왕을 비롯한 대신들을 처벌하였고 그 속에는 황태자의 아버지 단군왕도 포함되었다.[62]

1900년 마지막 달에 두 건의 상유가 내려졌다. 12월 10일에는 "외국의 장점을 취하면 중국의 단점을 보완할 수 있을 것"이라면서 교육·군사·제도 등 전반적인 변법(變法)을 추진하겠다는 상유를 내렸는데, "캉유웨이의 반역이 끼친 재앙은 의화단보다 훨씬 더 심하였고 …… 그 역도가 말한 신법(新法)이라는 것은 난법(亂法)이지 변법이 아니었다."며 무술변법과는 다르다고 강변하였다.[63] 해가 저물어가던 12월 26일에는 자신을 책망하는 조서[自責之詔]를 내려, "일이 지나간 뒤에 생각해보니 부끄러움과 분노가 교차한다."면서도 "거대한 재앙에 이르지 않은 것은 실로 조정이 힘써 노력하였기 때문"이라고 강조하였다.[64]

시안의 피난생활은 1년 가까이 계속되었다. 1901년 7월 25일 신축조약이 체결되자, 8월2일 의화단을 비호하고 열강과의 전쟁에 동조한 장친왕(莊親王)·이친왕(怡親王)·단군왕을 비롯한 왕공대신 및 관리 70여 명에 대한 처벌이 내려졌고[65], 자희태후는 8월24일 베이징을 향해 출발하여 3개월 뒤인 11월 28일에 자금성으로 들어갔다. 그녀는 환궁하는 과정에서 10월 20일 격정적인 어조로 황태자를 폐위하는 조서를 내렸다.[66] 자희태후는 조서에서 의화단사건 이후 열강과 전쟁을 벌이고 멀리 피난을 떠나게 된 "혼란"의 원흉으로 단군왕을 지목하였고, "역대 조상들께 죄를 지은 것에 대해서는 이미 엄하게 견책하였는데, 그 아들이 어떻게 황태자의 막중한 자리를 차지하고 있을 수 있겠는가? 푸쥔도 두려움에 떨면서 폐출(廢黜)해달라고 간청하니 마땅히 과거의 명령을 바로잡아야 할 것이다. 그의 황태자 지위를 박탈하고 즉시 궁을 떠나게 하라!"고 명하였다. 푸쥔은 황태자로서 궁중에서 교육을 받고 기우제·만수절·신년하례 등 의식에 참여하였고 피난처인 시안에서도 자신의 지위를 유지하였는데, 결국 자희태후의 명령에 의해 궁을 떠나게 되었다.[67]

권력의지

우리는 1900년을 전후하여 청나라의 정치 중심에서 자희태후를 비롯한 인물들의 행위와 그들의 행위가 만들어낸 사건들을 시간에 따라 살펴보았다. 이제 그 인물들이 얽힌 사건들을 간략하게 정리하고 그 일들을 어떻게 바라볼 것인가를 생각해볼 필요가 있다.

자희태후는 광서제가 친정을 시작한 뒤에도 여전히 관리들에 대한 인사권을 장악하고 있었고, 광서제가 변법을 통해 '자신의 정치'를 하는 상황에 대해 겉으로는 용인하면서도 속으로는 불안감을 가지고 있었다. 자신의 지위에 대한 불안 때문에 자희태후는 정변을 통해 변법을 무력화하고 광서제를 감금하였으며, 더 나아가 기해건저를 통해 광서제를 폐위하려 하였다. 그러나 광서제의 폐위는 조정 내외의 반대 때문에 성공하지 못하였다.

의화단사건이 일어났을 때 자희태후를 비롯한 강경파는 의화단과 연합하여 열강에게 전쟁을 선포하는 결정을 내렸다. 하지만 맨몸으로 총을 막을 수 있다는 의화단의 주술적인 믿음은 서양의 무기를 당해낼 수 없었고, 자희태후를 비롯한 왕공대신들은 시안으로 피난을 떠났다. 신축조약이 체결된 후, 환궁하던 도중에 자희태후는 동남호보를 통해 중앙의 결정에 반기를 들었던 지방관들이 아니라 조정의 결정에 동조했던 70여 명의 관리들을 처벌하였다. 그리고 황태자 푸쥔을 모든 재앙의 불씨라고 낙인찍는 격정적인 조서를 광서제 명의로 내림으로써 일련의 사건들에 대한 최고 통치자의 책임으로부터 자신을 자유롭게 만들었다.

자희태후는 열정으로 충만한 의화단을 이용하여 열강과 전쟁을 수행하려 하였고, 그 전쟁의 결과에 대한 책임은 모두 그녀가 져야만 하였다. 1884년 자희태후는 갑신역추를 통해 공친왕을 제거하고 군기처를 모두 자신의 심복들로 채웠다. 그 결과 중앙에서 어떤 왕공대신도 그녀의 결정을 반대할 수 없었다. 당시 청나라는 만주인들이 아닌 자희태후의 왕조였고, 중앙의 모든 권력은 그녀에게 집중되어 있었다. 따라서 청나라 중앙에서 이뤄진 결정은 자희태후가 주도한 것이고, 그 책임도 당연히 그녀가 져야만 하였다. 하지만 자희태후는 실질적인 권력을 가지고 있으면서도 책임을 져야 할 일이 있을 때는 황제의 명의로 내려진 조서를 통해 그 책임에서 벗어날 수 있었다.

한 개인의 불안과 격정이라는 감정이 1900년을 전후한 시기에 청나라의 운명을 결정하는 중요한 사건들에서 결정적인 요소가 된 이유는 무엇일까? 그것은 1884년 이후 청나라 중앙에서 유가 이념에 바탕을 둔 통치(정치)가 실종되었기 때문이다. 정통 유가에서 군주는 자신보다 백성과 왕조를 먼저 생각하고 행동해야 하며, 권력을 자신이 사유화해서는 안 된다고 하였다. 통치가 실종된 왕조가 할 수 있는 유일한 일은 역사에서 사라지는 것이었다.

8. 왕조붕괴

1911년은 간지(干支)로 신해년이었고, 황제의 연호로 따지면 선통(宣統) 3년이었다. 당시 사람들의 시선으로 당시 사건을 바라보려면, 우리가 알고 있어야 할 사실이 하나 있다. 신해년과 선통 3년은 양력으로 따졌을 경우 1911년과 1912년에 걸쳐 있어서 선통제는 우창봉기가 일어난 이듬해에 황제로서 정치적 지위를 잃게 되었다. 한편, 쑨원은 양력으로 1912년 1월 1일에 임시대총통이 되었지만, 음력으로는 설날(春節)이 되려면 아직 한 달 보름이 넘게 남아있었다.[1] 마치 청나라의 시계는 전지의 수명이 다해가면서 시간이 느려졌지만, 민국의 시계는 새 전지를 넣고 있어서 시간을 더디게 가도록 놓아두지 않는 듯하였다.

1911년 1월, 불길한 징조로 보일 수 있는 일이 벌어지고 있었다.[2] 당시 청나라는 만주인의 발원지 동북삼성에서 시작된 역병(疫病)이 남쪽으로 확산되는 것을 막기 위하여 산하이관의 출입을 통제해야만 하였던 것이다. 하지만 섭정을 하고 있던 순친왕(醇親王)에게는 멀리 떨어진 곳에서 벌어진 역병을 잊게 하는 일이 있었다. 그것은 3년 전 사망한 광서제와 자희태후에 대한 탈상(脫喪)이었다.[3] 새로이 권력을 쥐고 있던 순친왕의 입장에서 본다면, 탈상은 과거권력의 그림자가 완전히 사라지는 것을 의미하였다. 그러나

날이 따뜻함을 지나 차츰 더워질 무렵, 과거권력의 그림자가 사라진 자리를 둘러싸고 그 자리를 노리는 자들이 목소리를 높이면서 순친왕의 정치력은 시험에 들게 되었다.

황족의 득세

자희태후가 죽은 뒤에 청나라의 정치권력은 황족들의 손에 들어가게 되었다. 황족들은 한인들이 잠식하고 있던 정치의 주도권을 되찾아야 한다는 믿음을 갖고 있었다. 반면 1850년대 이후 만·한인의 구분을 두지 않고 인재를 등용함으로써 위기를 극복하고 왕조를 안정시켰던 방식을 유지하려던 사람들도 있었다.[4] 황족들은 황제의 친부였던 순친왕을 중심으로 뭉쳤고, 그 반대편에 있었던 사람들은 자희태후의 신임을 받았던 경친왕(慶親王)과 위안스카이로 그 둘은 비슷한 지분을 나누고 있었다.[5] 자희태후의 붕어(崩御)와 함께 권력을 쥔 순친왕이 한 일 중에 가장 눈에 띄는 것은 위안스카이의 면직이었다. 사실, 1907년 10월에 호북안찰사(湖北按察使) 량딩펀(梁鼎芬)이 이미 위안스카이가 뇌물을 수수하고 사당(私黨)을 결성하여 전횡을 부리고 있다는 이유로 그를 탄핵한 적이 있었다. 자희태후는 오히려 량딩펀에게 "떠도는 말을 주워 담아서 제멋대로 탄핵하고 있으니 더욱 옳지 않다!"고 질책하였다.[6] 1908년 10월, 어사(御士) 장춘린(江春霖)도 권력을 지나치게 휘두른다는 이유로 위안스카이를 탄핵하였지만, 받아들여지지 않았다.[7]

광서제와 자희태후의 연이은 죽음은 위안스카이에 대한 해묵은 감정들이 수면 위로 떠오르게 하였다. 심지어 위안스카이가 광서제·자희태후의 죽음에 모종의 역할을 한 것 같다는 이야기까지 나돌았다.[8] 1909년 1월, 황족파는 위안스카이에 대한 여론이 좋지 않은 상황을 이용하여 그에게 병가를 내주는 형식으로 관직을 떠나게 만들 수 있었다.[9] 그리고 순친왕의 동생인 짜이쉰(載洵)과 짜이타오(載濤)는 각각 해군대신(海軍大臣), 군자부대신(軍咨府大臣)이 되어 해군과 육군을 통솔하게 되었다. 표면적으로 순친왕을 중심으로 하는 황족파의 권력기반은 위안스카이의 빈자리만큼 넓어진 것처럼 보였다. 하지만 위안스카이가 비록 중앙관계를 떠나 있었다고 하더라도 그의 영향력마저 사라진 것은 아니었다. 경친왕은 위안스카이가 군대에 대해 가지고 있던 현실적인 힘을 인정하지 않을 수 없다는 입장이었고,[10] 위안스카이의 막료였던 동삼성총독(東三省總督) 쉬스창(徐世昌)이나 그의 장남 농공상부참의(農工商部參議) 위안커딩(袁克定) 등은 관료사회에서 위안스카이의 눈과 귀를 대신하고 있었다.

1911년 5월, 위안스카이가 베이징을 떠난 지 2년도 넘었고, 여름이 다가오면서 날이 더워졌다. 날이 더워지는 만큼 정국(政局)도 서서히 달아오르고 있었다. 남부에서는 황화강(黃花崗) 봉기가 일어났고, 철도국유화에 반대하는 움직임이 각지에서 격렬하게 일어났다. 순친왕은 요동치는 정국을 정면 돌파하기로 결정하였다. 그는 악화된 국가의 재정문제를 해결해야만 하였기 때문에 철도의 국유화를 철회할 생각이 없었다. 오히려 이미 결정이 내려진 사안이고 "몸 밖으로 나온 땀을 다시 몸속으로 들어가게 만드는 것은 결코 있을 수 없다."며 "감히 저항하는 자가 있다면 주동자 몇 명을 즉시 체포하여 처벌하라!"고 명령하였다.[11] 또한 신속한 국회의 개원을 요구하는 입헌파의 요구를 잠재우고, 청나라도 입헌준비를 위해 노력하고 있다는 것을 보이기 위해 내각제를 실시하였다. 하지만 만주인 9명(황족 7명)과 한인 4명으로 구성된 내각의 명단이 발표되자 더 큰 반발을 불러왔다.[12]

흥미롭게도, 반발은 입헌파들이나 한인들로부터만 나온 것은 아니었다. 내각명단이 발표된 다음날 경친왕은 총리대신을, 나퉁(那桐)과 쉬스창은 협리대신(協理大臣)을 맡을 수 없다고 하였다.[13] 그들의 요청은 받아들여지지 않았고, 결국 직무를 수행하게 되었다. 그렇다면 그들이 왜 그랬을까? 경친왕과 나퉁이 만주인이었다는 점에서 만주인과 황족 중심의 내각에 불만을 표출한 것이 언뜻 이해되지 않는다. 이 의문은 그들이 자희태후 시대의 정치질서를 유지하려는 입장에 있었다는 것을 고려해야 풀 수 있다. 그들은 위안스카이와 함께 정치적 지분을 공유하고 있었고, 그 지분을 순친왕과 황족이 빼앗아갔다고 여겼다. 그들에게 주된 관심사는 청나라에서 만주인이 주도권을 확보하는 것이 아니라 자신들의 정치적 지분을 유지하는 것이었다. 다시 말해서, 경친왕·나퉁·쉬스창의 행위는 실제로 사퇴할 뜻이 있었던 것이 아니라, 청나라가 도입한 내각제도 하에서 자신들의 지분이 축소된 것에 대한 항의의 표시였다.[14] 당시 그들은 비록 자신들의 뜻을 관철시키지 못하였지만, 정국은 군대에 대한 강력한 지도력을 지닌 인물을 요구하는 방향으로 흘러가고 있었다.

한인관료의 반격

1911년 9월 29일, 경친왕은 또 다시 "직책이 무겁고 힘에 부친다."는 이유로 내각총리와 외무부의 관직에서 사임하겠다는 뜻을 밝혔다.[15] 5월에도 그랬듯이 그의 사임은 받아들여지지 않았다. 경친왕은 순친왕이 사임을 받아들일 수 없다는 것을 잘 알고 있었다. 그의 의도는 분명하였다. 그가 사임하였을 때 그 자리를 대신할 수 있는 사람이 누군지를 생각해보라는 것이었다. 순친왕은 위안스카이가 아니라 황족 중 누군가가 그 자리를 대신할 수 있다면 경친왕의 사임을 받아들였겠지만, 그 자리를 대신할 만한 인물이 없었던 것이다. 그 때문에 순친왕은 경친왕이나 나퉁이 자신의 권위를 인정하지 않는 불손한 행동을 하여도 어찌할 방법이 없었다. 지방에서 속속 올라오는 불안정한 정국에 대한 보고들은 순친왕을 마음 편히 쉴 수 없게 만들었다.[16] 하지만 10월 4일, 처음으로 반포된 국가(國歌, 아래 그림 참조) 「강산이여 영원하라[鞏金甌]」는 "제국을 창궁(蒼穹)이 보우하시네, 드높은 하늘, 넘실대는 바다여!"라며 청나라가 영원하기를 찬송하고 있었다.[17]

그 무렵, 중국남부에서는 습하고 숨이 턱턱 막히는 더위가 좀 누그러졌다. 농민들은 중추절의 왁자지껄한 분위기를 잊고서 본격적인 추수를 준비하였다. 중추절 직전, 우창(武昌)에서는 혁명파의 봉기계획이 발각되면서 일부 군인들이 검거되었고, 청나라 조정은 반란을 막으려는 생각으로 미리 중추절 휴가를 실시하였다. 하지만 혁명파들은 더위가 누그러지면서 나타난 "드높은 하늘" 아래의 세상을 바꾸려 하였고, 청나라는 “넘실대는 바다”와 같은 혁명의 기세를 막을 수 없었다.

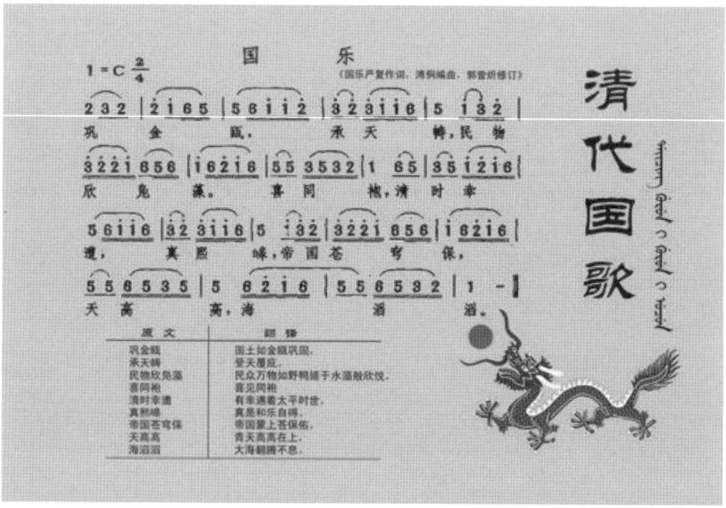

1911년 10월 10일(음력 8월 19일), 혁명파는 우창에서 봉기를 일으켰다. 그날 오전에 호광총독(湖廣總督) 루이청(瑞澂)은 반란을 일으킨 10여명의 혁명당원을 체포하였지만, 밤 8시경 혁명파들이 총독아문으로 들이닥치자 성을 버리고 달아났다. 다음날, 순친왕은 루이청으로부터 10일 오전의 상황만을 보고받았다. 그는 “처리가 아주 신속하였고 담당 문무관원들도 모두 용감하게 분투하였으니 칭찬할 만하다.”면서 기뻐하였고 상까지 내렸다.[18] 그러나 그 기쁨은 하루를 넘기지 못하였다. 혁명파는 중화민국의 수립을 선포하였고, 혁명의 열기는 남부 전역을 휩쓸었다.[19] 순친왕은 이제 중앙과 동북의 군대를 움직여야만 사태를 진정시킬 수 있었다. 문제는 위안스카이 대신에 군사권을 갖게 된 순친왕의 동생 짜이쉰과 짜이타오는 군대를 실질적으로 장악하지 못하였고, 동북지역의 군대는 위안스카이의 심복 쉬스창이 가지고 있다는 것이었다. 이러한 상황에서 순친왕이 선택할 수 있는 방법은 하나 밖에 없었다. 즉, 위안스카이를 복귀시키는 것이었다.

위안스카이가 청나라에 대한 충성심으로 뭉친 인물이라면 당장에 군대를 이끌고 남쪽으로 내려가는 것이 옳았다. 하지만 훗날 그의 행동이 증명해주듯이 그는 무엇보다도 배타적이고 독점적인 권력을 추구하였다. 10월 14일(8월 23일), 출사하라는 유지를 받은 위안스카이는 이렇게 주접을 올렸다. "마땅히 유지를 따라 신속히 일에 뛰어들어야겠지만, 제가 앓았던 발병이 지금까지도 완전히 낫지 않았습니다. …… 조금이라도 견딜 수 있게 되면 곧바로 아프더라도 길을 나서겠습니다."[20] 10월 18일, 순친왕은 "신속하게 치료하고 아프더라도 길을 나섬으로써 조정에서 특별히 의지하여 임명한 뜻에 따르라!"고 주비하였다. 형식적으로 순친왕이 위안스카이에게 반드시 출사하여 반란을 진압하라고 '명령'한 것이었지만, 사실 순친왕은 몹시 다급한 상황이었다. 이 때문에 순친왕은 10월 19일, 10월 21일, 10월 23일, 10월 25일, 10월 26일, 10월 27일, 10월 31일 연이어 위안스카이에게 유지를 내렸다.[21] 그 내용은 위안스카이에게 단순히 호광총독이 아니라 군대의 동원과 관련하여 전국에 걸친 군사권을 하나둘씩 추가하는 것이었다. 그 결과 위안스카이는 흠차대신으로서 육·해군을 비롯한 모든 군대의 통제권을 갖게 되었다. 원래 순친왕은 어쩔 수 없이 위안스카이에게 군사권을 넘겨주었지만 나름의 계책을 갖고 있었다. 위안스카이가 반란의 진압에 실패하면 실패하였다는 이유로 책임을 묻고, 성공하면 또 다른 이유를 찾아서 다시 군사권을 되찾을 생각이었다.[22] 하지만 그런 기회는 오지 않았다.

11월 1일(9월 11일), 내각이 총사퇴하고 위안스카이가 내각총리대신에 임명되었다. 위안스카이는 예의상 한 번 사양하였을 뿐이었고, 열흘 뒤에 자신이 주도하는 새로운 내각을 구성하였으며, 다시 이레 뒤에는 황제의 "유지를 어느 부서의 업무인가에 따라 모두 그 부서의 대신과 총리대신이 서명하도록 하였다."[23] 당시 위안스카이 내각은 10명의 대신으로 구성되었는데, 그중에 이번원(理藩院)의 대신만이 만주인이었다.[24] 이제 만주인은 상징적인 존재로서 황제만을 남겨두고 모든 실질적인 권력을 모두 내놓은 것이나 마찬가지였다. 순친왕이 자신의 동생들을 통해 장악하려 했던 군사권은 위안스카이에게 다시 넘어갔고, 관료기구에는 만주인이 사실상 배제된 것이나 다름없는 상태가 되었다.

우창봉기 후 한 달만에 청나라 중앙에서 황제를 제외한 만주인들이 배제되는 상황은 혁명의 전개에도 영향을 미치지 않을 수 없었다. 남부 성들이 독립을 선언하고 군정부를 수립하는 과정에서 혁명파는 세력이 약했기 때문에 입헌파를 비롯한 지역유지들(청나라 관료·신사층·군인)과 협력하지 않을 수 없었다.[25] 다양한 세력이 혁명에 가담하고 특정 세력이 전체적인 주도권을 좌우할 수 없는 상태가 되면서 여러 세력들 사이에 '정치적 거래(타협)'의 가능성이 열리게 되었다. 혁명파의 입장에서 보면 자신들이 불을 당긴 혁명이 공화제로 돌아선 입헌파에게 넘어갈 것을 우려해야만 하였다.[26] 한편, 입헌파는 청나라가 황족내각을 구성한 이후부터 청나라에 대해 큰 기대를 걸지 않고 있었다. 그런데 사실상 만주인이 배제되고 장젠(張謇)·량치차오(梁啓超)·양두(楊度) 등 입헌파가 포함된 내각이 등장하자, 입헌파는 원래 주장하였던 방식으로 정치제도가 재편될 수 있다는 희망을 갖게 되었다. 결국, 한인이 주도하는 새로운 내각의 등장은 혁명파나 입헌파 모두에게 적절한 타협의 가능성을 열어준 것으로 볼 수 있다.

위안스카이는 예의상 한 번 내각총리대신을 사양하던 바로 그 날부터 남부에서 청나라를 무너뜨리려던 세력과 협상을 시도하였다. 11월 11일, 류청언(劉承恩)이 중화민국 군정부(軍政府) 도독(都督) 리위안훙(黎元洪)을 만났다. 위안스카이는 류청언이 리위안훙의 동향 사람이므로 협상하는데 유리할 것으로 판단하였다. 류청언은 리위안훙에게 청나라가 이미 과거 입헌을 추진하는 일에 적극적이지 않았던 점을 인정하고 있으니, 문제의 평화로운 해결을 위해 '함께 힘을 모아서 입헌을 추진할 것'을 제안하였다.[27] 하지만 양측이 의견을 좁히기 위해서는 여전히 시간이 필요하다는 사실을 확인하였다. 위안스카이는 입헌군주제의 시행이라는 조건을 제시함으로써 입헌파와 협상하려 했다. 반면, 리위안훙은 입헌공화제 이외의 정치체제를 염두에 두지 않고 있었다.[28] 리위안훙의 입장에서 보면, 혁명의 열기가 여전히 확산되고 있는 상황에서 청나라를 그대로 두는 입헌군주제를 받아들일 경우 굴욕적인 타협으로 비춰질 것을 우려하지 않을 수 없었다. 위안스카이의 입장에서 보면, 자신이 오랫동안 군대의 지휘권을 행사하지 못하였지만 여전히 녹슬지 않은 기량을 가지고 있다는 것을 보여줄 필요가 있었다.

11월 27일, 청군의 한양(漢陽) 탈환은 청나라와 중화민국 임시정부[이하 민군(民軍)[29]] 사이의 협상을 진전시키는데 결정적인 계기가 되었다. 총리대신이 된 뒤에 물밑 협상을 시도한 것을 보면, 위안스카이가 처음부터 남부의 '반란'을 진압하려는 생각이 있었다고 보기 어렵다. 오히려 그의 행동은 3년여 만에 복귀한 자신의 정치적 지위를 최대한 안전하게 유지하려는 생각으로 가득하였음을 보여준 것이었다. 따라서 한양 탈환은 위안스카이에게 민군을 몰아붙일 수 있는 전기가 아니라, 협상을 위한 실마리가 마련된 계기였음을 의미하였다. 위안스카이가 민군과 협상을 원만하게 진행시키기 위한 전제 조건은 청나라 조정 내부에 그의 결정을 반박할 인물이 존재하지 않아야 한다는 것이었다. 11월 18일, 위안스카이는 황제의 명의로 내려지는 유지를 최종적으로 검토하는 권한을 갖게 되었지만, 순친왕의 존재는 여전히 위안스카이의 '독점적인' 권력 행사를 가로막는 요소였다. 이 문제는 청나라와 민군이 정식으로 협상을 시작하기 전에 해결되었다.

12월 6일, 순친왕은 융유태후(隆裕太后)에게 섭정왕의 자리에서 물러날 뜻을 밝혔다. 그는 비통한 심정으로 섭정을 하려고 해도 "조령(詔令)이 이미 거의 먹혀들지 않으니, 정치를 어찌 바꿀 수 있겠습니까?"라고 호소하였다. 태후는 순친왕에게 "자신의 거처[藩邸]로 돌아가고 다시는 정치에 간여하지 말라!"고 의지(懿旨)를 내렸다.[30] 우리는 순친왕이 내각대신을 비롯한 관리들에게 더 이상 권위를 갖지 못한다는 상황을 뼈저리게 느꼈음을 알 수 있다. 또한 태후가 내린 의지는 사실상 위안스카이가 내린 것으로 더 이상 정치에 간여하는 것을 용납하지 않겠다는 의지의 표현이었다. 순친왕의 사임은 만주인이 청나라의 주인임을 보여주기 위해 군사권을 장악하려 했던 구심점이 사라졌음을 의미한다. 이 무렵, 공친왕(恭親王) 푸웨이(溥偉)는 한양을 탈환하였으니 "승세를 몰아서 더욱 세게 소탕해야 하는데, 전투를 그만두고 화친을 논의하다니 어떻게 이런 말이 있는가?"라고 비분강개하였다.[31] 그는 황족들이 대부분 정치에 관심을 보이지 않고 한인에게 권력이 넘어가는 상황을 수수방관하는 것도 있을 수 없는 일이라고 여겼다. 하지만 그의 입장에 동조하는 만주인은 많지 않았다.

이제 위안스카이는 명실상부한 청나라의 최고 권력자가 되었고, 남부의 민군과 협상을 가로막는 걸림돌이 사라졌다. 또한 위안스카이 내각에는 번부(藩部)문제 이외에 만주인의 목소리를 낼 수 있는 사람이 존재하지 않았다. 이것은 만주인이 위안스카이의 배려를 받는 입장에 놓이게 되었고, 만주인의 목소리가 배제된 협상이 시작될 것임을 의미하였다.

만주인 없는 남북화의

1911년 12월 18일, 남북화의가 정식으로 시작되었다. 남북화의는 형식적으로 청나라에서 파견한 대표와 민군이 파견한 대표가 상하이(上海)에서 불안정한 정국의 상황에 일정한 원칙을 가지고 질서를 부여하기 위해 머리를 맞댄 것이었다. 그런데 그 내용을 들여다보면 청나라의 대표가 아니라 위안스카이 내각의 대표와 민군 대표 사이의 정치적 협상이었다. 청나라 없는 남북화의가 가능했던 것은 이미 위안스카이를 중심으로 하는 한인들이 청나라의 권력을 '접수'하였기 때문이었다.

남북화의를 진행하기 위해 위안스카이 내각은 탕사오이(唐紹儀, 1862~1938), 민군은 우팅팡(伍廷芳, 1842~1922)을 대표로 임명하였다. 탕사오이와 우팅팡은 나이 차이가 컸지만 비슷한 경험을 공유한 인물들이었다. 둘은 광둥(廣東) 성에서 성장하였고 각각 미국과 영국 유학을 통해 서구 학문을 익혔으며 리훙장의 후원을 거쳐 외교관으로서 활동하였다.[32] 탕사오이는 줄곧 청나라의 관료로서 리훙장·위안스카이를 후견인으로 모셨던 인물이기 때문에 위안스카이의 입장을 대변하는 대표를 맡은 것이 쉽게 이해된다.

반면, 우팅팡은 청나라의 관료로서 오랫동안 활동하였고 혁명파와 밀접한 관계에 있지도 않았는데, 민군의 협상대표가 되었다는 점은 설명이 필요해 보인다. 민군은 유동적인 정치적 상황에서 외국으로부터 협력을 이끌어내고 관계를 조율해줄 인물이 필요하였는데, 당시 우팅팡은 서양 여러 나라의 인사들과 폭넓은 인맥을 가지고 있었다. 이 때문에 민군, 특히 후난 성에 비해 상대적으로 세력이 약했던 상하이 쪽 인사들이 우팅팡과 접촉하여 혁명에 참여하도록 권유하였고, 우팅팡도 중국에 왕조가 아닌 공화국이 필요하다는 주장에 동조하면서 외교와 협상에 관련된 직책을 맡게 되었다.[33]

탕사오이와 우팅팡은 서로 다른 진영에 속해 있었지만 협상의 상대를 잘 알 수 있는 사람들이었다. 그들은 서구유학·외교관·관료로서 활동하였고 리훙장과도 연관이 있었기 때문이다. 따라서 우리는 위안스카이와 민군이 그들을 협상 대표로 임명한 것은 협상의 주도권을 쥐기 위해 최상의 선택을 한 것으로 볼 수 있다.

흥미로운 사실은 남북화의에서 만주인과 청나라의 입장을 대변해줄 만한 사람이 없었음에도 불구하고 협상에서 청나라를 어떻게 처리할 것인가는 중요한 문제였다는 점이다. 협상에 참가한 양측은 왕조체제가 더 이상 유지될 수 없다는 점을 인정하였다. 탕사오이가 협상을 위해 상하이로 내려가는 기차에서 만주인이 한인에게 강요하였던 변발을 자른 것도 자신은 '청나라의 대표'가 아님을 상징적으로 보여주는 행동이었다.[34] 다만 왕조 이후의 중국에는 어떤 체제가 더 적합할 것인가에 대해서 드러내놓고 남군을 지지하지는 않았다. 위안스카이 쪽에서는 '표면적으로' 만주인 황제를 그대로 두는 입헌군주제를, 민군 쪽에서는 '분명하게' 만주인 황제를 배제한 입헌공화제를 주장하고 있었다.

12월 20일, 탕사오이와 우팅팡은 협상 첫날부터 이 문제에 대해 논의하였다.[35] 우팅팡은 자신도 원래는 입헌군주제를 지지하다가 이미 입헌공화제로 입장을 바꾸었다고 하였다. 그는 탕사오이에게 이렇게 반문하였다. "현재 각성의 자의국과 베이징의 자정원은 모두 민선이니 대총통을 뽑는데 무슨 어려움이 있겠습니까?" "개혁이 이뤄지면 만주인과 한인은 분명 반감이 없을 것이고, 앞으로 만주인도 대총통이 될 수 있을 것입니다. 어찌 만주인에게 손해가 된다고 한사코 군주의 지위를 보존하려 한답니까?"

탕사오이는 위안스카이가 이미 황흥(黃興)으로부터 "공화제에 찬성한다면 반드시 총통으로 선출될 수 있을 것이다"는 전보를 받았다고 밝혔다. 그는 위안스카이도 입헌공화제를 찬성하고 있지만 그 말을 입 밖으로 낼 수는 없다면서 이렇게 덧붙였다. "공화입헌에 모두가 한 마음이고, 우리 한인 중에 찬성하지 않는 사람은 없습니다. 하지만 마땅히 좋은 방안을 만들어서 평화롭게 처리함으로써 청나라 조정에서 저항이 발생하지 않도록 해야 합니다."

우리는 둘 사이의 대화에서 양측의 입장 차이가 컸다고 보기 어렵다. 우팅팡은 이미 청나라가 없는 것이나 마찬가지이니 입헌공화제를 실시하는데 어려움이 없고, 만주인을 포함한 모든 사람들에게 좋은 제도라고 주장하였다. 탕사오이도 청나라 중앙의 반발을 잠재울 수 있는 방안만 마련된다면 입헌공화제에 반대하지 않는다고 보았다. 그의 주장은 위안스카이를 비롯한 한인들의 생각이 이미 하나로 통일되었지만 일부 만주인의 반발을 야기하지 않도록 좋은 방법을 찾아보자는 것이었다. 결국 국민회의를 소집하여 국체(國體)를 결정하기로 합의하였다.[36] 12월 28일, 위안스카이는 융유태후에게 민군이 국체의 결정을 "잠시도 늦출 수 없다고 하니 따라야 할지 모르겠습니다."라며, 왕공회의를 열어 의견을 달라고 정중하게 '요청'하였다.[37] 융유태후는 회의를 열어서 "직접 의견을 물었는데 모두들 이견이 없었다."면서 탕사오이에게 민군대표와 국체 결정의 절차를 논의하도록 하였다.[38]

당시 만주인 왕공들은 이견이 없었다기보다는 방법이 없었다.

부위와 같은 인물은 회의에서 위안스카이의 처신에 대해 강력하게 비난하였고, 만주인들이 돈을 내서 군대를 조직하여 반란을 진압해야 한다고 주장하였다. 하지만 한 둘을 제외하고는 부위의 주장에 동조하지 않았고, 태후도 저항에 실패할 경우 황실도 유지할 수 없게 될까 걱정하였다.[39] 그래서 "이견이 없었다."는 의지(懿旨)를 내릴 수 밖에 없었다.

12월 29일, 융유태후의 의지를 받은 탕사오이는 우팅팡과 신속하게 화의를 진행하였다. 이틀 뒤인 12월 31일, 국민회의·전투중지·황실우대 등의 사안들에 대한 화의를 사실상 끝마쳤다. 화의에 따르면, 1월 8일 이전에 국민회의를 개최하여 국체를 논의한다고 되어있다. 국민회의를 구성하게 될 22개의 성 가운데 14개는 민군, 4개는 청나라, 4개는 중립으로 분류되었다. 국민회의는 입헌공화제를 실시하기 위한 일종의 형식적인 절차를 마련한 것에 불과하였고, 청나라가 사라지는 것은 의심할 여지가 없는 일이었다.

쑨원(孫文)은 중화민국 임시대총통에 취임하고 곧바로 위안스카이에게 전보를 보냈다.[40] 그는 자신이 '임시'정부의 '임시'대총통일 뿐이고, 위안스카이가 대총통이 되어 "하늘과 땅을 뒤바꿀 것을 자임(自任)하는 것이 억조창생의 바람이다."고 자세를 낮추었다. 민군의 입장에서 보면 화의를 진행하는 동안 임시정부의 조직을 구성하는 작업을 진행하고 있었고, 그것은 효율적으로 업무를 처리하기 위한 것이지 위안스카이와 일전을 불사하겠다는 의사표시가 아니었다. 남북화의라는 절차를 거쳐 입헌공화제를 실시한다는 큰 틀의 합의는 여전히 유효하였던 것이다.

황제보호구역

위안스카이 내각과 민군 사이에 진행된 남북화의에서 관심을 끄는 부분은 청나라를 어떻게 처리할 것인가에 관한 것이다. 당시 정치적 세력관계는 분명했다. 만주인의 청나라가 완전히 힘을 잃은 상황에서 위안스카이 내각과 민군이 새로운 중국을 구상하고 있었다. 위안스카이가 형식적으로 총리대신을 맡고 있기는 했지만 이미 만주인과 청나라는 남북화의에서 목소리를 낼 수 없었다. 그런데 위안스카이는 왜 황실우대조건[41]과 같은 조항을 관철시켰을까?

청나라나 그에 관련된 인사들의 존재는 위안스카이 내각이 남북화의를 자신에게 유리한 방향으로 끌고 나아가는데 도움을 주었다. 위안스카이 내각과 민군은 각자 자신들이 차지할 수 있는 최대의 지분을 확보하려 하였다. 위안스카이가 황실을 보호한 것은 자신의 정치적 자산을 지키려는 목적 때문이었다. 즉, 청나라의 기구를 그대로 접수하겠다는 의도가 담겨 있었다. 한편, 민군은 혁명파로만 구성된 것이 아니었다. 혁명파와 혁명에 가담한 입헌파로 구성되었다. 따라서 그들 내부의 교통정리가 필요했는데 그들을 묶어줄 수 있는 공통분모는 입헌공화제였다. 공화제를 통해 혁명파는 혁명의 목표를 이룬 것으로 위안할 수 있었고, 혁명으로 돌아선 입헌파는 자신들이 청나라에게 줄기차게 요구하였던 입헌공화제를 이룸으로써 정치적 지분을 확보하려 하였다. 여기에서 우리는 황제를 포함한 황실을 어떻게 처리할 것인가에 대해 양측의 협의과정을 구체적으로 살펴볼 필요가 있다.

12월 30일, 탕사오이가 "황실을 우대하는 것에 대해서 마땅히 먼저 알려줌으로써 그들을 안심시켜야 합니다."라고 말문을 열었다.[42] 그러자 우팅팡이 "그 방법에 대해 우리는 진작에 논의하였는데, 일본이 조선을 대우한 사례를 따르는 것이 어떨까요?"라고 물었다. 탕사오이는 외국 군주를 대하는 의례를 따르면 될 것이라고 의견을 제시하였고, 우팅팡은 그럴 수도 있다고 하였다. 황제의 거주지에 대해서 탕사오이가 이화원(頤和園)이 좋을 것이라는 의견을 냈고, 우팅팡은 수도가 베이징으로 정해질 경우 "만주인들이 다른 마음을 먹지 못하도록" 하는데 좋을 것이라고 호응하였다.[43] 그들은 일본이 조선을 병탄한 이후 조선 왕실을 어떻게 대우했는지 구체적으로 알았을까?[44] 이점을 직접 확인할 방법은 없다. 다만 당시 일본이 조선왕실을 어떻게 대우했는지를 살펴보고, 황실우대조건과 비교해보는 방법이 있다.

1894년부터 조선왕실은 궁내부에서 관리하였고, 일본의 경우 궁내성에서 황실을 관리하였다. 1910년 일본이 조선을 병탄한 이후 일본은 궁내성 아래 이왕직(李王職)이라는 기구를 설치하였다. 당시 일본정부에는 25개의 기관이 있었고, 궁내성은 그 중에서 일본의 황실·황족에 관련된 업무를 처리하던 곳이었다. 궁내성 아래 이왕직이 설치된 것은 조선왕실의 지위를 낮추어 대우한다는 의미를 지니고 있었다.[45] 어떻게 보면, 왕실을 유지하기 위해 가장 중요한 것은 재정의 확보였을 것이다. 『조선총독부 통계연보』의 재정부분에서 「이왕가 세비」라는 항목을 확인할 수 있다. 이왕가에게 배정된 세비는 1911년에 150만 엔이었다. 당시 총세출이 4,000만엔이었다는 점을 감안하였을 때 전체 세출의 3.75%에 달하는 액수였다.[46]

민군의 대표였던 우팅팡이 조선왕실의 상황을 정확히 알았다면, 그가 생각한 황실우대조건은 황실을 유지시켜주는 정도였다고 보아야 한다. 위안스카이 내각의 대표였던 탕사오이는 "외국의 군주"로 예우하려고 하였으니, 상대적으로 높은 우대조건을 내세웠음을 알 수 있다. 12월 31일, 양측이 황실우대조건에 대해 합의한 내용은 대략 이랬다.[47] 첫째, 황제의 칭호를 유지하며 외국군주로서 예우한다. 둘째, 당분간 자금성에 거주하다가 이화원으로 옮긴다. 셋째, 새로운 정부는 국회의결을 통해 적어도 300만량 이상을 제공한다. 넷째, 황릉과 종묘에 제사를 지낼 수 있고 민국의 보호를 받는다. 다섯째, 광서제의 황릉조성 비용을 지원한다. 여섯째, 황실의 사유재산을 보호한다. 이 우대조건은 선통제가 퇴위하는 조서가 발표되었을 때 언급한 내용과 비교했을 때 보조금이 400만량으로 늘어난 것을 제외한다면 사실상 큰 차이가 없다. 다시 말해서, 12월 31일에 이미 선통제가 퇴위 문제와 그 반대급부로 제공될 황실우대조건에 대한 논의는 사실상 끝났던 것이다. 그렇다면 퇴위 조서가 발표된 2월 12일까지 두 달이 넘는 시간이 걸린 것을 어떻게 이해할 것인가? 이해의 편의를 위해 그 사이에 어떤 일이 있었는지 살펴볼 필요가 있다.

민군 쪽에서는 1월 11일 열강에게 중화민국정부를 승인해줄 것을 요청하는 조회를 보냈다. 하지만 아무런 회신을 받지 못하면서 초조할 수 밖에 없었다. 재정형편이 여의치 않은 상황에서 열강이 승인하지 않는다는 것은 차관을 통한 경제적 도움을 기대할 수 없다는 것을 의미하였기 때문이었다. 1월 14·15·20·21일 네 번에 걸쳐 쑨원이나 중화민국 임시정부의 명의로 황실우대와 위안스카이의 대총통 추대를 약속하였다. 그리고 1월 22일, 중화민국 임시참의원은 위안스카이가 직접 황제를 퇴위시키고 각국 정부에게 통지할 경우 임시대총통으로 선출할 것이라고 결정하였다. 2월 5일에 임시참의회는 더욱 구체적인 우대조건을 의결하였고, 2월 6일에 위안스카이에게 그 내용을 알려주었다. 이틀 뒤, 위안스카이는 민군 쪽이 최종적으로 제시한 우대조건을 융유태후에게 전달하였다. 그리고 2월 10일 황제의 자리를 넘겨주는 것이 아니라 사임한다는 수정안이 만들어졌다. 2월 11일, 위안스카이는 내각대신을 비롯하여 왕공들과 함께 황실우대조건을 통과시켰고, 다음날 퇴위조서가 발표되었다.[48] 2월 13일, 중화민국 참의원은 위안스카이를 임시대총통으로 선출하였다. 이러한 상황을 통해 우리는 민군이 아니라 위안스카이가 정국의 주도권과 황실의 운명을 결정하는 열쇠를 쥐고 있었고, 민군은 위안스카이가 만주인 왕조의 저항 없이 임시대총통이 될 수 있는 길을 열어주었음을 알 수 있다. 결국, 혁명이 마무리된 시점에서 "위안스카이는 유일한 승리자가 되었다."[49]

여름이 끝나고 시원한 바람이 불 무렵부터 봄기운이 돌기 시작할 때까지 5개월 동안 중국을 휩쓴 격랑은 이렇게 요약할 수 있다. 청나라가 통치하는 영역의 남부에서 반란이 일어나서 여러 성들이 독립을 선언하였고, 그 성들이 연합하여 중화민국의 깃발을 세웠다. 민군은 재정과 군사력이 취약했기 때문에 중화민국을 지켜내기 위하여 군사력을 지닌 위안스카이에게 중화민국의 깃발을 들게 만들었다. 그렇다면 이제 팔기의 깃발이 아니라 중화민국의 깃발 아래 놓인 황제에게 어떤 운명이 기다리고 있었을까?

사실, 위안스카이에게 이미 권력이 넘어간 상황에서 황제를 포함한 황실은 선택의 여지가 없었다. 위안스카이의 입장에서 본다면 만일에 있을지도 모르는 황실의 반발을 잠재우고, 민군과의 협상력을 높이기 위해 황실을 이용할 필요가 있었다. 어쨌거나 황실은 위안스카이에게 협조함으로써 적어도 최소한을 품위를 유지할 수 있는 금전적 지원을 보장받으려 했던 것으로 볼 수도 있다. 황실재정을 관할하던 내무부(內務府)는 원래 1912년 예산으로 1024만 6974량을 편성하였다. 따라서 중화민국정부가 황실에게 지원을 보장한 400만량은 원래 예산을 60% 정도 삭감한 액수였다.[50] 황실을 대표하는 황제를 더 초라하게 만든 것은 그가 더 이상 백성들로부터 거둬들인 세금을 당당하게 사용할 수 있는 존재가 아니라, 중화민국 국민들이 낸 세금을 축내는 존재로 전락하였다는 점이었다. 대청황제는 중앙으로 올라오는 세금 중에서 일부를 내무부에 배정하라고 명령하였지만, '중화민국의' 대청황제는 정부로부터 생활비를 지급받았던 것이다.

앞서 융유태후는 우대조건의 문구 중에서 넘겨준다는 "손위(遜位)"대신에 그만둔다는 "사위(辭位)"를 써야 한다고 주장하여 관철시켰다. "손위"는 청나라가 완전히 사라지는 것을 의미한다. 반면, "사위"는 직책을 그만 둘 뿐 황제라는 지위는 유지한다는 뜻을 가지고 있다. 다시 말해서 우대조건에 따르면, 황제는 적어도 자금성 안과 황실 내부에서 황제로서 지위를 갖고 연호를 사용할 수 있었다. 하지만 황제가 연호를 사용할 수 있었던 것은 1914년까지였다. 중화민국정부는 우대조건을 공고하게 만들기 위해서라는 명목으로 선후판법(先後辦法) 7개조를 공표하였다.[51] 황제의 입장에서 보면 선후판법은 우대조건을 공고하게 했다기보다는 황제의 행동을 제한했다고 보는 편이 더 타당하다. 황제는 더 이상 자신의 연호를 사용할 수 없었고, 중화민국의 국민들에게 공문을 보내거나 자신의 이름으로 된 상을 내릴 수도 없었다. 더 나아가 종묘사직은 황실이 아니라 중화민국정부의 내무부(內務部)가 관리하게 되었다.

우대조건은 황제에게 중화민국의 일반 국민들과 구별되는 형식적인 위엄을 보장하였는데, 선후판법 7개조는 그 위엄을 박탈하였다. 그리고 경제적인 문제는 황제의 현실적인 행위를 제약하게 되었다. 주지하듯이 중화민국정부는 열악한 재정상태 때문에 외국으로부터 차관을 끌어들여야만 하였다. 따라서 중화민국정부는 규정에 따라 보조금을 지급하지도 때를 지키지도 않았다. 황실에게 매년 400만 량을 지급한다는 것은 썩 내키는 일도 아니었고 여유도 없었던 것이다. 황제는 중화민국정부에게 보조금을 받기 위해 "애걸하며 굴욕적이고 수치스러운 처지로 스스로를 계속 몰아넣었다."[52] 1915년 황실 내무부는 지급되지 않는 보조금 때문에 지출을 260만냥으로 줄이지 않을 수 없었다.[53] 황제도 시간이 지나면서 자금성 안의 인원을 감축하고 자신을 보좌하던 부서들을 하나

둘씩 없애야만 하였다.[54] 부서와 인원이 줄어듦에 따라 자금성은 그만큼 휑뎅그렁해졌다. 황제는 갈수록 궁색해졌음에도 불구하고 정치적인 풍랑에서 자유로울 수 없었다. 군벌 사이의 혼전 속에서 황제를 이용하려는 세력들이 있었기 때문이다. 중화민국정부는 자금성이라는 보호막을 벗기고 황제를 일반 국민으로 만듦으로써 문제를 해결하려 하였다. 1924년 11월 5일, 황제는 결국 중화민국정부가 준비한 자동차를 타고 자금성을 떠나게 되었다. 산하관을 넘어 중원으로 들어온 지 280년 동안 만주인 황제가 앉았던 옥좌는 이제 천하를 호령하던 주인 대신에 먼지가 내려앉는 것을 지켜보게 되었다.

1912년부터 1924년까지 자금성은 일종의 보호구역이었다. 현재 세계에서 많은 나라들은 멸종위기에 처한 동물들이 종을 보존할 수 있도록 보호구역을 지정하고 있다. 보호구역의 지정은 지구상에서 특정 동물들이 사라지는 것을 막으려는 선(善)한 의도도 지니고 있다. 하지만 보호구역 안의 동물들이 그 밖으로 나왔을 때 그들을 기다리는 것은 생명을 위협하는 냉혹한 현실이다. 보호구역의 지정은 역설적이게도 보호받을 수 없는 구역이 생긴다는 것을 의미하는 것이다. 만주인 황제는 자금성이라는 보호구역을 갖게 되었지만, 그와 동시에 보호구역의 수백 배에 달하는 활동제한구역도 갖게 되었다. 보호구역은 어떤 의미에서 감시통제구역이었던 것이고, 구역 밖의 정치·경제 상황에 따라 사라질 수 있는 곳이었다. 변화하는 정치 환경에 적응하지 못해서 보호구역에 갇힌 황제가 생명을 유지하고 만주인 황실을 지킬 수 있는 유일한 방법은 털끝만한 오해도 일어나지 않도록 철저하게 '개인'으로서 사는 것이었다. 중화민국의 '국민' 중에는 생명의 위험을 무릅쓰면서 황제를 지켜줄 '신료'나 '백성'이 없었다.

맺음말 : 청나라의 유산

금나라가 망하고 400여년이 지났을 때, 만주인은 더 이상 금나라 이후 한인들에 의해 딱지 붙여진 여진이라는 부족이 아니라 강인한 정신과 자부심을 지닌 존재로서 당당한 자신들의 목소리를 내기 시작하였다.[1] 그들의 우렁찬 만주어는 한인들이 주인이었던 자금성을 가득 메웠고, 거리의 수많은 한인들 사이에서 변발을 하고 만주어를 사용하면서도 전혀 주눅 들지 않았다. 그들은 일당백의 기세로 중국을 차지한 당당한 만주인이었다. 다시 300여년 뒤에 청나라의 황제가 자금성이라는 보호구역에 갇히게 되었을 때, 일반 만주인들은 조롱과 멸시를 당하였고 심지어 살해의 위협을 당하는 경우도 있었다. 만주인들은 이미 잃어버려서 몇 마디 밖에 알지 못하던 만주어도 사용하는 것을 꺼렸고, 한어를 사용하면서 한인으로 행동하였다.

만주어가 다시 세상으로 나온 것은 일본이 그들의 이익을 위해 만주, 만주인, 만주어 그리고 청나라를 연구하기 시작한 이후의 일이었다. 1990년대 이후 미국학자들은 일본 연구의 뒤를 이어 만주인의 정체성과 시각을 강조하기 시작하였고, 최근 한국학자들도 그 대열에 동참하였다. 그런데 중국의 입장에서 본다면 청나라에서 만주인의 특색을 강조하는 것은 다민족통일국가를 지향하는 국가의 정책에 어긋날 뿐만 아니라, 일본의 침략 앞에 속수무책이었던 불행했던 과거를 생각하게 만들기 때문에 유쾌하지 않은 일이다. 따라서 중국학자들은 청나라에서 만주인의 특색을 강조하거나 주목하는 시각을 의심어린 시선으로 바라보기도 한다.

각국의 학자들이 만주인의 시각으로부터 청나라를 이해하려는 시도가 있었음에도 불구하고, 청나라의 전 시기를 대상으로 제도와 정치의 연관성을 파악해보려는 연구는 상대적으로 부족하였다. 어느 왕조든 몰락해가는 시기가 주목을 끌기는 어렵기 때문이다. 만주인은 변방에서 성장하여 중국 역사상 최대의 영토를 소유할 때까지 놀라운 성과를 이루었고 화려한 시기를 보냈으며, 사람들에게 관심의 대상이었다. 하지만 바다로부터 등장한 무력 앞에서 무기력해지는 시기가 되자, 관심의 대상은 돼지꽁지 머리의 만주인이 아니라 새로운 문물, 제도, 사상 등을 추구했던 한인으로 바뀌었던 것이다. 어느 왕조나 흥망성쇠를 겪는데, 청나라의 쇠퇴기는 동아시아의 역사에서 왕조가 사라지는 과정이었다.

중국 왕조의 일반적인 흥망성쇠와 달랐기 때문에 청나라를 단절적으로 바라보는 연구경향도 나타났었다. 하지만 청나라 쇠퇴기[이른바 중국근대]의 많은 문제들에 대해 왕조체제 속에서 이해하고 접근하는 것이 더 타당하다. 왕조체제에서 발생한 특정 사건을 이해할 때, 우리는 그 체제가 작동하는 방식[mechanism]에서 접근해야 한다. 그 방식의 어떤 부분에 고장이 생겨서 특정 사건이 발생하였는지를 살펴야 한다는 말이다. 왕조체제 자체가 문제이기 때문에 혁명이 필요하고 서구의 제도와 사상이 필요하다는 식으로는 청나라 쇠퇴기에 나타난 문제들을 제대로 이해하기 어렵다. 따라서 청나라가 청영아편전쟁을 전후하여 서로 다른 두 시대로 나눠져서는 안 된다.

이 책은 청나라를 하나의 시대로 바라보려는 의도에서 구상되었고, 정치구조의 변화과정을 권력과 연결시켜서 이해하고 분석하였다. 이제 그 이해와 분석 결과에 대해 정리하고 현재적 의미를 생각해볼 필요가 있다.

만주인은 변방에서 문화적으로 뒤떨어진 상태로 생활하였고, 명나라에 의해 여진인으로 규정되었다. 그들은 누르하치, 홍타이지를 거치면서 두 세대 만에 부족 상태에서 왕조를 세우고 주변 왕조를 압도함으로써 대제국으로 발돋움하였다. 그야말로 압축적인 성장을 거듭하였다. 짧은 시간에 이룩한 성취는 금세 거품이 빠지지 않았고, 만주인은 중국의 역사에서 변방으로부터 중원으로 들어온 민족 가운데 가장 오랫동안 중국을 통치하였다. 그들이 오랫동안 중국을 통치할 수 있었던 요인은 만주인 특색의 정치기구를 만들고 권력이 긴장상태에 놓여있었기 때문이라고 말할 수 있다.

중국을 통치한 이민족 왕조들은 대체로 이중지배체제를 갖고 있었다. 이중지배체제는 인구수가 절대적으로 적었던 이민족이 자신들의 특권을 보장하기 위하여 거주 지역을 구분하고 민족을 차별하여 통치하던 방식이었다.[2] 요·금·원나라는 정복한 지역의 백성들을 분리하여 통치하는 방식을 사용하여 행정구역도 따로 구성하였다.

청나라도 만주인의 특권을 보장하는 방식을 사용하였는데, 과거

왕조들과 다른 점이 있었다. 팔기가 주둔하고 있던 만성(滿城)이 존재하기는 하였지만, 만주인과 한인은 대체로 같은 행정체계를 가진 공간에서 공존하였다. 만주인이 특권을 가지고 있었다고 하더라도 외형적으로는 만한병용을 내세웠다. 소수의 만주인과 다수의 한인이 제한된 관직을 나눠 갖는다는 것은, 인구비례로 관직이 나눠지지 않았다는 점에서, 한인을 차별하는 구조였다. 하지만 정치적인 효과는 적지 않았다. 한인 지식인들은 관료가 되기 위해 노력하였고, 관료가 된 뒤에는 청나라를 위하여 일하였다. 그들은 왕조의 안녕을 위하여 백련교도와 태평천국을 진압하는데 적극적으로 참여하였다.

청나라의 최고 통치자는 만주인만의 우두머리인 한(han)이 아니라 만주인·몽골인·한인 등 천하의 모든 백성을 통치하는 황제였다. 옹정시대부터 만주인 황제는 고위관료들이 올린, 공적인 보고서이면서 사적인 편지의 성격을 띤, 주접을 통해 관료사회를 장악할 수 있었다. 그리고 군기처에는 만주인(몽골인)과 한인을 일정한 비율로 배치하고, 한인은 다시 남쪽출신과 북쪽출신으로 나누어 배치하였다.[3] 청나라의 최고 자문기구였던 군기처는 형식적으로 관료들이 서로 견제하고 누구도 절대적인 권력을 행사할 수 없는 구조였다. 건륭시대의 허선과 같은 군기대신이 휘둘렀던 권력은 그의 것이 아니라 황제에게 위임받은 것이었다.

황제가 모든 권력을 장악하고 있던 구조는 함풍제의 사망 이후 바뀌었다. 자희·자안 태후는 왕조의 주요 정책과 인사에 관한 재가권을 갖고 있었고, 공친왕은 외교 사무를 관장하면서 관료사회를 이끌었으며, 일부 지방관은 사병의 성격을 가진 군대를 지휘하였다. 황제의 권력은 나눠지고 약화되었지만, 권력을 분점한 인물(세력)들 사이의 견제와 긴장은 청나라가 파국으로 나아가는 것을 막아주었다. 1861년 신유정변 이후부터 1884년 갑신역추 이전까지 청나라는 권력을 분점한 인물들 사이 견제와 긴장을 통해 중흥의 시대에 놓이게 되었던 것이다. 왕조체제에서 섭정이나 수렴청정은 나이 어린 황제가 들어섰을 때 임시적으로 시행되던 통치방식이었다. 임시적인 통치방식은 가능한 빨리 정상화되어야만 정상적인 왕조체제를 회복할 수 있다. 하지만 임시방편을 통해 권력을 차지한 인물들이 정상적인 왕조체제를 회복하기보다 다시 임시방편을 만들어내는 상황이 반복되었다. 동치제가 죽은 뒤 황위는 다음 세대가 아니라 자희태후 여동생의 아들에게 넘어갔고, 광서제는 친정을 시작한 이후 명실상부한 황제가 되어 자신의 정치를 시행하려다가 유폐되었다.

갑신역추 이후 자희태후가 모든 권력을 한 손에 쥐게 되면서 청나라를 유지해주던 견제와 긴장은 사라졌다. 더 이상 견제받는 권력은 없었고, 권력을 마음에 품었던 인물들은 차츰 청나라를 강화시키는 것이 아니라, 청나라를 약화시키는 방식을 통해 권력을 나누려 하였다. 자희태후의 주변에는 그녀의 생각을 지지하는 인물들만 머물렀고, 지방의 무력을 통제하고 있던 지방관들은 마음속으로 무기력한 중앙을 환영하면서 자신들의 영향력을 강화하였다. 1911년 혁명 공간 속에서 지방의 입헌파가 혁명파에 동조하게 된 것은 자연스러운 일이었다.

그렇다면 우리는 청나라의 정치구조를 분석함으로써 어떠한 현재적 의미를 찾을 수 있을 것인가? 현재 중화인민공화국 정부는 자국의 민족정책이 이미 청나라 때부터 시작된 것으로 오랜 전통을 지니고 있다고 선전한다. 많은 연구자들과 일반인들이 인정하듯이 중화인민공화국은 민족정책뿐만 아니라, 인구와 영토도 청나라로부터 유산으로 물려받았다고 볼 수 있다. 그런데 우리가 간과하고 있는 것은 정치구조의 측면이다. 중화인민공화국의 정치구조는 중화민국을 거치면서 현대적인 변화를 겪었다. 하지만, 청나라의 정치구조와 유사한 특징을 지니고 있는 부분이 존재한다.

중화인민공화국의 정치구조는 중국공산당조직과 국가행정조직으로 이원화되어있다. 그리고 중국공산당과 국가 이외에 인민해방군도 정치구조를 이해하는데 고려해야 할 요소이다. 국가, 중국공산당, 그리고 인민해방군은 중화인민공화국의 정치구조에서 핵심적인 요소이고, 세 요소 사이의 관계를 파악하는 것은 중국의 정치구조를 이해하는데 도움이 된다. 중국의 정치구조는 자본주의국가의 그것과 다르다. 자본주의국가에서는 국가와 정당은 별개의 조직이다. 국가의 행정조직은 정당의 조직과 별개이고, 군대는 국가원수와 관련부처에서 지휘한다. 선출직 국가원수는 국가행정조직에 일부 관료들을 임명하지만, 절대다수의 공무원들은 국가가 관리하는 시험에 의해 선발된다. 중화인민공화국에서 형식적인 최고권력기구는 전국인민대표대회이다. 하지만 실질적인 최고 권력기구는 중국공산당 전국대표대회이다. 중국공산당의 조직은 실질적으로 국가의 행정조직을 통제하고 관리하며, 정부의 중요한 정책은 대부분 중국공산당 정치국상무위원회에서 결정된다. 중화인민공화국정부는 공산당의 영도 아래 국가를 책임지고 이끌어나간다고 말한다. 하지만 국가의 행정조직과 공산당의 조직 사이의 밀접한 관계는 일당독재가 시행되고 있다는 것을 의미한다.

현재 중화인민공화국이 일부 사회주의국가와 달리 독재정치라는 비판으로부터 다소 자유롭게 보이는 이유는 무엇일까? 중국공산당은 자신들이 집권당일 뿐이고 다른 정당 활동을 용인하는 다당제를 실시하고 있다고 주장한다. 그들의 주장을 있는 그대로 받아들이기는 어렵다. 중국공산당은 1949년 이후 두 세대 이상 권력을 장악하고 있었음에도 불구하고, 권력을 장악한 인물의 교체가 있었다. 형식적으로 인민들로부터 권한을 위임받은 3천여 명의 전국인민대표가 국가주석을 선출하는 방식으로 인물의 교체가 이뤄지면서 일당독재의 색채를 약화시켰다.[4] 마치 민주공화정을 실시하는 국가에서 한 정당이 장기집권을 하면서도 투표라는 행위를 통해 절차적 정당성을 확보하고 독재의 색깔을 엷게 만드는 것과 유사하다.

중화인민공화국에서 집권당의 변화 없이 최고 권력자의 인물교체가 이뤄지는 것은 어떤 면에서 동치시대 이전 청나라의 황위계승과 유사한 점을 지니고 있다. 청나라 황제의 자리가 황제의 아들들 가운데 누군가에게 돌아갔듯이, 중화인민공화국의 국가주석도 공산당의 지도자들 가운데 누군가에게 돌아간다. 물론 황제는 혈통에 의해 결정되고, 국가주석은 조직에 의해 선출되는 과정을 거친다는 차이가 있다.[5] 하지만 특정 집단의 구성원이 아니면 최고 권력에 도달할 수 없다는 점에서 유사하다.

중국공산당 중앙정치국 상무위원회[이하 상무위원회]는 군기처와 비교될 수 있다. 현재 중앙정치국 상무위원회의 위원은 9명으로 구성된다.[6] 상무위원회는 형식적으로 본다면 행정조직이 아니고, 중국공산당의 중앙기구일 뿐이다. 하지만 그 구성원에 국가주석, 인민대표대회 상무위원장, 국무원총리, 정치협상회의주석, 국가부주석, 국무원부총리 등이 포함되기 때문에 실질적인 최고 권력기구라고 할 수 있다. 이는 청나라의 군기대신들이 중앙이나 지방의 주요 관직을 겸임하면서 중요한 정책 결정에 참여했던 것과 유사하다. 중국처럼 규모가 큰 국가는 왕정이든 공화정이든 최고 통치자가 혼자서 모든 국정을 처리하는 것이 불가능하고, 매일 회의를 열 수도 없기 때문에 중요한 사안을 결정하는데 자문기구의 도움을 받지 않을 수 없다.[7]

청나라의 독특한 제도 가운데 하나가 만성(滿城)이다. 만성은 정복자로서 만주인이 한인들을 무력으로 감시하는 성격을 지녔고 군사적 요충지에 설치되었다. 만성에는 팔기들이 거주하였고, 주(州)·현(縣)과 같은 지방행정조직보다 위에서 지역과 한인 지방관을 감시하였다. 중화인민공화국에는 국가행정조직과 별도로 8천만 명의 당원을 지닌 중국공산당의 조직망이 중앙으로부터 지방까지 구축되어 있다.[8] 중국공산당의 조직은 좋은 의미에서 행정조직을 견제하고, 나쁜 의미에서 통제한다. 당 조직은 만성보다 훨씬 더 체계적이고 방대하며, 사실상 행정조직과 병존한다고 볼 수 있다.

만주인은 입관한지 한 세대 이후에 비로소 명실상부한 중국의 통치세력이 되었고, 다시 한 세대가 지난 뒤에 당시 세계에서 가장 강력한 국가로 발돋움하였으며, 한 세기 동안 번영하였다. 중국공산당도 건국 이후 한 세대 이후에 비로소 세계를 향해 문호를 열었고, 다시 한 세대가 지난 뒤에 미국과 함께 세계에서 2강 체제를 구축하게 되었다. 앞으로 중화인민공화국의 미래가 어떻게 될 것인가를 예측하기는 어렵다. 다만 안정적인 번영을 지속하기 위해서는 청나라의 사례에서 교훈을 삼을 필요가 있을 것이다.

19세기 이후 청나라가 쇠퇴하게 된 이유는 먼저 군사력의 약화 때문이었다. 군사력의 약화는 청나라를 세우는데 결정적으로 공헌했던 팔기의 무기력에서 비롯되었으며, 그 근본적인 원인은 재정적인 문제에 있었다. 강희제는 재위 50주년(1712)을 기념하여 인두세를 고정시키고 토지세에 합산하여 과세하였다. 그 뒤로 세금의 총량은 늘어나기 어려웠고 건륭시대 이후에 재정지출이 증가하게 되었다. 만주인의 숫자는 늘어나고 그들의 특권을 보장해주기 위해 많은 재원이 필요하였지만 왕조의 세수로는 그것을 감당할 수 없었다. 늘어나는 인구를 감당하기 위해서는 더 많은 지방관이 필요하였지만, 그 역시 중앙의 재정으로 늘리기 어려웠다. 결국 인구가 증가함에 따라 통제범위를 벗어난 백성들이 등장하고, 과거에 비해 상대적으로 나빠진 팔기의 처우는 그들의 전투력을 약화시켰고 무기력하게 만들었다. 가경제가 재위에 있었지만, 사실상 건륭제가 권력을 쥐고 있을 때, 백련교도의 반란이 발생하여 많은 군사비를 지출하게 되었고, 청나라의 재정상황은 더 악화되었다. 한번 악화된 재정상황은 호전되지 못하였다. 가경제 이후의 황제들은 늘 절검을 강조하였고, 도광제는 옷을 꿰매서 입을 정도였다고 한다.

청나라의 쇠퇴에 관련하여 정치적인 문제도 간과할 수 없다. 건륭시대 후반 이후 등장한 허선(和珅)을 비롯한 권신들은 황제의 권위가 예전과 같지 않음을 보여주는 사례들이었다. 권신들이 존재했다는 사실은 무엇을 의미하는가? 그것은 황제의 권력을 등에 업고 부정을 저지를 가능성이 높아졌고, 황제는 알았든 몰랐든 그것을 묵인하였음을 의미한다. 청나라 왕조체제의 황제는 만주인과 한인, 남방한인과 북방한인 사이의 경쟁관계에서 균형을 잡는 역할을 하였다. 황제 권위의 약화는 권신을 존재하게 만들고 권신의 존재는 부정한 재산축적의 길을 터주게 되었다. 부정한 재산축적은 왕조의 재정을 악화시키고 마땅히 돈이 필요한 때나 장소에 돈을 지출할 수 없게 만들었다.

청나라와 중화인민공화국의 정치체제는 다르지만 넓은 영토에 다양한 민족이 살고 있다는 공통점을 지니고 있다. 과거 청나라의 역사를 되짚어보았을 때, 중화인민공화국이 부강한 국가로 오래 지속되기 위한 조건은 무엇일까? 국가주석이 주재하는 중앙정치국 상무위원회는 국가와 공산당의 여러 기구와 조직들 사이에서 균형을 잡아야 한다. 그리고 중국공산당 안의 특정 계파가 생겨나서 그 계파가 여러 기구와 조직들을 비롯하여 중앙정치국 상무위원회나 국가 주석을 독점하게 해서는 안 된다. 현재 중화인민공화국이 비교적 정치·경제·사회적 안정을 유지하고 있는 이유는 중국공산당의 통치력도 통치력이지만 여러 계파들 사이의 견제가 이뤄지고 있기 때문이다. 중화인민공화국의 권력 변화에서 보이는 절차적 민주주의와 긴장은 사회·경제의 안정을 가능하게 하고 있는 것이다.

우리는 청나라와 중화인민공화국 사이의 몇몇 유사한 모습만을 가지고, 섣불리 후자가 전자의 유산이라고 하기는 곤란한 점이 없지 않다. 하지만 청나라의 정치구조에 대한 전반적인 분석을 통해서 둘 사이의 연관성을 분석하는 단초를 제공할 수 있을 것이라고 생각한다.

중국사연구자의 길을 걸어온 세월이 이십년이고, 대학에서 학생들에게 중국사를 가르쳐온 시간이 십삼년이다. 막연하게 마흔 살이 되면 책 하나 쓸 수 있을 것이라고 생각하면서 살았었다. 그러다가 책 한 권 쓰지 못한 채 마흔 살이 넘어버렸다. 2011년 5월 1일에 한국연구재단의 저술지원 사업의 지원으로 "견제받는 권력-만주인 청나라의 정치구조, 1616~1912"라는 과제를 시작하였다. 이미 과제지원 기간은 끝났고, 2016년 4월 30일이 성과제출 마감이다. 이제 시간에 쫓겨서 책을 마무리하였다.

학술지에 발표하는 논문과 세상에 내놓는 책은 각각 주말드라마와 영화에 비유될 수 있다고 생각한다. 드라마는 시간과 공간의 제약 속에서 만들어지고, 영화는 상대적으로 그런 제약으로부터 자유롭다. 논문은 시간과 지면의 제약 속에서 세밀한 주제를 다루고, 책은 상대적으로 그런 제약으로부터 자유롭게 큰 주제를 다룬다. 영화가 드라마보다 더 폭넓은 주제를 다룰 수 있는 것처럼, 책도 논문보다 더 폭넓은 주제를 다룰 수 있다. 영화와 책이 드라마나 논문보다 자신의 관심사가 무엇이고 어떤 색깔을 가지고 있는지 더 잘 보여줄 수 있는 틀이다.

책이 내 자신의 관심사와 색깔을 잘 드러낼 수 있는 틀인데, 첫

작업에서 그 틀을 온전히 활용하지 못하고 말았다. 초등학교 문을 들어선 이후 지금까지도 줄곧 방학이 끝날 때가 되면 후회하였다. 겨울방학 말미에 이 책을 내면서 일을 더 잘 준비하고 진행했어야 했다고 후회한다. 다음에는 잘 좀 해보자고 다짐한다.

과제가 진행되는 동안 학교를 옮겼고, 대학 입학 이후 떠났던 광주로 돌아왔다. 내가 자란 곳인데 모르는 것들이 많았다. 학창시절, 내가 집과 학교를 오갈 때 그 밖의 공간은 어떤 곳이고 무슨 일이 벌어지고 있었는지 몰랐던 것이다. 이제 제대로 광주시민이 될 때이다.

지난 날 성신여대의 등나무 밑에서 담소를 나누던 교수들과 사학과 학생들은 내게 큰 힘이 되었고, 광주시민으로서 교육하고 연구하는데 가족, 역사교육과 학생, 동료들은 내게 힘이 되고 있다. 감사드린다.

전남대학교 사범대 3호관 116호에서

2016년 2월 25일 이영옥 씀.

사료

『朝鮮王朝實錄』

『明淸實錄』(北京愛如生數字化技術硏究中心 製作)

『明史』

『淸史稿』

『淸史列傳』

『大淸會典』

『han i araha manju gisun i bleku bithe 御製淸文鑑』, 효성여대출판부 영인본(1707).

『淸文總彙』, 光緖23年刊本.

林基中 編, 『增補燕行錄叢刊·申忠一建州見聞錄』, 동국대출판부, 2013.

翁同龢, 陳義杰 整理, 『翁同龢日記』 第二册, 中華書局, 1998.

于浩輯, 『明淸史料叢書八種－天總臣工奏議』, 北京圖書館出版社, 2005.

張開沅 主編, 『淸通鑑』, 岳麓書社, 2000.

中國史學會 編, 『戊戌變法』, 上海人民出版社, 2000.

李民寏, 「建州聞見錄」, 『紫巖集』 卷6(韓國文集叢刊82), 民族文化推進會, 1992.

中國第一歷史檔案館·中國社會科學院近代史研究所 譯註,『滿文老檔』, 中華書局, 1990.
康有爲,『康有爲政論集』, 中華書局, 1981.
近代史資料編輯室編,『楊儒庚辛存稿』, 中國社會科學出版社, 1980.
胡濱 譯,『英國藍皮書有關義和團運動資料選譯』, 中華書局, 1980.
遼寧大學歷史系編,『清太宗實録稿本』, 遼寧大學出版社, 1978.
李鴻彬,『清朝開國史略』, 齊魯書社, 1977.
東洋文庫清代史研究室,『舊滿洲檔』, 東洋文庫, 1975.
王秀楚,『揚州十日記』, 廣文書局, 1971.
朱子素,『嘉定屠城紀略』, 廣文書局, 1971.
王嵩儒,「譯書」,『掌固零拾』卷1(近代中國史料叢刊 第1編 0036, 文海出版社, 1967.
國家檔案局 明淸檔案館編,『義和團檔案史料』, 中華書局, 1959.
謝國植,『南明史略』, 人民出版社, 1957.
中國史學會編,『辛亥革命』, 上海人民出版社, 1957.

滿文老檔研究會 譯註,『滿文老檔 I』, 東洋文庫, 1955.

단행본

〈한글 저서〉

유장근,『현대중국의 중화제국 만들기』, 푸른역사, 2014.
구범진,『청나라, 키메라의 제국』, 민음사, 2012.
이영,『왜구와 고려·일본 관계사』, 혜안, 2011.
신채식,『宋代 皇帝權研究』, 한국학술정보, 2010.

계승범, 『조선시대 해외파병과 한중관계, 푸른역사, 2009.
한명기, 『정묘·병자호란과 동아시아』, 푸른역사, 2009.
윤성익, 『명대 왜구의 연구』, 경인문화사, 2008.
오금성 외, 『명청사회경제사』, 이산, 2007.
윤휘탁, 『'신중화주의': 중화민족대가정 만들기와 한반도』, 푸른역사, 2006.
송미령, 『청대 정책 결정기구와 정치세력』, 혜안, 2005.
이화여자대학교 중국여성사연구실 엮음, 『중국여성, 신화에서 혁명까지』, 서해문집, 2005.
임계순, 『淸史－만주족이 통치한 중국』, 신서원, 2004.
국사편찬위원회편, 『한국사29』, 탐구당, 2003.
이은자, 『의화단운동 전후의 산동－민간종교결사와 권회에 관한 연구』, 고려대출판부, 2002.
蔡鴻源 主編, 『民國法規集成』 6, 黃山書社, 1999.
한국역사연구회, 『한국역사 속의 전쟁』, 청년사, 1997.
민두기, 『辛亥革命史－중국의 共和革命(1903~1913)』, 민음사, 1994.
서울대학교 동양사학연구실 편, 『강좌중국사Ⅵ』, 지식산업사, 1989.

〈한글 번역서〉

패멀라 카일 크로슬리, 양휘웅 옮김, 『만주족의 역사』, 돌베개, 2013.
이매뉴얼 C. Y. 쉬, 조윤수·서정희 옮김, 『근·현대중국사(상)』, 까치, 2013.
케네스 리버살 지음, 김재간·차창훈 옮김, 『거버닝 차이나－현대 중국정치의 이해』, 심산, 2013.
진이·선이링, 주수련 옮김, 『서태후와 궁녀들』, 글항아리, 2012.
모리 가즈코 지음, 이용빈 옮김, 『현대중국정치－글로벌 강대국의 초상』, 한울아카데미, 2012.

가이즈카 시게키·이토 미치하루, 배진영·임대희 옮김, 『중국의 역사－선진시대』, 혜안, 2011.
윤영인 외, 『외국학계의 정복왕조 연구시각과 최근의 연구동향』, 동북아역사재단, 2010.
이블린 S. 로스키, 구범진 옮김, 『최후의 황제들－청 황실의 사회사』, 까치, 2010.
李治亭 主編, 편집부 옮김, 『동북통사·하』, 동북아역사재단(내부자료), 2010.
마크 C. 엘리엇, 이훈·김선민 옮김, 『만주족 청제국』, 푸른역사, 2009.
이시바시 다카오, 홍성구 옮김, 『대청제국』, 휴머니스트, 2009.
막스 베버, 김현욱 옮김, 『프로테스탄티즘윤리와 자본주의정신/사회학의 근본개념』, 동서문화사, 2009.
토마스 바필드, 윤영인 옮김, 『위태로운 변경』, 동북아역사재단, 2009.
강톨가 외, 김장구·이평래 옮김, 『몽골의 역사』, 동북아역사재단, 2009.
레지널드 존스턴, 김성배 옮김, 『자금성의 황혼』, 돌베개, 2008.
옌 총니엔, 장성철 옮김, 「대청제국 12군주열전(하)』, 산수야, 2007.
왕징룬, 이영옥 옮김, 『중국의 황태자교육』, 김영사, 2007.
크리스타 뒤르샤이트, 김종수 옮김, 『문자언어학』, 유로, 2007.
줄리아 로벨, 김병화 옮김, 『장성, 중국사를 말하다』, 웅진 지식하우스, 2007.
마키아벨리, 김경준 해제, 『권력의 법칙』, 원앤원북스, 2007.
데라다 다카노부, 서인범·송정수 옮김, 『중국의 역사－대명제국』, 혜안, 2006.
니콜라 디 코스모, 이재정 옮김, 『오랑캐의 탄생』, 황금가지, 2005.
전목 著, 김준권 譯, 『강좌중국정치제도사』, 한국학술정보, 2005.

필립 큔, 이영옥 옮김, 『영혼을 훔치는 사람들』, 책과함께, 2004.
아마코 사토시, 임상범 옮김, 『중화인민공화국 50년사』, 일조각, 2004.
레이 황, 김한식 외 옮김, 『만력15년-아무 일도 없었던 해』, 새물결, 2004.
레이황, 홍광훈·홍순도 옮김, 『중국, 그 거대한 행보』, 경당, 2002.
누노메 조후·구리하라 마쓰오 외, 임대희 옮김, 『중국의 역사-수당오대』, 혜안, 2001.
무라이 쇼스케, 이영 옮김, 『중세왜인의 세계』, 소화, 1998.
미타무라 다이스케, 하혜자 옮김, 『환관』, 나루, 1995.
페어뱅크 외, 『동양문화사』, 을유문화사, 1991.
조너선 D. 스펜스, 김희교 옮김, 『현대중국을 찾아서1』, 이산, 1989.
小島晋治·丸山松幸, 朴元熇 譯, 『中國近現代史』, 知識産業社, 1989.
제이데이 바르부, 임철규 역, 『역사심리학』, 창작과비평사, 1983.

〈중문 저서〉

馬忠文, 『晚清人物與史事』, 北京師範大學出版社, 2015.
茅海建, 『苦命天子』, 三聯書店, 2013.
陳茂同, 『中國歷代職官沿革史』, 昆侖出版社, 2013.
桑兵, 『庚子勤王與晚清政局』, 北京大學出版社, 2013.
陳捷先, 『慈禧寫真』, 商務印書館, 2011.
吳相湘, 『晚清宮廷實記』, 中國大百科全書出版社, 2009.
雷頤, 『李鴻章與晚清四十年』, 山西人民出版社, 2009.
閻崇年, 『明亡清興六十年』, 中華書局, 2007.
朱子彦, 『多維視角下的皇權政治』, 上海人民出版社, 2007.
趙志強, 『清代中央決策機制研究』, 科學出版社, 2007.

劉小明,『滿族從部落到國家的發展』, 中國社會科學出版社, 2007.

周良宵,『皇帝與皇權』, 上海古籍出版社, 2006.

蕭一山,『淸代通史』, 華東師範大學出版社, 2005.

古鴻廷,『淸代官制硏究』, 五南圖書出版公司, 2005.

高中華,『肅順與咸豊政局』, 齊魯書社, 2005.

王鍾翰,『王鍾翰淸史論集』 第1册, 中華書局, 2004.

艾永明,『淸朝文官制度』, 商務印書館, 2003.

劉偉,『晚淸督撫政治』, 湖北敎育出版社, 2003.

白新良,『淸代中樞決策硏究』, 遼寧人民出版社, 2002.

關文發,『嘉慶帝』, 吉林文史出版社, 1999.

吳汝綸,『桐城吳先生日記』, 河北敎育出版社, 1999.

張晋藩 主編,『淸朝法制史』, 中華書局, 1998.

張德信,『明朝典制』, 吉林文史出版社, 1996.

朱維錚,『音調未定的傳統』, 遼寧敎育出版社, 1995.

劉鳳雲,『淸代三藩硏究』, 中國人民大學出版社, 1994.

徐立亭,『咸豊·同治帝』, 吉林文史出版社, 1994.

徐徹,『慈禧大傳』, 遼沈書社, 1994.

侯宜杰,『袁世凱全傳』, 當代中國出版社, 1994.

孫文范·馮士鉢·于伯銘,『道光帝』, 吉林文史出版社, 1993.

丁賢俊 編,『伍廷芳集』, 中華書局, 1993.

徐連達,『中國歷代官制詞典』, 安徽敎育出版社, 1991.

錢實甫 編,『淸代職官年表』, 中華書局, 1987.

臧雲浦·朱崇業·王雲度,『歷代官制·兵制·科擧制表釋』, 江蘇古籍出版社, 1987.

駱惠敏 編, 劉桂梁 等譯,『淸末民初政情內幕』, 知識出版社, 1986.

劉厚生,『張謇傳記』, 上海書店, 1985.
秦國經,『遜清皇室軼事』, 紫禁城出版社, 1985.
章開沅·林曾平 主編,『辛亥革命史』, 人民出版社, 1981.
戴逸 主編,『簡明清史』, 人民出版社, 1980.
李劍農,『戊戌以後三十年中國政治史』, 中華書局, 1980.
溥儀,『我的前半生』, 中華書局, 1977.
羅家倫 主編,『黃克强先生全集』, 裕臺公司中華印刷廠, 1973.
劉秉麟,『中國近代外債史稿』, 三聯書店, 1962.
吳晗·費孝通,『皇權與紳權』, 觀察社, 1948.
賈士毅,『民國財政史』, 上海書店, 1917.

〈일문 저서〉

岡田英弘編,『清朝とは何か』, 藤原書店, 2009.
石橋秀雄,『清代史研究』, 綠蔭書房, 1989.
楢木野宣,『清代重要職官の研究』, 風間書房, 1975.
板野正高,『近代中國政治外交史』, 東京大學出版社, 1973.

〈한글 논문〉

한승현,「清朝의 南·北人 관료임용 정책(1644-1795)」,『역사학보』 221, 2014.
金誠贊,「咸豊帝 遺詔의 歷史的 意味－皇太后大權 傳統의 視覺에서 본」,『중국근현대사연구』 제53집, 2012.03);「辛酉政變(1861)과 太后大權論」,『역사와 경계』, 2012.03.
민홍기,「清末 總理衙門의 성립과 개편－1860~1876년 政局변화와 관련하여-」, 중앙대학교 석사학위논문, 2011.02.

김선민, 「만주제국인가 청제국인가-최근 미국의 청대사 연구동향을 중심으로」, 『사총』 71, 2011.

홍성구, 「명청시대사 연구의 경향: “연행학(燕行學)”과 청사(淸史) 연구를 위한 탐색」, 『역사학보』 제207집, 2010.

송미령, 「淸 康熙帝의 皇太子 결정과 그 位相」, 『明淸史硏究』 제33집, 2010.

한주현, 「西太后의 政治權力 硏究: 義和團運動時期를 중심으로」, 조선대학교 석사논문, 2009.

전순동, 「명대 전기 환관의 추이와 기능」, 『중국사연구』 제61집, 2009.

이영옥, 「청말 만주족의 지위하락과 반만정서」, 『중국근현대사연구』 39, 2008; 「1840년 천조의 풍경 하나-오랑캐의 전화로부터 ‘천조’ 지키기」, 『明淸史硏究』 제33집, 2010; 「만주인의 흔적 찾아내기」, 『梨花史學硏究』 第42輯, 2011; 「청나라의 정치구조 변화, 1850~1864」, 『중국사연구』 제93집, 2014; 「萬壽無疆: 자희태후의 생일 잔치」, 『역사와 경계』 제47집, 2015.

崔震奎, 「淸의 中國支配와 筆帖式」, 『中國史硏究』 第46輯, 2007.

이윤상, 「일제하 ‘조선왕실’의 지위와 이왕직의 기능」, 『한국문화』 40, 2007.

차경애, 「의화단운동 진압전쟁으로 인한 한국의 국제적 환경의 변화와 대응」, 『명청사연구」 제24집, 2005; 차경애, 「의화단운동 진압전쟁이 한국의 사회·경제에 미친 영향」, 『중국현대사연구』 제23집, 2004.

이지선, 「직원록(職員錄)을 통해 본 이왕직(李王職)의 직제(職制) 연구」, 『동양음악』 26, 2004.

서인범, 「명대 북경의 사찰 造營과 宦官」, 『동양사학연구』 제96집, 2006; 「명대 연납제와 군호」, 『역사학보』 제174집, 2002.

노기식, 「중국의 滿-漢 민족관계에 대한 연구 동향」, 『중국의 민족·변강 문제 연구동향』, 고구려연구재단, 2005; 「滿洲의 興起와 동아시아 秩序의 變動」, 『中國史硏究』 제16집, 2001.

이성구, 「중국의 황제」, 『역사비평』 54호, 2001.02.

유승주, 「丙子胡亂의 戰況과 金化戰鬪 一考」, 『史叢』 55, 2002.

권인용, 「명말청초의 역법변화와 이갑제」, 『역사학보』 제169집, 2001.

吳金成, 「明·淸 王朝交替와 紳士」, 『中國學報』 第43輯, 2001.

김종건, 「19세기말 산동지역 반교회활동과 초기 의화단운동」, 경북대 박사학위논문, 1996.

崔熙在, 「光緖初 淸議經世論의 발전과 그 지향」, 『史學志』 제29집, 1996.

차경애, 「의화단운동과 제국주의열강: 의화단운동의 진압과정을 중심으로」, 이화여대 박사학위논문, 1994.

김종박, 「명대 부역제도의 변천과정」, 『명청사연구』 제1집, 1992.

최정연·이범학, 「명말·청초 세역제도의 개혁과 신사의 존재형태」, 『역사학보』 제114집, 1987.

성백인, 「初期 滿洲語 辭典들에 대하여」, 『東方學志』 52, 1986.

表敎烈, 「西太后政權의 成立過程에 대하여-辛酉政變의 再檢討」, 『동양사학연구』 제21집, 1985.

김종원, 「丁卯胡亂時 後金의 출병동기-후금의 사회발전과정에서의 사회경제적 제문제와 관련하여-」, 『東洋史學硏究』 제12·13집, 1978.

〈중문 논문〉

戴海斌, 「試析1900年"東南互保"中的幾個問題」, 『歷史檔案』 2014-01.

葛夫平, 「建國以來第二次阿片戰爭史研究綜述」, 『史林』 2014-02.

薛柏成, 「慈禧家世史料－『德賀訥世管佐領接襲家譜』再論」, 『延邊大學學報』 2014-02.

崔志海, 「新中國成立以來的國內義和團運動史研究」, 『史學月刊』 2014-09.

孫成德, 「乾隆皇帝用檔案爲多爾袞平反」, 『檔案春秋』 2013-05.

信海光, 「重建圓明園眞的不可以嗎?」, 『創新時代』 2012-01.

栾曄, 「清末帝, 后黨爭之起因, 措施與結局新論」, 『滿族研究』 2012-01.

高中華, 「肅順與曾國藩集團關係述論」, 『中國國家博物館館刊』 2012-03.

王開璽, 「辛酉政變前後兩道諭旨考論」, 『歷史研究』 2012-04.

張雲峰, 「再論戊戌變法中的張之洞」, 『滄桑』 2011-01.

韓永福·霍華, 「順治皇帝禮葬多爾袞詔書」, 『歷史檔案』 2011-02.

劉志鵬·方艷華, 「義和團運動110周年國際學術討論會綜述」, 『貴州社會科學』 2011-03.

邱濤·鄭匡民, 「戊戌變法前日中結盟活動」, 『近代史研究』 2010-01.

常建華, 「國家認同－清史研究的新視角」, 『清史研究』 2010-02.

茅海建, 「戊戌變法期間張之洞之子張權, 之侄張檢, 張彬的京中密信」, 『中華文史論叢』 2010-03.

丁健, 「奕劻與辛亥袁世凱再起」, 『江西師範大學學報』 2010-04.

張琼, 「清代皇帝大閱與大閱甲冑規制」, 『故宮博物院院刊』 2010-06.

陳力·李水紅, 「危機中的變革－太平天國運動前後滿漢關系: 以湘軍爲中心」, 『陰山學刊』 2010-08.

汪榮祖, 「記憶與歷史: 葉赫那羅氏個案論述」, 『中央研究院近代史研究所輯刊』 第64期, 2009.

雷家聖, 「失落的眞相－晚淸戊戌變法時期的‘合邦’論與戊戌政變的關係」, 『中國史硏究』 第61輯, 2009.
王遠志, 「30年來中法戰爭硏究述評」, 『軍事歷史硏究』 2009-01.
劉慶華, 「慈禧太后家世新正－『德賀訥世管佐領接襲家譜』硏究」, 『滿族硏究』 2009-02.
步平, 「改革開放與中國近代史硏究」, 『近代史硏究』 2009-05.
孫昉·孫向群, 「己亥建儲與晚淸政治危機」, 『北方論叢』 2009-05.
吳雲翔, 「東南互保與晚淸地方實力派的崛起」, 『中州學刊』 2009-05.
王蓮英, 「近二十年辛酉政變硏究綜述」, 『燕山大學學報』 2009-09.
艾麗, 「從文館到內三院看淸初政治選擇」, 華東師範大學碩士論文, 2008.
定宜莊, 「由美國的“新淸史”硏究引發的感想」, 『淸華大學學報』 2008-01.
陳國慶·曹金生, 「揚州大屠殺的遇難人口考證」, 『哈爾濱學院學報』 2008-02.
孟昭信, 「堅拒誘降與相機議和－三談毛文龍的評價問題」, 『東北史地』 2008-03; 「“東江移鎭”及相關問題辨析－再談毛文龍的評價問題」, 『東北史地』 2007-05; 「抗淸功績不可泯－試談毛文龍評價問題」, 『東北史地』 2007-01.
羅志田, 「近三十年近代史硏究的‘變’與‘不變’－幾點不系統的反思」, 『社會科學硏究』 2008-06.
劉鴻亮, 宋琳, 「明淸兩朝紅夷大炮的射程問題再析」, 『歷史檔案』 2007-04.
潘洪鋼, 「淸代駐防八旗與漢族通婚情況蠡測」, 『中南民族大學學報』 2007-05.
劉海峰, 「“穆黨”對道光朝晚期吏治的影響」, 『史學月刊』 2007-03.
沈一民, 「淸初的筆帖式」, 『歷史檔案』 2006-01.
唐博, 「一个軍機大臣眼中的嘉慶皇帝」, 『地圖』 2006-01.
王維江, 「從淸流到淸流黨」, 『史林』 2006-01.
姚大力·孫靜, 「“滿洲”如何演變爲民族」, 『社會科學』 2006-07.

白新良, 「康熙擒鰲拜時間考」, 『滿族研究』 2005-03.
馮爾康, 「從召見臣工看道光帝, 鹹豐帝的理政和性格－以召見張集馨, 段光清爲例」, 『江漢論壇』 2005-04.
關威, 「對李鴻章在中法戰爭中幾個問題的再認識」, 『重慶社會科學』 2005-12.
趙世瑜, 「明清史與近代史－一個社會史視角的反思」, 『學術研究』 2005-12.
傅禮白, 「宋代樞密院的失勢與軍事决策權的轉移」, 『史學月刊』 2004-02.
鄭正偉, 「中法交涉曾紀澤對紅江通商與黑旗軍處置議案的策略」, 『史學月刊』 2004-03.
黃一農, 「紅夷大炮與皇太極創立的八旗漢軍」, 『歷史研究』 2004-04.
高進, 「奴爾哈赤確立八王共治制度心理問題研究」, 『北方文物』 2003-02.
高勇, 「天花與皇太極對明戰爭」, 『內蒙古社會科學』 2003-03.
申學鋒, 「晚淸戶部與內務府財政關係探微」, 『淸史研究』 2003-03.
歐陽躍峰, 「義和團運動時期慈禧太后心理剖析」, 『史學月刊』 2003-04.
王開璽, 「辛酉政變與正統皇權思想－慈禧政變成功原因再檢討」, 『淸史研究』 2002-04.
謝俊美, 「辛亥革命時期的軍政府述論」, 『歷史教學問題』 2001-04.
喬志强, 趙璐, 「戊戌時期康有爲, 張之洞關係略論」, 『西安教育學院學報』 2001-12.
李志武, 「試論宣統二年江春霖參劾奕劻案」, 『中山大學研究生學刊』 2002-01.
張禮恒, 「論辛亥革命期間伍廷芳與革命黨人的關係」, 『近代史研究』 2002-01.
王秋方, 「淸初"平定三藩"的珍貴史料－《康熙招撫夏國相勅諭》」, 『中國歷史文物』 2002-05.
龔書鐸·董貴成, 「百年來中國近代史研究回顧」, 『東南學術』 2000-03.
喻大華, 「慈禧爲何選擇載灃攝政」, 『紫禁城』 2000-04.
中國第一歷史檔案館, 「平定三藩時期御史奏章」, 『歷史檔案』 1999-01.

王運生,「唐代政事堂制度研究」,『社會科學研究輯刊』 1999-04.
張怡梅,「略論戊戌變法時期光緒皇帝的傾向性」,『河北師範大學學報』 1999-04.
張華騰,「袁世凱與唐紹儀關係述論」,『歷史檔案』 1998-02.
舒文,「翁同龢開缺原因新探」,『清華大學學報』 1998-03.
李喜所,「關于戊戌變法失敗原因的歷史反思」,『史學月刊』 1998-04.
李鴻彬,「皇太極與火砲」,『歷史檔案』 1997-02.
趙令志,「再論"計丁授田"問題」,『中央民族大學學報』 1997-04.
徐懷寶,「後金"計丁授田"問題探討」,『首都師範大學學報』 1997-04.
吳景平,「關於近代中國外債史研究對象的若干思考」,『歷史研究』 1997-04.
黃宇和,「帝國主義新析－第二次阿片戰爭探索」,『近代史研究』 1997-04.
楊華山,「肅順新論」,『學術月刊』 1997-06.
高翔,「略論清朝中央勸力分配體制－對內閣, 軍機處和皇權關係的再認識」,『中國史研究』 1997-04;「也論軍機處, 內閣和專制皇權－對傳統說法之質疑, 兼析奏摺制之源起」,『清史研究』 1996-02.
陳潮,「慈禧策動辛酉政變質疑」,『復旦學報』 1996-02.
林子雄,「清初兩藩攻占廣州」,『嶺南文史』 1996-03.
朱金甫,「略論《大清會典》的編修」,『故宮博物院院刊』 1995-01.
陳新田,「試論保國會」,『湖北師範學院學報』 1995-01.
趙志强,「戶部軍需房述論」,『清史研究』 1994-01;「軍機處成立時間考證」,『歷史檔案』 1990-04.
侯宜杰,「略論翁同龢開缺原因」,『清史研究』 1995-04.
周曉光,「論多爾袞－多鐸聯盟與順治初年政局」,『故宮博物院院刊』 1994-02.
李紅,「清代筆帖式」,『歷史檔案』 1994-02.
王道成,「中日甲午戰爭與慈禧太后」,『清史研究』 1994-04.

陳勇勤, 「晚淸淸流派思想硏究」, 『近代史硏究』 1993-03.
梁希哲, 「明代內閣與明代的官僚政治」, 『史學輯刊』, 1992-02.
杜家驥, 「淸代“議政處”考略」, 『淸史硏究』 1991-03.
薛虹·劉厚生, 「《舊滿洲檔》所記大淸建號前的國號」, 『社會科學輯刊』 1990-02.
朱金甫, 「論康熙時期南書房」, 『故宮博物院刊』 1990-02.
孔祥吉, 「甲申易樞與中法戰爭」, 『中國人民大學學報』 1989-01.
李鎭, 「同治究竟死于何病」, 『文史哲』 1989-06.
祝總斌, 「試論我國封建君主專制權力發展的總趨勢－附論古代的人治與法治」, 『北京大學學報』 1988-02.
蔡美彪, 「大淸國建號前的國號, 族名與紀年」, 『歷史硏究』 1987-03.
牟安世, 「論中法戰爭與雲南及黑旗軍的關係」, 『浙江學刊』 1987-05.
韓連琪, 「春秋戰國時代的郡縣制及其演變」, 『文史哲』 1985-05.
周遠廉·趙世瑜, 「論鰲拜輔政」, 『民族硏究』 1984-06.
張晋藩·郭成康, 『淸「崇德會典」試析」, 『法學硏究』 1983-03.

〈일문 논문〉

杉山淸彦, 「大淸帝國史の硏究一日本における概況と展望」, 『東洋文化硏究』 10, 2008.
山根幸夫, 「明·淸の會典」, 滋賀秀三 編, 『中國法制史－基本資料の硏究』, 東京大學出版會, 1993.
楢木野宣, 『淸代重要職官の硏究』, 風間書房, 1975.

〈영문 저서·논문〉

Mark Elliott, *The Manchu Way: The Eight Banners and Ethnic Identity in Late Imperial China*, Stanford University Press, 2001.

Paul A. Cohen, *History in Three Keys: The Boxers as Event, Experience, and myth*, Columbia University Press, 1998; 柯文, 『歷史三調: 作爲事件, 經歷和神話的義和團』, 江蘇人民出版社, 2000).

PING-TI HO, "In Defense of Sinicization: A Rebuttal of Evenly Rawski's "Reenvisioning the Qing" ", The Journal of Asian Studies, vol.57, No.1(1998).

Ray Huang, *Taxation and Governmental Finance in Sixteenth Century Ming China*, Cambridge Univ. Press, 1990.

Frederic Wakeman, Jr., *The Fall of Imperial China*, The Free Press, 1975.

Wook Yoon, "Prosperity with the Help of "Villains," 1776-1799: A Review of the Heshen Clique and Its Era", T'OUNG PAO, V.98, Issue 4-5, 479-527, 2012.(→ 윤욱, 「和珅集團과 건륭말기에 대한 재평가(1776-1799)」, 김선민·윤욱·조성산·홍은희, 『동아시아의 근대, 그 중심과 주변』, 소명출판, 2013, 19~54쪽.)

G. N. Steiger, *China and the Occident: The Origin and the Development of the Boxer Movement*(Yale University Press, 1927).

■ 주석

머리말 : 만주인

1 막스 베버, 김현욱 옮김, 『프로테스탄티즘윤리와 자본주의정신/사회학의 근본개념』, 동서문화사, 2009, 403쪽. 사전적 의미의 정의는 국립국어원에서 제공한 네이버의 국어사전 참조.

2 나는 이미 발표된 논문들에서 '만주족'이라는 용어를 사용한 적이 있는데, 앞으로는 '만주인'이라는 용어를 사용하려 한다. 왜냐하면 먼저, 중국에서 청말민초부터 주로 한인들에 의해 부정적인 의미로 사용된 '만주족(滿族)'이라는 용어가 그 이전의 시기를 서술하는데 적절하지 않다고 여기게 되었기 때문이다. 또한, 개인적으로 '만주족'이라는 용어를 사용할 때 '민족'(nation)을 떠오르는 혼란을 피하기 위한 선택이기도 하다. 다만, 이 용어에 대해서는 좀 더 설득력 있는 근거가 필요할 것이라고 생각한다. '만주족'이라는 용어와 관련하여 '滿淸'이라는 용어가 지닌 의미에 대해서는 다음을 참조. 졸고, 「청말 만주족의 지위하락과 반만정서」, 『중국근현대사연구』 39, 2008, 1~3쪽.

3 과거 중국의 역사학계에서는 청나라의 入關을 "명말 농민전쟁의 과실을 몰래 빼앗은" 행위라고 평가를 절하한 적도 있다. 戴逸 主編, 『簡明淸史』, 人民出版社, 1980, 1쪽.

4 토마스 바필드, 윤영인 옮김, 『위태로운 변경』, 동북아역사재단, 2009, 541~542쪽.

5 레이황, 홍광훈·홍순도 옮김, 『중국, 그 거대한 행보』, 경당, 2002, 354~361쪽.

6 吳金成, 「明·淸 王朝交替와 紳士」, 『中國學報』 第43輯, 2001, 295~317쪽.

7 紳士는 사회적 도덕적 의무를 지니고 있었지만 그 구성원의 상당수는 세제의 혜택을 받고 있었으므로 거칠기는 하지만 특권층이라고 불릴 수

있다. 蕭一山은 입관 이후 청나라가 보여준 성공은 일반 백성에 대한 감세와 사대부에 대한 엄격한 법집행을 통해 민심을 얻고, 관직을 통해 사대부를 회유할 수 있었기 때문에 가능했다고 본다. 즉 회유와 강압이라는 양면정책을 효과적으로 사용하였기 때문이라고 여긴다. 蕭一山, 『清代通史』, 華東師範大學出版社, 2005, 14~15쪽.

8 사실 이것은 청나라라는 왕조에서 만주인의 주도권을 어느 정도 인정하느냐는 문제와 관련이 있다. 나는 한인 신사의 협조를 중시하는 관점이 국가권력의 우월한 힘을 인정하면서도 자신들이 독자성을 가지려 하고, 갖고 있다고 믿는 엘리트적 속성에서 비롯되었다고 생각한다. 왜냐하면 한인 신사의 협조를 중시할수록 '大清'의 시대를 연 만주인의 주도권은 그에 반비례해서 낮아질 수밖에 없기 때문이다.

9 이시바시 다카오, 홍성구 옮김, 『대청제국』, 휴머니스트, 2009, 102~135쪽.

10 岡田英弘編, 『清朝とは何か』, 藤原書店, 2009, 14·59~63쪽.

11 만주인과 한인 사이의 관계에 대한 최근 10년 중국의 연구성과를 정리하고 평가한 글은 다음을 참조. 노기식, 「중국의 滿-漢 민족관계에 대한 연구 동향」, 『중국의 민족·변강문제 연구동향』, 고구려연구재단, 2005.

12 閻崇年, 『明亡清興六十年』, 中華書局, 2007. 閻崇年은 명조가 멸망하고 청나라가 흥성한 역사를 통해서 분열은 쇠약·굴욕·혼란을 야기하고 통합은 흥성·영광·안정을 가져온다는 교훈을 얻어야 한다고 역설하였다. 그의 역사강좌는 1천만 명이나 되는 시청자를 확보할 정도로 인기를 끌었다.

13 이블린 S. 로스키, 구범진 옮김, 『최후의 황제들-청 황실의 사회사』, 까치, 2010, 169쪽.

14 위의 두 문단은 차례로 다음을 참조. 마크 C. 엘리엇, 이훈·김선민 옮김, 『만주족 청제국』, 푸른역사, 2009, 49·517쪽, 40~41쪽.

15 한화론을 내세우는 학자로 何炳棣를 들 수 있다. 하지만 何炳棣는 자신이 청나라의 정치구조에서 다민족 왕조의 건설과 체계적인 한화를 두 핵심적인 요소로 보았는데, 로스키가 자신의 거시적인 역사관을 의도적으로 왜곡하였다고 반박하였다. 즉, 로스키는 何炳棣의 한화에 대한 논

의만을 부각시켰다는 것이다. PING-TI HO, "In Defense of Sinicization: A Rebuttal of Evenly Rawski's "Reenvisioning the Qing" ", The Journal of Asian Studies, vol.57, No.1(1998), pp.123~155.

16 외부에서 보기에 신청사 연구로 분류할 수 있는 글을 쓰는 학자들이 모두 똑같은 목소리를 내는 것은 아니다. 2010년 파멜라 크로슬리와 마크 엘리엇은 잇따라 한국을 방문하여 고려대학교 민족문화연구원에서 강연을 하였다. 그들은 청나라의 역사에서 만주인의 역할을 주목해야 한다는 점에 동의하지만 만주인이 어느 정도 주도권을 지니고 있었는가는 생각이 좀 다르다. 크로슬리가 통합을 강조한다면 엘리엇은 독자성을 더 중시한다. 그들은 학술적으로 논쟁하고 있지만 사실상 날카롭게 감정적으로 대립하고 있는 것으로 보였다. 신청사연구자들의 계보와 엘리엇에 대한 비판은 다음을 참조. 파멜라 크로슬리, 김선민 역, 「신청사에 대한 조심스런 접근」, 윤영인 외, 『외국학계의 정복왕조 연구시각과 최근의 연구동향』, 동북아역사재단, 2010, 183~216쪽.

17 定宜莊은 2010년 4월 명청사학회 월례발표회에서 「中國清史學界近年來對美國新清史研究的回應」이라는 제목으로 신청사에 대한 비판적인 (다소 감정적인) 입장을 드러내었다. 그보다 앞서, 그녀는 미국학계에서 10여년 동안 중요하게 논의되었던 신청사에 대해 중국학자들이 관심을 가지고 진지하게 대응해야 한다고 주장한 적이 있었다. 이점은 다음을 참조. 定宜莊, 「由美國的"新清史"研究引發的感想」, 『清華大學學報』 第1期(2008).

18 2008년 7월 28일, 마크 엘리엇이 서울대 중앙유라시아연구소에서 「만주연구와 '新清史' (Manchu Study and the 'New Qing History')」라는 제목으로 강연을 하였다. 당시 한 참석자는 신청사가 20세기초 만문사료를 이용하여 청나라의 역사를 연구하던 일본연구를 잇는 것이라고 지적하였다. 즉, 신청사는 일본이 만주침략을 위해 만주인들을 이용하고, 일본 학자들은 소수민족의 중국지배에 관한 연구를 통해 침략을 정당화하는 논리를 제공하였던 과거를 떠올리게 할 수도 있다는 것이다.

19 중국정부는 과거역사를 포장함으로써 인민들에게 민족주의나 애국주의를 고취시키려 한다. 과거의 역사를 정치적으로 이용하는 중국정부의

방식은 다음을 참조. 윤휘탁, 『'신중화주의': 중화민족대가정 만들기와 한반도』, 푸른역사, 2006.

20 일본학자들도 "만주인 왕조로서 청나라"가 과거 자국의 만주침략과 관련이 있었다는 점을 부인하지 않는다. 일본에서 어떻게 청나라의 역사를 연구하기 시작하였는가를 비롯하여 현재의 동향을 잘 정리하고 있는 글은 다음을 참조. 杉山清彦, 「大清帝國史の研究ー日本における概況と展望」, 『東洋文化研究』 10, 2008, 347~370쪽.

21 최근 한국 명청사연구의 동향과, 한국적 연구시각이나 거시적 연구가 필요하다는 문제의식을 잘 보여준 글으로는 다음을 참조. 홍성구, 「명청시대사 연구의 경향: "연행학(燕行學)"과 청사(淸史) 연구를 위한 탐색」, 『역사학보』 제207집, 2010, 149·157~159쪽.

22 앞서 언급한 글 이외에 만주인의 정체성 문제와 관련하여 청나라가 망하고 민국이 등장하는 과도기의 상황과, 만주인 작가 라오서의 작품에 대한 분석을 비판한 연구로는 다음을 참조. 이영옥, 「만주인의 흔적 찾아내기」, 『梨花史學研究』 第42輯, 2011, 219~251쪽.

23 제도적 연구와 관련하여 대청회전에 대한 기존의 연구성과는 적을 뿐만 아니라, 청나라가 편찬한 회전들을 소개하는 정도이다. 다음을 참조. 朱金甫, 「略論《大淸會典》的編修」, 故宮博物院院刊, 1995-01; 山根幸夫, 「明·淸の會典」, 滋賀秀三 編, 『中國法制史－基本資料の研究』, 東京大學出版會, 1993; 杉山清彦, 「大淸帝國史研究の現在ー日本における概況と展望」, 『東亞文化研究』 10號, 365쪽.

1. 만주인의 탄생

1 조선은 16세기 중반 중종대를 거치면서 명나라에 대한 事大는 군신관계의 정도를 넘어 의리관계로 바뀌고 있었는데, 援軍의 파병은 명나라에 대한 의존을 더욱 심화시켰다. 조선과 명나라의 관계에 대한 흥미롭고 알기 쉬운 설명은 다음을 참조. 계승범, 『조선시대 해외파병과 한중관계, 푸른역사, 2009.

2 이갑제에 대한 국내외 연구성과는 다음 논문을 참조. 권인용, 「명말청초의 역법변화와 이갑제」, 『역사학보』 제169집, 2001, 111~137쪽. 명나라에서 청나라로 이어지는 향촌조직의 변화에 대해서는 다음을 참조. 송정수, 「향촌조직」, 『명청사회경제사』, 이산, 2007, 93~123쪽. 里甲制의 붕괴를 상업과 화폐경제의 성장이라는 관점에서 이해할 수도 있다. 이점은 다음을 참조. 데라다 다카노부, 서인범·송정수 옮김, 『중국의 역사－대명제국』, 혜안, 2006, 185~193쪽.

3 중국사에서 환관의 등장과 정치적 역할에 대한 전반적인 소개는 다음을 참조. 미타무라 다이스케, 하혜자 옮김, 『환관』, 나루, 1995. 명나라의 환관에 대한 좀 더 학문적인 접근과 사례 연구는 다음을 참조. 전순동, 「명대 전기 환관의 추이와 기능」, 『중국사연구』 제61집, 2009; 서인범, 「명대 북경의 사찰 造營과 宦官」, 『동양사학연구』 제96집, 2006.

4 孟子는 불효 중에서 자손이 없는 것이 가장 큰 불효라고 하였다.(『孟子』 「離婁·上」) 그의 말은 윤리적인 측면에서 접근한 것이고, 사실 현실적인 측면도 중요하였다. 왕조시대에는 사람이 곧 국가의 힘을 가늠하고 재정을 확보하는 기본이 되었기 때문에 자식을 낳을 수 없는 존재는 사회에 도움이 되지 않는다고 여겨질 수 있었다.

5 시대는 다르지만 청나라의 관료들이 민감한 문제를 처리하는 과정에서 어떻게 자신의 책임을 회피하는지를 잘 보여준 저술로는 다음을 참조. 필립 큔, 이영옥 옮김, 『영혼을 훔치는 사람들』, 책과함께, 2004.

6 현대적인 교통과 통신이 발달하지 못한 상황에서 명나라처럼 드넓은 제국을 엄격한 법률로만 통치할 수 없고 윤리와 도덕의 힘을 이용하지 않을 수 없었다. 관료들은 황제에게 천하의 모범이 될 것을 '끊임없이' 주문하였고, 그 것을 명분으로 황제의 행위를 제약하였다. 만력제의 경우는 정치로부터 거리를 두는 전략을 통해 관료들을 무시하였고, 그의 모습이 대체로 명나라 말기의 황제들의 모습이었다. 레이 황은 만력제를 비롯한 환관, 관료, 지식인들의 모습을 생동감 있게 묘사하였다. 레이 황, 김한식 외 옮김, 『만력15년－아무 일도 없었던 해』, 새물결, 2004.

7 명나라의 세역제도와 재정의 문제점에 대한 개괄적인 이해는 다음을 참조. 레이 황, 홍광훈·홍순도 옮김, 『중국, 그 거대한 행보』, 경당, 2002,

334~336쪽. 명나라의 稅制가 가진 문제점에 관한 더 구체적인 분석은 다음 논문을 참조. Ray Huang, Taxation and Governmental Finance in Sixteenth Century Ming China, Cambridge Univ. Press, 1990. 16세기 이후 토지세에 노역이 합산되어 과세되는 一條鞭法으로 바뀌게 되었다. 명나라의 세금징수제도와 명말청초의 변화에 관해서는 다음을 참조. 김종박, 「명대 부역제도의 변천과정」, 『명청사연구』 제1집, 1992; 최정연·이범학, 「명말·청초 세역제도의 개혁과 신사의 존재형태」, 『역사학보』 제114집, 1987.

8 명나라 군대의 일반적인 상황에 대해서는 다음을 참조. 레이 황, 앞의 책, 280~285쪽. 군호문제를 연납제와 관련하여 분석한 연구는 다음을 참조. 서인범, 「명대 연납제와 군호」, 『역사학보』 제174집, 2002.

9 일반적으로 해적들을 왜구라고 부르고, 원말명초의 전기왜구와 명말청초의 후기왜구로 나눈다. 일본학자들 중에서는 후기왜구에 중국인이나 조선인들이 포함되었던 것을 근거로, 해상에서 국적을 초월하여 생존을 도모하는 집단이 존재했다거나 왜구의 고려인(조선인) 주체설까지 제기하기도 한다. 해적(왜구)의 기원·조직·성격 등에 대해서는 다음을 저작들을 참조. 이영, 『왜구와 고려·일본 관계사』, 혜안, 2011; 윤성익, 『명대 왜구의 연구』, 경인문화사, 2008; 무라이 쇼스케, 이영 옮김, 『중세왜인의 세계』, 소화, 1998.

10 본문의 지도는 동북아역사재단 홈페이지의 수업자료 「16세기 동아시아의 정세와 임진전쟁」에서 인용하였음. 다얀 칸과 알탄 칸의 화북지역 약탈에서 유목민족의 약탈과 농경민족의 저항이라는 도식적인 해석보다 무역의 필요성에 대해 생각해볼 필요가 있다. 이러한 점에 대해서는 다음을 참조. 니콜라 디 코스모, 이재정 옮김, 『오랑캐의 탄생』, 황금가지, 2005.

11 王鍾翰은 부족이라는 말 대신 여진인이라고 하였는데, 나는 호칭상의 혼란을 피하기 위해 부족이라고 하였다. 王鍾翰, 「滿族在奴爾合齊時代的社會經濟形態」, 『王鍾翰清史論集』 第1册, 中華書局, 2004, 74쪽.

12 『明實錄』이나 『朝鮮王朝實錄』에 등장하는 女眞(만주인)은 여진 문자를 알지도 못하였고, 자신들의 문자도 가지고 있지 못하였다. 따라서 이 시

기 북방민족에 대한 연구는 한족이나 조선인, 혹은 몽골 문자로 된 문헌을 통해 진행될 수밖에 없었다.

13 滿文老檔研究會 譯註, 『滿文老檔 I』, 東洋文庫, 1955, 19·36쪽(이하 『滿文老檔 I』); 최동권, 『구만주당-荒子檔』, 보고사, 2007, 38·69쪽. 최동권은 주션을 만주인의 통치 아래 있는 백성이라고 보았다. 그리고 "meni jusen(新滿文의 jušen) gurun"의 경우 "우리 주션國"이라고 번역하였는데, "meni"는 우리의 소유 아래 있다는 의미이고, "jusen gurun"은 앞 문장의 호이파·울라·여허 등 주션들이 세운 나라를 가리킨다. 따라서 "우리의 주션 나라들"이라고 하는 것이 옳은 번역으로 보인다. 『滿文老檔 I』의 역주는 나의 견해와 유사하다. 이외에도 "jusen"이나 "jusen gurun"의 용례들은 최동권의 같은 책에서 71·86·98·113·175쪽을 참조. 만문사료에 나타난 "jušen"의 용례를 세밀하게 고증한 논문으로는 石橋秀雄의 「ジュシェンjušen小考」(『清代史研究』, 綠蔭書房, 1989, 63-78쪽)을 참조. 만주인의 국명에 대해서는 다음 논문을 참조. 薛虹·劉厚生, 「《舊滿洲檔》所記大清建號前的國號」, 『社會科學輯刊』 1990-2. 아울러 본문의 인용문 중 한글번역문은 만주어 원문을 직역한 것임을 밝혀 둔다.

14 성백인, 「初期 滿洲語 辭典들에 대하여」, 『東方學志』 52, 1986, 220쪽.

15 『han i araha manju gisun i bleku bithe 御製清文鑑』(1707), 「niyalmai beye i hacin人事類」, 138면(효성여대출판부 영인본); 『清文總彙』(光緒23年刊本) 卷10, 24면.

16 『滿文老檔 I』, 423쪽.

17 東洋文庫清代史研究室, 『舊滿洲檔』, 東洋文庫, 1975, 318쪽.

18 Mark Elliott, The Manchu Way: The Eight Banners and Ethnic Identity in Late Imperial China, Stanford University Press, 2001, 71쪽.

19 "만주(manju)"라는 명칭이 누르하치에 의해 처음 사용되었다는 것은 대체적으로 통용되는 견해이다. 누르하치 이전의 역사를 기록한 『舊滿洲檔』에서 보이는 "만주"라는 명칭은 훗날 고쳐 쓰여진 것이다. 이점에 대해서는 다음을 참조. 姚大力·孫靜, 「"滿洲"如何演變爲民族」, 『社會科學』

2006-07, 11쪽.

20 劉小明,『滿族從部落到國家的發展』, 中國社會科學出版社, 2007, 311쪽.

21 언어(입말)와 문자(글말)의 차이에 대해서는 다음을 참조. 크리스타 뒤르샤이트, 김종수 옮김,『문자언어학』, 유로, 2007, 44-57쪽.

22 劉小明, 같은 책, 26쪽.

23『朝鮮世宗實錄』卷60, 十五年五月丁卯.(1433.05.15) 본문의 번역문은 민족문화추진위원회에서 간행한『국역조선왕조실록』을 따랐음.

24『朝鮮世祖實錄』卷44, 十三年十月戊申.(1467.10.16)

25『朝鮮成宗實錄』卷110, 十年閏十月甲子.(1479.윤10.12)

26『朝鮮成宗實錄』卷110, 十年閏十月己未.(1479.윤10.07) 당시 承文院參校 鄭孝終은 오랑캐가 "변방의 백성을 노략질하는 까닭으로 중국에서 저 성질이 흉악한 놈을 원망하여 정토(征討)하는 것이니, 그들이 우리의 도움을 청하는 것은 황제의 위세(威勢)를 떨치고 그들의 원망을 우리에게 나누려고 하는 것"이라며 파병을 반대하였다.

27 줄리아 로벨의『장성, 중국사를 말하다』(김병화 옮김, 웅진 지식하우스, 2007)와 니콜라 디 코스모의『오랑캐의 탄생』(이재정 옮김, 황금가지, 2005)은 '문명-야만, 선량한 농경민의 방어-잔인한 유목민의 침략'이라는 구조를 반대한다. 훗날 만주인의 중국정복은, 줄리아 로벨의 용어를 빌리자면, 명이 만주인과 상생을 거부한 '외교실패'에서 기인하였다.

28 임계순,『淸史-만주족이 통치한 중국』, 신서원, 2004, 44쪽.

29 임계순, 같은 책, 24쪽.

30 閆立新,「簡述後金與明朝關係的逐漸演變」,『滿族研究』1997-01.

31『朝鮮宣祖實錄』卷23, 二十二年七月丁巳.(1589.07.12)

32 당시 누르하치는 황제에게 조선으로 원병을 보내게 해달라고 요청했지만, 오랑캐의 "속마음과 말은 믿기가 어렵다"는 이유로 그의 요청을 거부하였다.『朝鮮宣祖實錄』卷30, 二十五年九月甲戌.(1592.09.17)

33 劉小明, 같은 책, 333쪽.

34 『朝鮮宣祖實錄』 卷72, 二十九年二月己亥.(1595.02.02). 당시 신충일의 건주위 상황에 대한 보고는 다음을 참조. 申忠一, 「建州紀程圖記」, 『震檀學報』 10, 1939.

35 李民寏, 「建州聞見錄」, 『紫巖集』 卷6(韓國文集叢刊82), 民族文化推進會, 1992, 133면. 만주인과 몽골인은 줄곧 매우 밀접한 관계를 유지하였다. 누르하치는 조선의 慶源府使에게 보낸 글에서 자신들이 "몽골의 후예[遺種]로 오로지 중국을 섬겨왔다."(『朝鮮宣祖實錄』 卷208, 四十年二月己亥)거나, "옷 입는 것이나 여러 가지 사는 방식이 한 나라와 같다."(『滿文老檔 I』, 192쪽)고 말하였다.

36 「taidzu de wangge jangge dobihi seki alban benjime hengkileme jihe 王格張格來貢」, 『大淸滿洲實錄』 卷3, 華文書局, 1964, 108-109면.

37 나중에 만들어지는 유권점 만주어에서 'k'음의 경우 '권(圈, ○)'를 붙이면 'h'음, '점(點, ·)을 붙이면 'g'음을 나타내게 되었다. 이처럼 권점을 통해 자음의 음가를 구분하였고, 모음의 경우 점을 붙임으로써 'a'와 'e'의 구분이 가능해져서 더 많은 어휘를 더 정확한 음으로 표기할 수 있었다.

38 『淸史稿』 卷228, 列傳15, 達海, 中華書局, 1977, 9257면.

39 『滿文老檔 V』, 633-634쪽.

40 「乾隆朝殘題本」, 關孝廉의 「論『滿文老檔』」(『滿族研究』 1988-01, 55쪽)에서 재인용.

41 삼국지의 경우 "本朝는 입관하기 전에 『三國志演義』을 번역하여 兵略으로 삼았고, 그 때문에 關羽를 숭배하였다."는 말이 있을 정도로 만주인들이 중국을 이해하는 기본서였다. 이점은 다음을 참조. 王嵩儒, 「譯書」, 『掌固零拾』 卷1(近代中國史料叢刊 第1編 0036, 文海出版社, 1967), 18-19면.

42 關孝廉, 앞의 논문, 54쪽.

43 Frederic Wakeman, Jr., The Fall of Imperial China, The Free Press, 1975, 78쪽.

2. 중국정복

1 만주인의 군대는 이미 1629년 몽골인의 도움으로 長城에서 방어가 취약하던 龍井關·大安口(현재 遵化市의 동북과 서북쪽)를 습격하고 北京까지 압박하였다. 그 뒤, 1636·1638·1642년에도 長城을 넘어 명나라가 통치하던 지역을 공격하였고, 그 과정에서 昌平·定興·通州·涿州·濟南·順德·薊州·臨靑 등지에서 인명과 재산을 약탈하였다. 閻崇年, 『明亡淸興六十年』, 中國書店, 2006, 169~180쪽.

2 홍타이지는 조선의 사신들에게 "너희 왕이 스스로 잘못을 깨닫고 자제들을 인질로 보내면 없던 일로 하겠다. 그렇지 않으면, 某月某時에 군대를 일으켜 너희 국경으로 갈 것이고, 그 때는 후회해도 어찌 할 수 있겠느냐? 이 말을 너희에게 분명히 해둔다." 內院大學士 히퍼(hife) 등이 "군대를 일으키는 일은 기밀사항인데, 그 일시를 알려주면 저들이 더욱더 강경하게 될 것"이라고 간언하였다. 하지만 홍타이지는 신하들의 만류에도 불구하고 출병할 일시를 "일일이 사신과 상인들에게 알려서 그 사실을 알고서 돌아가도록 하였다." 遼寧大學歷史系編, 『淸太宗實錄稿本』, 遼寧大學出版社, 1978, 21-22쪽.

3 홍타이지가 즉위했던 때(1627~1643)는 천연두가 창궐하던 시기였다. 추운 지역에서 생활하였던 만주인들은 천연두를 앓지 않았기 때문에 면역체가 없었다. 따라서 그는 출병시기를 결정할 때 따뜻한 날씨를 피하였다. 高勇, 「天花與皇太極對明戰爭」, 『內蒙古社會科學』 2003-3.

4 홍타이지가 조선에 대해 보여준 행동은 나중에 만주인이 자신에게 복종하지 않는 한인들을 어떻게 다룰 것인지를 보여주는 상징적인 사건으로 이해할 수 있다. 조청전쟁의 전황과 전개에 관한 기본적인 내용은 다음을 참조. 국사편찬위원회편, 『한국사29』, 탐구당, 2003, 274~293쪽, 한명기, 『정묘·병자호란과 동아시아』, 푸른역사, 2009, 112~156쪽.

5 計丁授田은 한인에게만 해당되는 것은 아니었다. 沈陽과 遼陽에 있던 토지는 滿洲貴族·八旗丁兵을 비롯하여 투항한 한인관료와 일반 한인들에게 나눠주었다. 이글에서는 만주인이 일방적으로 과거 명나라의 통치지역을 점령한 것이 아니라 한인들의 이익도 보장해주었다는 점을 말하

려는 것이다. 計丁授田의 구체적인 상황에 대해서는 다음을 참조. 趙令志,「再論"計丁授田"問題」,『中央民族大學學報』1997-4; 徐懷寶,「後金"計丁授田"問題探討」,『首都師範大學學報』1997-4.

6 1621년 한인들이 우물에 독을 푸는 일이 빈번하게 발생하자, 만주인들에게 주의를 요하는 지시가 빈번하게 내려졌다. 中國第一歷史檔案館·中國社會科學院近代史研究所 譯註,『滿文老檔』, 中華書局, 1990, 206~207쪽.[이하『滿文老檔』]

7 「天聰八年正月癸卯」,『太宗實錄』卷17, 14면.

8 명청교체기 몽골지역의 상황에 대한 이해는 다음을 참고, 강톨가 외, 김장구·이평래 옮김,『몽골의 역사』, 동북아역사재단, 2009, 195~202쪽; 李治亭 主編, 편집부 옮김,『동북통사·하』, 동북아역사재단(내부자료), 2010, 826~830쪽.

9 臺灣故宮博物院,『舊滿州檔』弟9冊, 1969, 4568쪽.

10 누르하치가 이른바 八王共治制의 틀을 만든 이유는 이랬다. 그는 적장자 상속의 방식에 의해 추연(cuyen)과 다이산(daišan)을 후계자로 지명하였다. 하지만 추연은 마치 자신이 한이나 된 듯이 월권을 휘두르다가 주살되었고, 다이산은 누르하치가 원정을 간 틈을 타서 대복진(大福晋) 울라나라(ulanara)氏와 부적절한 관계를 맺었기 때문에 폐위되었다. 그 뒤 누르하치는 특정인을 한으로 지명하지 않고 집단지도체제형식의 八王共治制를 만들었다. 八王共治制가 등장하는 자세한 과정에 대해서는 다음을 참조. 高進,「奴爾哈赤確立八王共治制度心理問題硏究」,『北方文物』2003-2.

11 다이산·아민·망굴다이·아지거·도르곤·도도 등은 각각 正紅旗·鑲藍旗·正藍旗·鑲紅旗·正白旗·鑲白旗를 지휘하고 있었고, 홍타이지는 正黃旗와 鑲黃旗를 지휘하였다. 아지거 이하는 누르하치의 유훈에 의해 기를 배정받았지만, 다이산 등은 오랫 전투를 치르면서 팔기의 역사를 만들었고 충성스런 부하들을 거느렸다.

12 아민의 실각·망굴다이의 죽음·다이산의 강등, 그리고 1635년의 상황에 대해서는 다음을 참조. 臺灣故宮博物院,『舊滿州檔』弟9冊, 1969, 4585

·4467면. 閻崇年은 밍굴다이와 아민이 홍타이지와 불화 때문에 유폐되었고, 아민은 스스로 물러났다고 서술하였다. 이점에 대해서는 閻崇年, 『明亡清興六十年』, 中華書局, 2007, 140쪽.

13 李鴻彬, 『清朝開國史略』, 齊魯書社, 1977, 144~145쪽.

14 內三院은 文館을 확대개편한 기구였다. 文館은 누르하치가 자신의 측근 몇몇에게 책임을 맡기던 기구로서 비공식적이고 사적인 성격이 강했는데, 홍타이지는 투항한 한인들을 포함하여 공적인 관료기구로서 內三院을 출범시켰다. 이점은 다음을 참조. 艾麗, 「從文館到內三院看清初政治選擇」, 華東師範大學碩士論文, 2008.

15 劉鴻亮·宋琳, 「明清兩朝紅夷大炮的射程問題再析」, 『歷史檔案』 2007-04; 黃一農, 「紅夷大炮與皇太極創立的八旗漢軍」, 『歷史研究』 2004-04; 李鴻彬, 「皇太極與火砲」, 『歷史檔案』 1997-2.

16 『滿文老檔』, 中華書局, 1990, 1150쪽.

17 祖大壽에게 가죽옷을 내리는 행위는 뒷날 조청전쟁(1636) 때 인조를 남한산성 밖으로 불러내서 황제의 예를 갖추게 만들고 가죽옷을 내리는 행위와 유사하다. 祖大壽의 투항은 다음을 참조. 『滿文老檔』, 1169~1171쪽.

18 『滿文老檔』, 1245·1247·1252·1254쪽.

19 祖大壽가 청나라에서 다시 받아들여질 수 있었던 것은 그가 吳三桂의 외삼촌이었다는 사실도 작용하였다. 그는 청나라에 충성을 다한 인물들로 분류되어 「貳臣傳甲」에 수록되었다. 祖大壽에 대해서는 다음을 참조. 「祖大壽」, 『清史列傳』 第20册, 中華書局, 1987, 6468~6476쪽.[이하 『清史列傳』]

20 孔有德·尙可喜·耿仲明 등도 청나라에 충성을 다한 인물들로 분류되어 「貳臣傳甲」에 수록되었다. 이들의 경력에 대해서는 다음을 참조. 「孔有德」·「尙可喜」·「耿仲明」, 『清史列傳』 第20册, 6414~6418, 6438~6441, 6479~6481쪽.

21 毛文龍의 행적이 갖고 있던 의문과 평가에 대해서는 孟昭信의 다음 연작 논문을 참조. 孟昭信, 「堅拒誘降與相機議和 – 三談毛文龍的評價問

題」, 『東北史地』 2008-3; 「"東江移鎮"及相關問題辨析－再談毛文龍的評價問題」, 『東北史地』 2007-5; 「抗清功績不可泯－試談毛文龍評價問題」, 『東北史地』 2007-1.

22 「天聰七年七月辛卯」, 『太宗實錄』 卷14, 32면.

23 「崇德七年六月甲辰」, 『太宗實錄』 卷61, 7면.

24 孔有德 등의 入關 이후 활동은 주16)의 『清史列傳』을 참조.

25 范文程과 甯完我는 한인임에도 불구하고 만주인들과 같은 대접을 받았고 열전을 편찬할 때도 온전한 청나라사람으로 분류되었기 때문에 「大臣傳」의 첫머리에 수록되었다. 그들에 대해서는 다음을 참조. 「范文程」·「甯完我」, 『清史列傳』 第2册, 257~261, 262~264쪽.

26 洪承疇는 명나라의 멸망이 기정사실이 되기 전까지 관직을 갖지 않았다. 아마도 청나라에서 원래 명나라에 대한 선전을 위해 그를 이용하였던 측면이 있었을 가능성을 있다. 하지만 그는 도르곤이 섭정을 하고 청나라의 중국정복이 현실화된 이후에 요직을 맡았고 청나라의 제도적인 틀을 만드는데 공헌하였다. 이 때문에 洪承疇는 「貳臣傳甲」에 수록되었다. 「洪承疇」, 『清史列傳』 第20册, 6442쪽.

27 후계구도에 대한 준비가 없었던 것은 홍타이지가 갑작스럽게 죽은 것도 원인이겠지만, 홍타이지의 권력이 강화되었음에도 불구하고 여전히 귀족들의 입김이 작용하는 정치구조를 갖고 있었음을 보여주는 것이다.

28 당시 제위계승과정에서 도르곤이 도도와 연합하여 하오거에 대항하였지만, 나중에 하오거·지르갈랑을 차례로 실각시킨 다음에 다시 도도를 실각시킴으로써 권력을 독점하였다고 보는 견해도 있다. 이점에 대해서는 다음을 참조. 周曉光, 「論多爾袞－多鐸聯盟與順治初年政局」, 『故宮博物院院刊』 1994-2.

29 弘光帝은 1년만에 세상을 떠났고, 그 뒤를 聖安帝가 이었다. 하지만 청나라는 이들을 福藩이라고 낮춰서 불렀다. 『南明史略』(計六奇 撰, 中華書局, 1984)을 참조. 『南明史略』은 1670년(康熙10年)에 편찬되었는데, 청나라 조정은 금서로 지정하였다.

30 李自成도 吳三桂에게 관직과 재물을 약속하였고, 北京에는 그의 가족들

이 인질로 잡혀있었다. 따라서 그는 청나라로 투항하는 것을 몇 차례 주저하지 않을 수 없었지만, 결국 청나라의 무력에 의지하여 大順의 군대를 격퇴하고 훗날을 도모하려 하였다. 南明을 정벌하는 과정에서 吳三桂를 비롯하여 孔有德·耿仲明·尙可喜·洪承疇 등 투항한 한인들은 주도적인 역할을 하였다. 吳三桂의 투항과 한인들의 남명정벌에 대해서는 다음을 참조. 閻立新, 「淸代初期歷史上的漢官」, 『滿族硏究』 1998-1; 劉鳳雲, 「一次決定歷史命運的抉擇－論吳三桂抗淸」, 『淸史硏究』 1994-2.

31 「范文程」, 『淸史列傳』 第2册, 257~258쪽.

32 「洪承疇」, 『淸史列傳』 第20册, 6446쪽.

33 「范文程」, 『淸史列傳』 第2册, 259쪽.

34 史可法은 吳三桂가 투항을 권유하는 글을 보내자, 그 답신에서 본문과 같은 말을 하였으나 그는 명나라를 다시 세우는 것이라며 투항을 거부하였다. 「史可法答書」, 謝國植. 『南明史略』, 人民出版社, 1957, 142~144쪽.

35 제1차조청전쟁(정묘호란) 때는 아민이 3만의 군대를 거느리고 조선을 침략하였는데, 제2차 조청전쟁(병자호란) 때는 홍타이지가 직접 10만의 군대를 이끌고 침략하여 황해도와 평안도 일대를 노략질하였다. 당시 조선의 전력은 청나라에 크게 뒤떨어져서 큰 피해를 입었다. 당시 제1차 조청전쟁의 전황에 대해서는 다음을 참조. 유승주, 「丙子胡亂의 戰況과 金化戰鬪 一考」, 『史叢』 55, 2002, 390-391쪽.

36 한국역사연구회, 『한국역사 속의 전쟁』, 청년사, 1997, 161쪽.

37 김종원, 「丁卯胡亂時 後金의 출병동기－후금의 사회발전과정에서의 사회경제적 제문제와 관련하여－」, 『東洋史學硏究』 제12·13집, 1978.

38 요동을 고수하는 정책 때문에 홍타이지는 北京을 공격하라는 투항 한족들의 말을 받아들이지 않았다. 노기식, 「滿洲의 興起와 동아시아 秩序의 變動」, 『中國史硏究』 제16집, 24~25쪽.

39 『明史』 卷291, 「列傳179 忠義3」, 中華書局, 1978, 7468~7470쪽.

40 閻崇年, 『明亡淸興六十年』, 中華書局, 2007, 175~176쪽.

41 閻崇年, 앞의 책, 179-180쪽.

42 명나라 진공작전에서 청나라 군대가 커다란 승리를 거둘 수 있었던 것은 강력한 화력을 소유하게 되었기 때문이었다. 1640년 이후의 전투에서 청나라의 대포는 숫자와 화력 면에서 명나라를 능가하였다. 청나라의 화력에 대해서는 다음을 참조. 黃一農, 「紅夷大炮與皇太極創立的八旗漢軍」, 『歷史研究』 2004年 第4期.

43 王秀楚, 『揚州十日記』, 廣文書局, 1971, 241~242쪽.

44 王秀楚, 앞의 책, 235쪽. 『淸世祖章皇帝實錄』 卷16(順治2年 6月, 122쪽)에는 揚州지역에서 史可法를 중심으로 처절한 저항이 있었다기 보다는 고립되어 있었다는 식으로 기록되었다. "史可法는 당시 揚州의 督師였고 고립된 성을 굳게 지키면서 各鎭에 급히 구원을 요청하였지만 各鎭은 명령을 거부하고 병사를 보내지 않았다. …… 揚州城을 함락시켰고 內閣大臣 史可法를 체포하여 병사들이 보는 앞에서 참수하였다." 이책의 『淸實錄』은 다음을 참조. 北京愛如生數字化技術硏究中心 製作, 『明淸實錄』, 2006.

45 朱子素, 『嘉定屠城紀略』, 廣文書局, 1971, 261~263쪽.

46 朱子素, 『嘉定屠城紀略』, 廣文書局, 1971, 264쪽.

47 陳國慶·曹金生, 「揚州大屠殺的遇難人口考證」, 『哈爾濱學院學報』 2008-02.

48 朱子素, 앞의 책, 268쪽.

49 嘉定과 비슷한 상황은 1650년 尙可喜와 耿精忠이 廣州를 공격하여 점령하였을 때도 나타났다. 廣州가 함락되었을 때 대체로 4만 명 안팎의 주민과 병사들이 사망하였다. 林子雄, 「淸初兩藩攻占廣州」, 『嶺南文史』 1996-03.

3. 권력의 제도화

1 한글외래어표기법에 따르면 陝西는 산시가 되어야 하지만, 山西와의 혼돈을 피하기 위하여 샨시로 하였다.

2 삼번에는 前三藩과 後三藩이 있다. 명나라 황실 중에서 唐王·魯王·桂王 등 세 명의 제후왕들은 청나라의 통치를 받아들이지 않고 반항하였는데, 이들이 저항하던 지역을 전삼번이라고 한다. 그리고 吳三桂 등이 통치하던 곳을 후삼번이라고 한다. 일반적으로 후삼번에 대해서는 잘 알려져 있고, 삼번은 후삼번을 의미한다. 하지만 吳三桂 등을 왕으로 임명하고 삼번을 통치하게 만든 것이 전삼번의 저항 때문이었다는 점을 알아둘 필요가 있다. 전삼번이 등장하고, 청나라 군대에 의해 사라지는 과정에 대해서는 다음을 참조. 蕭一山 編, 『清代通史』, 華東師範大學出版社, 2005, 246~311쪽.

3 만주인(팔기)은 한인들과 분리된 공간에서 따로 거주하고 금전적인 지원을 받았지만, 거주분리정책은 통치가 완전히 확립된 뒤에 완화되기 시작하였다. 1683년, 강희제는 모든 漢軍과 나이든 몽골·만주인이 성 밖에서 살기를 원하면 그렇게 하도록 허가하였다. 하지만 1781년 건륭제는 성 밖에서 거주하는 기인들이 너무 많아지고 있는 상황을 우려하여 기인들의 성 밖 거주를 엄격하게 규제하도록 하였다. 만한분리정책에 대한 오해는 건륭시대 이후의 상황을 통해 그 이전의 상황을 추측한 사람들에 의해 만들어졌다. 만주인과 한인·몽골인 사이의 통혼문제에 대해서는 다음을 참조. 潘洪鋼, 「清代駐防八旗與漢族通婚情況蠡測」, 『中南民族大學學報』 2007-05.

4 『清聖祖仁皇帝實錄』 卷8, 康熙2年(1663) 2월, 67면.

5 劉健, 『廷聞錄』 卷4, 「開藩專制」, 上海書店, 1983년(영인본), 9~10면.

6 『清聖祖仁皇帝實錄』 卷22, 康熙6年(1667) 5월, 181면.

7 강희제는 30년이 지난 뒤에 치수와 관련된 일을 논의하는 자리에서 재위 초의 일을 회상하였는데, 그는 삼번·河道·漕運 등 세 가지 일을 가장 중요하게 생각하였다고 말하였다. 『清聖祖仁皇帝實錄』 卷154, 康熙31年(1692) 2월, 1263면.

8 『清聖祖仁皇帝實錄』 卷41, 康熙12年(1673) 3월, 334면.

9 『清聖祖仁皇帝實錄』 卷41, 康熙12年(1673) 3월, 335면.

10 『清聖祖仁皇帝實錄』 卷42, 康熙12年(1673) 7월, 340면.

11 『淸聖祖仁皇帝實錄』 卷42, 康熙12年(1673) 7월, 341면.

12 강희제는 삼번의 난을 진압한 뒤에 처음 논의되었던 때를 회상하였다. 그는 철번을 찬성하는 이들은 소수였고, 불가하다는 입장이 다수였는데 자신이 소수의 의견을 받아들였다고 하였다. 『淸聖祖仁皇帝實錄』 卷99, 康熙20年(1681) 12월, 1245면. 당시 御士들은 吳三桂 등을 고향으로 돌려보내는데 막대한 비용이 들고, 그 과정에서 민심을 동요시킬 우려가 있다는 이유로 반대하였다. 이점은 다음을 참조. 中國第一歷史檔案館, 「平定三藩時期御史奏章」, 『歷史檔案』 1999-01.

13 『淸聖祖仁皇帝實錄』 卷42, 康熙12年(1673) 7월, 341면.

14 이간책에 관해서는 다음을 참조. 임계순, 같은 책, 79~80쪽. 스펜스는 청나라가 통일을 유지할 수 있었던, 즉 반란이 실패한 이유를 다섯 가지로 정리하였다. 吳三桂의 북진 중단, 강희제의 지도력, 만주인 장군들의 전투력, 삼번의 단결력 부족, 한인들의 불신. 이점은 다음을 참조. 조너선 D. 스펜스, 김희교 옮김, 『현대중국을 찾아서1』, 이산, 1989, 81쪽.

15 확실히 吳三桂의 반란군은 초기에 후난 성의 중심지 창사를 일거에 점령할 정도로 강력하였다. 하지만, 吳三桂는 長江을 넘는 대신에 그 남쪽을 차지하는 것에 만족하였고, 오히려 청나라 군대의 반격을 당하여 쫓기는 처지가 되었다. 이점은 다음을 참조. 王秋方, 「淸初"平定三藩"的珍貴史料－《康熙招撫夏國相勅諭》」, 『中國歷史文物』 2002-05. 물론 삼번의 난이 가졌던 파괴력을 다르게 볼 수도 있다. 당시 한인들이 전혀 반란에 가담하지 않았던 것은 아니었다. 총독 1명, 순무 5명, 제독 8명, 총병 20명 등이 가담하였으니, 적은 숫자라고는 할 수 없었다. 하지만 湖北의 총병 1명을 제외하면 모든 이들이 원래 삼번의 영향 아래 있었던 사람들이었다. 즉, 세력이 확장되지 못하였다. 반란에 가담한 인물들에 대해서는 다음을 참조. 劉鳳雲, 『淸代三藩硏究』, 中國人民大學出版社, 1994, 206~209쪽.

16 『淸聖祖仁皇帝實錄』 卷100, 康熙21年(1673) 정월, 801면.

17 蘇亦工, 『明淸律典與條例』, 中國政法大學出版社, 2000, 63쪽.

18 三院八衙門은 內三院·六部·都察院·理藩院 등을 말한다. "홍타이지가

개혁을 심화시키고 한(han)의 권한을 강화함에 따라 국가의 권력도 차츰 한을 우두머리로 하는 三院八衙門으로 쏠리게 되었다." 徐凱·李尙英·劉秀生·陳長年, 『中國淸代政治史』, 人民出版社, 1994, 25~30쪽; 王鍾翰, 「談淸入關前滿族社會的分期問題」, 『王鍾翰淸史論集』 第一册, 中華書局, 2004, 674~676쪽.

19 甯完我, 「請變通大明會典設六部通事奏」, 『明淸史料叢書八種－天聰臣工奏議』, 北京圖書館出版社, 2005, 446쪽. 甯完我는 포로로 잡혔다가 누르하치의 눈에 들어 만주인에게 중국의 제도와 학문을 소개하는 역할을 하였고, 順治時代에는 대학사로서 『明史』를 편찬하고 『太宗實錄』을 감수하는 역할을 하였다. 다음을 참조. 『淸史稿』 卷232, 「甯完我」, 中華書局, 1986, 9360쪽.

20 『淸聖祖仁皇帝實錄』 卷6 ~ 卷115, 44~925면.

21 『淸聖祖仁皇帝實錄』 卷11, 康熙3年 정월, 87면.

22 『淸聖祖仁皇帝實錄』 卷23, 康熙6年 7월, 191면. 일부 중국학자는 『崇德會典』(1636)이 편찬되었다고 주장한다. 하지만 단순히 "議定會典"이라는 글자만을 가지고 만주인들이 만리장성을 넘기 전에 이미 회전을 편찬하였다고 보기 어렵고, 나중에 『康熙會典』이 편찬되었을 때도 그에 대한 언급이 없다는 점에서 설득력을 갖기는 힘들 것으로 보인다. 청나라 첫 회전에 대한 논의는 다음을 참조. 張晋藩·郭成康, 『淸「崇德會典」試析』, 『法學硏究』 1983-03, 69~76쪽.

23 명나라는 『弘治會典』(1502, 未刊行)·『正德會典』(1511)·『嘉靖會典』(1550, 未刊行)·『萬曆會典』(1587) 등 이 가장 나중에 편찬되었다. 山根幸夫, 앞의 글, 483쪽.

24 熊賜履가 重且大한 일로 거론한 세 가지는 원문에 "政事紛更而法制未定"·"職業隳廢而士氣日靡"·"學校廢弛而文教日衰" 등으로 되어있다. 『淸聖祖仁皇帝實錄』 卷22, 康熙6年 윤4월, 181~183면.

25 張開沅 主編, 『淸通鑑』第一册, 岳麓書社, 2000, 582~584쪽. 熊賜履가 처벌을 받지 않은 것은 분명한데, 이것을 14살이었던 강희제의 힘이라고 보기는 어렵다. 1669년 오보이가 탄핵을 당했다는 점을 고려한다면,

이 때 그를 견제하는 세력도 이미 만만치 않은 세력을 형성하고 있었다고 보아야 한다.

26 『清聖祖仁皇帝實錄』 卷33, 康熙9年 4월, 269면.

27 『清聖祖仁皇帝實錄』 卷115, 康熙23年 4월, 925면. 러더훈·밍주·吳正治는 武英殿大學士, 李蔚·王熙는 保和殿大學士였다. 당시 內三院의 大學士체제가 殿閣大學士체제로 바뀐 상태였고, 강희시대 후반에는 대학사들 중에서 部院의 尙書를 겸임하였고, 옹정시대 후반이 되면 尙書와 軍機大臣을 겸임하게 되었다.

28 王鍾翰 點校, 『清史列傳』卷8, 「明珠傳」, 530~533쪽; 張開沅 主編, 『清通鑑』第一册, 906~907쪽. 밍주는 얼마 뒤 사면되었는데, 러더훈은 그 뒤에 어떻게 되었는지 기록조차 남아있지 않다. 러더훈에 대한 傳記는 『清史稿』와 『清史列傳』에 실리지 않았다. 황실로서 覺羅 勒德洪이라고 불렸던 인물인데, 그보다 낮은 신분과 직위에 있었던 인물들도 있는 傳記가 없는 이유는 분명하지 않다.

29 大淸會典을 보완하기 위하여 만든 문서. 법을 적용할 때 생긴 新例·疑義·補足 따위를 각 부원에서 모아 편찬한 것이다. 강희제는 회전이 편찬된 뒤에도 30여년이나 제위에 있었고, 그 사이에 법률의 효력을 지닌 政令과 則例들이 반포하여 회전의 부족한 부분을 보완하였다. 주요한 것으로 1711년의 『新纂更定六部現行則例』, 1716년의 『六部則例全書』 등이 있다. 則例에 대해서는 다음을 참조. 張晋藩 主編, 『清朝法制史』, 中華書局, 1998, 170~182쪽.

30 伊桑阿 等, 「官銜」, 『大清會典(康熙朝)』(近代中國史料叢刊三編 711), 文海出版社, 1993, 3~11쪽. 이하 『會典』(7**)으로 약칭함.

31 伊桑阿 等, 「序」, 『會典』(711), 2~6쪽.

32 朱子彦, 『多維視角下的皇權政治』, 上海人民出版社, 2007, 85쪽.

33 明朝 말 萬曆帝가 처한 상황은 바로 신하들의 집단적인 힘이 얼마나 황제를 무력한 존재로 전락시킬 수 있는가를 보여주는 좋은 사례였다. 레이 황, 이상아 옮김, 『1587, 아무 일도 없었던 해』, 가지않은 길, 1997.

34 議政王大臣會議의 기능축소에 대한 대략적인 설명은 다음을 참조. 郭松

義·李新達·李尙英, 『淸朝典制』, 吉林文史出版社, 1993, 184~185쪽. 趙志强은 중추적인 정책결정기구가 다원화되는 과정에서 의정대신회의의 기능이 축소되었다고 여긴다. 그는 議政王大臣도 원래 議政大臣**王의 略稱이라고 보며, 의정왕대신회의가 아닌 議政處라는 명칭을 사용한다. 의정왕대신회의가 등장하고 사라지는 전반적인 과정은 다음을 참조. 趙志强, 『淸代中央決策機制硏究』, 科學出版社, 2007, 190~220쪽.

35 伊桑阿 等, 「宗人府」, 『會典』(711), 1쪽.

36 伊桑阿 等, 「內閣」, 『會典』(711), 27~56쪽.

37 伊桑阿 等, 「內閣」, 『會典』(711), 25~26쪽.

38 趙志强, 앞의 책, 373~378쪽.

39 만주인에는 宗室·覺羅·漢軍八旗 등도 포함시켰는데, 그 숫자가 전체에서 차지하는 비율은 그리 높지 않다. 錢實甫 編, 「大學士年表」, 『淸代職官年表』, 中華書局, 1987, 11~37쪽.

40 정치적 상황과 내각 구성원의 변화 사이에 어떠한 연관관계가 있는지는 더 자세히 검토해야 할 부분이라고 생각한다. 또한 대학사의 권한이 그리 크지 않았다는 주장도 있을 수 있다. 황제는 특정 대학사에게 권한이 집중되는 것을 바라지 않았다. 『淸代職官年表』의 「說明」(2쪽)에 보면, 일반적으로 황제는 근속연수가 오래된 내각 대학사에게 首揆라는 호칭을 내렸고, 만주인 首揆와 한인 首揆의 구분을 두었다. 하지만 首揆가 곧 명대의 首輔를 의미하지는 않았다. 특정 대학사의 권한 강화는 군기처가 설치된 이후의 일이었다.

41 伊桑阿 等, 「內閣」, 『會典』(711), 26~27쪽. 회전의 원문에서 만주인·몽골인·한인은 각각 滿·蒙·漢으로 되어 있다. 그리고 처음에는 漢軍學士 3인이었는데 1671년 漢軍學士와 漢人學士 각 2인씩 임명되었다.

42 6부는 각 부마다 행정·재정·의례·군사·법률·공사 등 각각 맡은 임무가 달랐기 때문에 어느 측면에서 보느냐에 따라 그 輕重이 달라진다. 이글에서는 인재를 관리하고 만주인과 한인 사이의 지위, 그 자리의 이동을 규정한다는 측면에서 吏部를 6부의 핵심이라고 하였다.

43 형식만 놓고 본다면 대청회전은 분명 '다민족통일국가'까지는 아니더라

도 '다민족'적인 요소를 포함하고 있었고, 지배자 만주인이 다수의 한인을 배려하는 모양새를 띠고 있었다.

44 伊桑阿 等, 「吏部一」, 『會典』(711), 57~146쪽.

45 관품과 수령관에 대해서는 각각 다음을 참조. 伊桑阿 等, 「吏部四」, 『會典』(711), 177~208쪽; 徐連達, 『中國歷代官制詞典』, 安徽教育出版社, 1991, 766쪽.

46 만주인과 한군이 특정 사에 소속되지 않았다고 하더라도 주요 업무는 정해져있었을 가능성이 높다. 이부에 네 개의 사가 있었는데 만주인 郎中과 員外郎이 8명씩이었던 것도 각 사에 만주인 郎中 2명과 員外郎 2명씩을 배치하여 업무를 관리하게 하였을 것으로 보는 것이 타당하다. 屬官도 司官이지만 이글에서는 혼돈을 피하기 위해 만주인 司官을 屬官이라고 하였다.

47 伊桑阿 等, 「吏部一」, 『會典』(711), 65쪽. 司는 文選司·考功司·驗封司·稽勳司 등 호부의 산하 부서를 의미한다. 위에서는 편의상 아문이라고 번역하였다. 堂官은 各部의 尙書·侍郞과 各寺의 卿官 등을 가리킨다. 이들의 집무실이 관서의 大堂에 있었기 때문에 堂官이라고 불렀다. 堂官에 상대되는 말이 司官이었다.

48 文選司·考功司·驗封司·稽勳司 등의 업무에 관해서는 본문의 순서에 따라 다음을 참조. 伊桑阿 等, 「吏部一 ~ 十四」, 『會典』(711), 57·401쪽; 『會典』(712)521·623쪽. 각 아문의 서술 분량은 각각 345·121·103·20쪽이다.

49 비트허시의 기원·직무·역할 등에 대해서는 다음 논문들을 참조. 崔震奎, 「清의 中國支配와 筆帖式」, 『中國史硏究』 第46輯, 2007, 225~256쪽; 李紅, 「清代筆帖式」, 『歷史檔案』 1994-02; 沈一民, 「清初的筆帖式」, 『歷史檔案』 2006-01.

50 다른 부서도 상황은 유사하였다. 6부의 만주인 비트허시는 각각 吏部 65인, 戶部 135인, 禮部 39인, 兵部 34인, 刑部 96인, 工部 90인 등이었다. 伊桑阿 等, 「吏部一」, 『會典』(711), 67·74·39·34·91·95쪽. 하지만 잘 알려져 있듯이, 건륭시대 중반 이후에는 한어에 익숙해진 만주인들이

모국어가 아닌 한어로 더 유창하게 말을 하기 시작하면서 상황은 달라졌고, 한어교재로 만주어를 배우는 지경에 이르렀다.

51 경쟁이 치열했던 관직사회에서 비트허시는 상대적으로 낮은 경쟁을 거치면서 승진할 수 있었다. 예를 들어, 3년 大計에서 "비트허시는 8명 중 1명, 州縣官은 15명 중 1명" 승진하였다. 李紅, 앞의 논문, 91쪽.

52 艾永明, 『淸朝文官制度』, 商務印書館, 2003, 127쪽.

53 古鴻廷, 『淸代官制硏究』, 五南圖書出版公司, 2005, 60쪽.

54 만주인은 한어를 만주어로 번역하는 간단한 시험을 통해 관직에 발을 들여놓을 수 있었다. 한인이 거쳐야만 하였던 정식 과거시험과 비교하면 그것은 시험이라고 할 수도 없는 것이었다. 과거시험에서 만주인 우대는 다음을 참조. 마크 C. 엘리엇, 이훈·김선민 옮김, 『만주족의 청제국』, 푸른역사, 2009, 303~313쪽.

55 역설적이게도 이미 관직에 발을 들여놓은 만주인의 입장에서 보자면 한인보다 더 경쟁이 심하였다. 앞의 기구표에서 보이듯이 비트허시가 屬官으로, 그리고 다시 侍郎이나 尙書가 되는데 산술적으로 한인 司官들보다 8배나 높은 경쟁을 치러야만 하였다. 이러한 상황이 훗날 만주인 내부의 갈등을 유발시키는 요인이었을 가능성도 배제할 수 없다.

4. 군기처

1 한나라 때 유학이 왕조의 통치이념이 된 뒤에도 1,000년이 넘게 냉대를 받다가, 송나라 때 사대부들의 등장과 함께 주목받았던 것도 다 이유가 있었다. '통치자라도 인의(仁義)을 훼손시킨다면 일개 동네 아저씨'라는 불경스러운 말이 어떻게 받아들여질 수 있었겠는가? 맹자의 혁명론과 관련된 언급은 『孟子』의 「梁惠王」편에서 다음을 참조. "賊仁者謂之賊, 賊義者謂之殘, 殘賊之人謂之一夫, 聞誅一夫紂矣, 未聞弑君也."

2 청나라 말기와 중화민국의 외채 문제는 다음을 참조. 劉秉麟, 『中國近代外債史稿』, 三聯書店, 1962; 賈士毅, 『民國財政史』, 上海書店, 1917; 吳景平, 「關於近代中國外債史研究對象的若干思考」, 『歷史研究』 1997-04.

3 費孝通을 비롯한 학자들이 공동으로 책에서 황제 권력은 가장 오랫동안 백성들을 통치하면서 가장 심각한 폐해를 남겼던 것으로 서술된 것도 같은 맥락이다. 반면 신사 권력은 인민의 편에서 통치의 해악을 막고 황제의 잘못을 바로잡을 수 있는 것으로 서술되었다. 吳晗·費孝通, 『皇權與紳權』, 觀察社, 1948.

4 祝總斌, 「試論我國封建君主專制權力發展的總趨勢－附論古代的人治與法治」, 『北京大學學報』 1988-02.

5 송나라 때 황제들은 사대부와 관료들의 압박 아래에서 "停的인 제도규칙에 얽매여 凝固"된 상태였는데, 군주독재체제를 통해 당시 상황을 설명하는 것이 옳지 않다고 여긴다. 이점은 다음을 참조, 신채식, 『宋代皇帝權硏究』, 한국학술정보, 2010.

6 전국시대 일곱 왕들은 주나라 왕실의 권위를 인정하지 않았지만, 그들은 형식적으로 여전히 천자의 아래에 있는 존재였다. 실세(實勢)들이 자신들의 포용력과 어짊을 보여주기 위하여 주나라 왕실을 정중하게 대접했을 뿐이었다. 누군가 천자와 맞먹는 권위를 갖으려면 나머지 여섯 왕들을 완전히 굴복시켜야만 하였다.

7 韓連琪, 「春秋戰國時代的郡縣制及其演變」, 『文史哲』 1985-05.

8 郡縣과 宰相 중심의 관료제 등장에 대해서는 다음을 참조. 가이즈카 시게키·이토 미치하루, 배진영·임대희 옮김, 『중국의 역사-선진시대』, 혜안, 2011, 339-341쪽.

9 중앙집권적인 황제지배체제는 북방민족으로부터 지속적인 위협을 막아내기 위하여 필요하였다는 견해가 존재한다. 이점에 대해서는 다음을 참조. 이성구, 「중국의 황제」, 『역사비평』 54호, 2001.02.

10 지방에서 시행된 군현제와 그 관리들에 대해서는 논의의 편의를 위해 제외하고, 내각(회의)를 중심으로 살펴본다.

11 재상은 현재 대한민국의 국무총리에 해당한다. 국무총리에게 국무위원 제청권을 규정한 것은 대통령이 독단적으로 권력을 행사하는 것을 막는 헌법상의 견제장치이다. 헌법상의 권한이 아니라, 국무총리가 가진 실질적인 권한의 크기는 대통령이 가진 실질적인 권한의 크기와 반비례한다.

12 재상의 명칭은 다음과 같은 변하였다. 丞相(秦·前漢) → 司徒(後漢 光武帝) → 丞相(後漢 獻帝) → 錄尙書事(曹魏) → 丞相(晉)

13 수나라와 당나라 때의 太尉·司徒·司空은 실권이 없었고, 상설 관직도 아니었다.

14 황제와 재상 사이의 견제·조화라는 측면에서 정사당을 분석한 논문으로는 다음을 참조. 王運生, 「唐代政事堂制度研究」, 『社會科學研究輯刊』 1999-04. 당나라 때 일반적인 官制와 그 운용에 대해서는 다음을 참조. 누노메 조후·구리하라 마쓰오 외, 임대희 옮김, 『중국의 역사-수당오대』, 혜안, 2001, 150~152쪽.

15 臧雲浦·朱崇業·王雲度, 『歷代官制·兵制·科擧制表釋』, 江蘇古籍出版社, 1987, 99~100쪽; 전목 著, 김준권 譯, 『강좌중국정치제도사』, 한국학술정보, 2005, 120쪽.

16 원나라는 중앙이 아니라 지방에 丞相·平章·左右丞·參知政事 등을 설치하였다. 그리고 중앙 중서성의 장관은 황태자가 맡았는데, 그것도 상설된 직책이 아니었다. 이 때문에 논의에서 제외하였다.

17 정확하게 영락제가 죽은 다음해부터 6부의 상서들이 대학사를 겸직하게 되었다. 이것은 홍희제가 1년이라는 짧은 기간 동안 제위에 있었고, 그의 뒤를 이은 선덕제는 어린 나이에 즉위한데다 정치에 관심이 없었기 때문에 실무형 관리들이 황제를 보필해야 했던 상황에서 기인하였다고 볼 수 있다. 명나라 때 대학사의 연혁에 대해서는 다음을 참조. 張德信, 『明朝典制』, 吉林文史出版社, 1996, 141~144쪽. 내각과 관료정치의 관계에 대해서는 다음을 참조. 梁希哲, 「明代內閣與明代的官僚政治」, 『史學輯刊』, 1992-02.

18 명나라의 중앙기구 표에서 6부와 내각을 점선으로 연결시킨 것도 6부가 황제의 직속기관이면서도 내각의 대학사들과 밀접한 관계를 지니고 있었음을 보여주려는 것이다.

19 신충일은 일본과 전쟁 중인 상황에서 여진의 동향을 탐지하라는 왕명을 받들어 建州지역을 방문하였다. 그의 기록은 다음을 참조. 林基中 編, 『增補燕行錄叢刊·申忠一建州見聞錄』, 동국대출판부, 2013.

20 신충일은 누르하치가 기병들을 이끌고 다녔으며, 황색·백색·홍색·청색·흑색 등의 깃발을 들고 있다고 기록하였다. 이것은 당시 팔기제도의 초기 형태를 보여주는 것으로 볼 수 있다.

21 의정대신에 해당하는 용어가 이미 1587년의 기록에서 보이기 때문에 재상회의 형식의 중앙기구가 훨씬 이전에 출현했다는 주장도 있다. 그런데 국가차원의 의정은 국가도 수립되지 않은 상태에서 관할 구역을 돌아보는 것과 다르다. 이점은 다음을 참조. 趙志强, 앞의 책, 129~134쪽.

22 그 인원수는 각각 5~8명으로 사료마다 차이가 있는데, 이것은 후금 건국 초기 엄격하게 정해진 규정이 없었음을 반영하는 것이다. 한편, 대신과 함께 자르구치(jargūchi, 몽골어로 심판 혹은 판결하는 사람)도 임명하였다. 후자는 일종의 중앙에서 지방으로 파견한 관리와 같은 성격을 지닌 것으로 볼 수 있다.

23 사실 의정처라는 명칭은 『大淸會典』에 보이지 않고, 실록에 등장할 뿐이다. 이것은 『대청회전』을 편찬하던 시기가 되면 이미 그 기능이 축소되고 힘도 약해지고 있었기 때문이다. 다시 말해서 정식 기구로 명문화되기 전에 유명무실해졌다는 것이다. 이점에 대해서는 다음을 참조. 杜家驥, 「淸代"議政處"考略」, 『淸史硏究』 1991-03.

24 의정왕대신회의의 변화과정에 대해서는 제2장을 참조.

25 중화인민공화국 초기의 인민정치협상회의를 떠올리게 만드는 상황이다. 건국 초기 중국공산당이 정치적 주도권을 갖고 있었다는 사실을 부인할 수 없다. 하지만 국민당의 잔당이 남부에서 저항하였고, 관망하는 세력들도 존재하였다. 이 때문에 여러 정파들이 연합한 통일전선의 결과가 인민정치협상회의 였다. 이점에 대해서는 다음을 참조. 아마코 사토시, 임상범 옮김, 『중화인민공화국 50년사』, 일조각, 2004, 33~35쪽.

26 여기서 역할이란 정치·행정적인 역할을 의미한다. 내각의 권한이 커지고 군기처가 등장하면서, 의정왕대신회의는 황실을 명예기구의 성격을 갖고, 정치·행정적 역할을 잃게 되었다. 강희·옹정 시대 의정왕대신회의의 축소 과정과 권력 관계는 다음을 참조. 송미령, 『청대 정책 결정기구와 정치세력』, 혜안, 2005, 42~47쪽.

27 내각의 간단한 변화과정에 대해서는 제2장을 참조.

28 蔡美彪, 「大淸國建號前的國號, 族名與紀年」, 『歷史硏究』 1987-03.

29 만주인이 한이라는 용어를 어떻게 받아들였는가에 대해서는 다음을 참조. 이영옥, 「건륭제의 '찬란한' 성세(盛世)와 맹자읽기」, 『동양사학연구』 제107집, 2009.

30 『淸世祖章皇帝實錄』 卷5, 順治元年(1644) 5月, 31쪽.

31 『淸世祖章皇帝實錄』 卷15, 順治2年(1645) 3月, 105쪽.

32 『淸世祖章皇帝實錄』 卷5, 順治元年(1644) 6月, 34쪽.

33 오보이가 섭정을 하면서 만주인 중심을 강조하고 순치시대를 부정한 것에 대해서는 다음을 참조. 白新良, 『淸代中樞決策硏究』, 遼寧人民出版社, 2002, 122~123쪽; Frederic Wakeman, Jr., *The Fall of Imperial China*, The Free Press, 1975, 87~88쪽.(김의경 역, 『중국 제국의 몰락』, 예전사, 1987, 103~104쪽.)

34 『淸聖祖仁皇帝實錄』 卷284, 康熙58年(1719) 4月, 2322쪽.

35 청나라 때 대학사들의 권한 축소에 대해서는 다음을 참조. 郭松義·李新達·李尙英, 같은 책, 187쪽.

36 강희시대 중반에 들어서면서 部院大臣들의 만주인 비율은 50%를 초과하였고, 마지막 10년 동안은 거의 60%까지 되었다. 總督의 경우도 마지막 10년 동안 90%에 육박하는 수치를 보여주었다. 이러한 추세에 대해서는 다음을 참조. 楢木野宣, 『淸代重要職官の硏究』, 風間書房, 1975, 246~249쪽.

37 왕조시대만 그런 것은 아니다. 권력자, 기업대표, 기관장이 자신이 직접 선발한 구성원을 대하는 것과 자신이 넘겨받은 구성원을 대하는 자세에는 분명한 차이가 있다. 그들은 가능하면 자신이 선택한 구성원들과 함께 조직의 틀을 짜려 한다.

38 강희시대의 南書房에 대해서는 다음을 참조. 朱金甫, 「論康熙時期南書房」, 『故宮博物院刊』 1990-02.

39 朱金甫(1990)는 남서방이 강희시대에 이미 정책결정의 핵심기구였고,

군기처로 발전하게 된다는 견해를 반박한다. 측근기구로서 남서방이 정책결정에 간여했던 것으로 본 견해들을 종합하여 정리한 글은 다음을 참조. 송미령, 같은 책, 47~52쪽.

40 송나라 때 군사권과 정치권력 사이의 관계에 대해서는 다음 논문을 참고. 傅禮白, 「宋代樞密院的失勢與軍事決策權的轉移」, 『史學月刊』 2004-02.

41 군수방은 1735년(雍正13)에 폐지되었기 때문에 정확하게 말해서 군수방이 군기처로 명칭을 변경한 것은 아니고, 별도의 기구로서 군기처가 설치된 것이다. 군수방과 군기처의 관계, 군기처의 설립시기에 대한 분석은 趙志强의 다음 논문들을 참조. 「軍機處成立時間考證」, 『歷史檔案』 1990-04; 「戶部軍需房述論」, 『淸史硏究』 1994-01.

42 내각과 군기처의 관계에 대해서는 高翔의 다음 논문들을 참조. 「略論淸朝中央勸力分配體制－對內閣, 軍機處和皇權關係的再認識」, 『中國史硏究』 1997-04; 「也論軍機處, 內閣和專制皇權－對傳統說法之質疑, 兼析奏摺制之源起」, 『淸史硏究』 1996-02.

43 군기대신들은 隆宗門(乾淸門 광장 서쪽) 안의 軍機堂에서 업무를 보았다. 군기대신의 임용 당시 관직에 대해서는 다음을 참조. 古鴻廷, 『淸代官制硏究』, 五南圖書出版公司, 2005, 75~76쪽.

44 군기처에서 만주인·몽골팔기·한군팔기·한인 등이 차지한 점유율과 그 변동 상황은 다음을 참조. 楢木野宣, 앞의 책, 170~175쪽.

45 건륭시대 10대 원정 중 준가르와 위구르에 대한 진행된 두 차례와 한 차례 전역을 제외한 일곱 차례의 전역은 모두 변경지역에서 진행된 통상적인 활동이었다. 건륭시대의 대외원정이 지닌 보여주기식 정치행위였다는 평가에 대해서는 다음을 참조. 페어뱅크 외, 『동양문화사』, 을유문화사, 1991, 299~300쪽. 만주인 황제가 지녔던 민족적 자격지심과 그에 따른 정치적 행위는 다음을 참조. 필립 A. 큔, 이영옥 옮김, 『영혼을 훔치는 사람들』, 책과함께, 2004.

5. 정치구조의 변화

1 1850년대를 포함하여 장기간에 걸친 중국근대사 연구 전반의 변화상황에 관해서는 다음 논문들을 참조. 龔書鐸·董貴成,「百年來中國近代史研究回顧」,『東南學術』 2000-03; 羅志田,「近三十年近代史研究的'變'與'不變' －幾點不系統的反思」,『社會科學研究』 2008-06; 步平,「改革開放與中國近代史研究」,『近代史研究』 2009-05.

2 1850년대의 정치구조를 이해하는데 김성찬이 발표한 두 편의 논문은 도움이 된다. 두 논문은 신유정변을 다루고 있지만 1850~60년대 정치집단들 사이의 세력관계나 권력교체의 정치논리를 파악하는데 참고할만한 가치도 있고 많은 참고문헌을 뒤지는 수고를 덜 수 있다. 김성찬은 국내외의 신유정변 연구성과를 전반적으로 소개하고, 함풍제의 유조(遺詔)가 지닌 의미를 분석하였으며, 자희태후가 권력을 장악할 수 있었던 요인을 황후의 대권이라는 관점을 통해 제시하였다. 金誠贊,「咸豊帝 遺詔의 歷史的 意味 －皇太后大權 傳統의 視覺에서 본」,『중국근현대사연구』 제53집, 2012.03;「辛酉政變(1861)과 太后大權論」,『역사와 경계』, 2012.03.

3 1980년대 이후 辛酉政變과 관련된 중국의 주요한 연구성과는 다음을 참조. 王蓮英,「近二十年辛酉政變研究綜述」,『燕山大學學報』 2009-09. 영국이 자신에게 우호적인 세력의 권력장악을 도왔다는 내용에 대해서는 다음을 참조. 이매뉴얼 C. Y. 쉬, 조윤수·서정희 옮김,『근·현대중국사(상)』, 까치, 2013, 327-331쪽.

4 코헨은 사람들이 자신이 직접 체험한 역사, 역사가들이 기록한 역사, 신화화된 역사 등 세 가지 방식으로 역사를 바라보게 된다고 여겼다. 그는 의화단운동을 세 가지 관점에서 접근하고 분석하였다. 이점에 대해서는 다음을 참조. Paul A. Cohen, *History in Three Keys: The Boxers as Event, Experience, and myth*, Columbia University Press, 1998; 柯文,『歷史三調: 作爲事件, 經歷和神話的義和團』, 江蘇人民出版社, 2000. 나는 자희태후라는 역사인물을 바라보는 방법에는 세 가지 이외에도 소설로 만들어진 역사가 하나 더 포함될 수 있다고 생각한다. 집단기억은 자희태후를 역사인물보다 소설 속 인물로서 바라보게[비난하게] 만들었고, 이성

적인 연구를 가로막았다. 자희태후에 대한 기억과 역사, 그리고 냉정한 연구의 필요성에 대해서는 다음을 참조. 汪榮祖,「記憶與歷史: 葉赫那羅氏個案論述」,『中央研究院近代史研究所輯刊』第64期, 2009.

5 야사(野史)와 자희태후 중심의 신유정변에 대한 이해를 넘어서려는 시도는 이미 표교열에 의해 진행되었다. 표교열은 1980년대 중반까지 신유정변과 관련된 연구동향을 자세히 소개하였고, 정변이 자희태후가 아닌 공친왕의 주도에 의해 이뤄졌음을 밝히려 하였다. 그는 정변의 최대 수혜자가 공친왕이었다는 결과를 통해 정변의 원인을 추적하고 분석하였다. 이점은 다음을 참조. 表教烈,「西太后政權의 成立過程에 대하여 -辛酉政變의 再檢討」,『동양사학연구』제21집, 1985. 하지만 그의 견해는 정변의 전후에 내려진 두 건의 상유에 대한 분석이 나오면서 더 이상 설득력을 얻기 어렵게 되었다. 자희태후는, 개인적인 모멸감을 씻으려 했든 권력을 얻으려했든, 肅順 등을 제거하도록 명령하는 상유의 초안을 직접 작성하였고 정변에서 주도적인 역할을 하였다는 사실이 명확하기 때문이다. 상유분석은 다음을 참조. 王開璽,「辛酉政變前後兩道諭旨考論」,『歷史研究』2012-04. 한편, 중국에서도 공친왕이 정변을 주도하고 자희태후는 그 과정에서 역사의 무대에 등장하게 되었다고 보는 견해가 존재하였다. 이점은 다음을 참조. 陳潮,「慈禧策動辛酉政變質疑」,『復旦學報』1996-02.

6 王開璽는 이미 2002년의 논문에서 辛酉政變을 反帝나 근대적인 관점이 아니라 전통적인 황권의 측면을 고려해야 한다고 여겼다. 이점은 다음을 참조. 王開璽,「辛酉政變與正統皇權思想 - 慈禧政變成功原因再檢討」,『清史研究』2002-04. 김성찬은 자희태후의 적극적인 역할이 가능했던 이유를 분석하였고, 자희태후가 정당성을 바탕으로 정변을 주도하고 성공할 수 있는 요인을 황태후대권(皇太后大權)의 전통에서 찾았다. 그는 자희태후를 정변의 과정에서 소극적 혹은 수동적인 주변인물이 아니라 적극적인 핵심인물로 판단하였고, 청나라의 비상상황이 수렴청정에 정당성을 부여하고 정변을 성공으로 이끄는 계기가 되었다고 여겼다. 주 2) 참조.

7 명나라와 청나라 내각, 그리고 군기처에 대한 간결하고 명확한 비교는 다음을 참조. 高翔,「略論清朝中央權力分配體制 - 對內閣, 軍機處和皇

權關係的再認識」, 『中國史硏究』 1997-04.

8 군기대신에는 대학사 이외에도 6부·이번원·도찰원·어전대신 등이 임명되었는데, 대학사의 숫자가 가장 많았다. 또한 군기대신은 자신의 "지위를 바탕으로" "해당부서와 관련된 정보에 어떠한 장애도 없이 접근할 수 있었다." 이점에 대해서는 다음을 참조. 송미령, 『청대 정책 결정기구와 정치세력』, 혜안, 2005, 150쪽.

9 중국사에서 황제, 중앙집권 그리고 관료 사이의 관계에 대한 통시대적 서술은 다음을 참조. 周良宵, 『皇帝與皇權』, 上海古籍出版社, 2006, 348-356쪽.

10 만력제는 관료들의 힘 앞에 황제가 얼마나 무기력한가를 잘 보여주는 사례이다. 물론 그가 48년 동안 재위하였다는 점에서 무기력한 것이 아니라 무책임했다고 반론을 제기할 수도 있다. 황제와 관료 사이의 관계에 대한 생생한 묘사는 다음을 참조. 레이 황, 김한식 외 옮김, 『1587: 만력 15년, 아무 일도 없었던 해』, 새물결, 2004.

11 嘉慶帝가 太上皇 乾隆帝의 사후 5일 만에 和珅을 처벌하고 과도한 처벌을 단행했던 것은 황권을 바로 세우려는 노력이었다. 그는 사실 和珅이 아니라 乾隆帝의 잘못된 행위를 단죄한 것이다. 이점에 대해서는 다음을 참조. 朱維錚, 『音調未定的傳統』, 遼寧教育出版社, 1995, 144-145쪽.

12 「穆彰阿傳」, 『淸史稿』 第38册, 中華書局, 1977, 11417면.

13 劉海峰, 「"穆黨"對道光朝晩期吏治的影響」, 『史學月刊』 2007-03.

14 권력을 특정인이 좌지우지하고 견제할 장치가 없는 상황은 어떤 경우든 바람직하지 않다. 여기에서 "큰 문제"가 아닐 수 있다는 것은 황제가 상황을 파악하고 잘못을 용납하지 않는다면, 특정인이 황제의 총애를 사칭하여 사욕을 채우거나 권한을 남용할 수 없다는 것을 의미한다.

15 타협적인 태도나 姚瑩·林則徐에 대한 처벌은 모두 도광제의 정책적 판단에 따른 것이었다. 穆彰阿·耆英에 대한 처벌은 다음을 참조. 이영옥, 「1840년 천조의 풍경 하나－오랑캐의 전화로부터 '천조' 지키기」, 『明淸史硏究』 제33집, 2010.

16 흥미롭게도 奕詝는 어진 성품 덕택에 제위에 올랐다. 도광제가 奕詝(咸

豊帝)와 奕訢(恭親王)를 데리고 사냥을 갔는데, 奕訢은 실력을 발휘하여 많은 소득을 올렸지만 奕詝는 만물이 소생하는 봄에 동물을 죽일 수 없었다고 하였다. 도광제는 어질고 착한 奕詝에게 제위를 물려주었다. 이 점은 다음을 참조. 왕징룬, 이영옥 옮김, 『중국의 황태자교육』, 김영사, 2007, 324-326쪽.

17 「杜受田」, 『淸史稿』 第38册, 中華書局, 1977, 11674면.

18 「杜受田」, 『淸史列傳』 第11册, 中華書局, 1987, 3204면.

19 「杜受田」, 『淸史列傳』 第11册, 中華書局, 1987, 3202면.

20 杜受田과 肅順 사이에 정치적 영향력이 있었던 인물로 祁俊藻·恭親王·文慶 등이 있는데, 이들은 함풍제의 사람으로 보기는 어렵다.

21 「宗室肅順」, 『淸史稿』 第38册, 11705면.

22 肅順을 일방적으로 폄훼해서는 안 되고, 실사구시의 입장에서 기존연구를 再考해야 한다는 논의는 다음을 참조. 楊華山, 「肅順新論」, 『學術月刊』 1997-06.

23 唐博는 도광시대 전반기 군기처 領班이었던 曹振鏞의 눈으로 가경제를 묘사하였다. 曹振鏞은 가경제가 어두운 밤에 말을 모는 장님처럼 힘만 들이고 어떤 성과도 내지 못한 것을 측은하게 여겼다. 唐博, 「一个軍機大臣眼中的嘉慶皇帝」, 『地圖』 2006-01. 도광제는 과거 청나라에서 무능하고 우유부단한 황제의 典型으로 평가되었다. 최근 그는 근검을 몸소 실천하고 매사에 신중했던 황제로 재평가되고 있지만, 그렇다고 해서 뛰어난 군주로 여겨지는 것은 아니다. 召見 사료를 통해 분석한 논문에 따르면, 도광제는 주관이 강하면서도 연약하였고, 함풍제는 활발하고 배우는 걸 좋아하였지만 집중력이 부족하였다. 이점은 다음 논문을 참조. 馮爾康, 「從召見臣工看道光帝, 鹹豐帝的理政和性格－以召見張集馨, 段光淸爲例」, 『江漢論壇』 2005-04.

24 1983년 李翰祥 감독의 『垂簾聽政』에서 함풍제는 영프연합군의 北京 점령이나 太平天國의 반란이라는 外憂內患을 해결할 생각이 없고, 허약한 육체에도 불구하고 쾌락만 추구하는 인물로 그려졌다. 이러한 묘사는 이후에 등장하는 통속소설에서 일반적이었고, 일반인들은 함풍제가 淫

亂無能하였다는 것을 '사실'로 믿는다. 2014년 7월부터 방영된 『제국의 눈물』은 과거에 비해 사실에 입각하여 함풍·동치 시대의 인물들을 그려내고 있지만, 함풍제는 여전히 자희태후와 恭親王보다 비중이 처지는 인물로 그려진다.

25 「宣宗本紀」, 『清史稿』 第4册 (中華書局, 1977), 708면; 「文宗本紀」, 같은 책, 727면; 『清文宗顯皇帝實錄』 卷108, 1197면.

26 황위계승에서 밀려난 皇子들은 사회적 지위를 보장받았고 경제적으로도 부족함이 없이 생활할 수 있는 특권을 향유하였다. 하지만 옹정시대 이후 정치에 개입하는 것을 엄격하게 금지하였다. 皇子를 비롯한 皇族의 특권에 대해서는 다음을 참조. 張晋藩, 『清朝法制史』, 中華書局, 1998, 219-241쪽. 정치개입금지에 대해서는 다음을 참조. 郭松義 外, 『清朝典制』, 吉林文史出版社, 1993, 26쪽.

27 태평천국의 진압을 둘러싼 이견과 恭親王의 등장에 대해서는 다음을 참조. 高中華, 『肅順與咸豐政局』, 齊魯書社, 2005, 27-32쪽.

28 佚名, 「記宰相有學無識」, 『清代野史』 第二卷, 巴蜀書社, 1983, 590쪽.

29 『清文宗顯皇帝實錄』 卷145, 1738-1739면.

30 『清文宗顯皇帝實錄』 卷174, 2012면.

31 『清文宗顯皇帝實錄』 卷173, 2001면.

32 「文慶」, 『清史稿』 第38册, 中華書局, 1977, 11686면.

33 佚名, 「納爾經額臨洛關之敗」, 『清代野史』 第二卷, 巴蜀書社, 1983, 570쪽.

34 「軍機大臣年表」, 錢實甫 編, 『清代職官年表』 第一册, 中華書局, 1987, 150-151쪽.

35 1858년 과거시험 부정사건에 대해서는 이견이 있다. 한쪽에서는 군기대신 柏葰이 肅順에게 아첨하지 않아서 滿洲世族임에도 불구하고 戮屍刑을 받게 되었다는 본다. 다른 한쪽에서는 肅順이 당시 과거시험에서 만연하고 있던 커닝 페이퍼[條子]를 근절시켰다고 본다. 어느 쪽이든 肅順의 영향력을 보여준 사건이었다. 楊華山의 주22) 논문 참조.

36 太平天國의 북벌이 실패하게 된 것은 天王 洪秀全을 비롯한 구성원들 사이의 갈등 때문이기도 하였지만, 흔들리던 관료사회가 恭親王을 통해 질서를 잡고 湘軍 등 鄕勇을 통해 八旗와 綠營의 전투력이 보강되었기 때문이기도 하다. 태평천국의 진압과 관련하여 湘軍, 滿漢關係 등에 대해서는 다음을 참조. 陳力·李水紅, 「危機中的變革 －太平天國運動前後滿漢關系: 以湘軍爲中心」, 『陰山學刊』 2010-08; 高中華, 「肅順與曾國藩集團關係述論」, 『中國國家博物館館刊』 2012-03.

37 물론 함풍제의 정책이 전쟁의 직접적인 원인은 아니다. 영국은 광저우 入城 협조, 개항장의 확대, 公使의 北京 상주, 관세 인하 등을 지속적으로 요구하였고, '책임 있는 관리'를 만나려고 했지만 청나라 조정은 줄곧 거부하였다. 이런 상황은 영국으로 하여금 무력을 통해 자신이 요구를 관철시키는 것이 유일한 방법이라는 생각을 갖게 하였고, 빌미를 찾게 만들었다. 제2차청영전쟁의 원인을 비롯한 관련 일반적인 연구성과는 다음을 참조. 葛夫平, 「建國以來第二次阿片戰爭史研究綜述」, 『史林』 2014-02. 전쟁과 관련된 국가들의 외교정책·무역·참전의도 등에 대한 더 구체적이고 생생한 분석은 John Y. Wong이 25년 간의 연구를 집약한 자신의 저서 *Deadly Dreams: Opium, Imperialism And the Arrow War(1856-1860) in China*를 직접 소개한 다음 글을 참조. 黃宇和, 「帝國主義新析-第二次阿片戰爭探索」, 『近代史研究』 1997-04.

38 穆彰阿의 처벌에 대한 더 자세한 내용은 주)15의 논문을 참조.

39 「文宗本紀」, 『淸史稿』 第4册, 中華書局, 1977, 714면.

40 葉名琛은 1854년 廣東 天地會의 봉기를 진압한 뒤에 함풍제로부터 큰 신임을 얻게 되었고, 協辦大學士(1855.10), 體仁閣大學士(1856.02)의 직위를 잇따라 수여받았다. 「徐廣縉·葉名琛」, 『淸史稿』 第39册, 11761-11766면. "葉名琛은 咸豊帝의 남쪽 기둥으로서 그의 모든 건의와 책략은 함풍제가 듣고 따르지 않음이 없을 정도였다." (茅海建, 『苦命天子』, 三聯書店, 2013年版, 159쪽.) 한편, 서양인들에게 葉名琛은 "공개적으로 서양 오랑캐를 멸시하며", "완고하고 오만한" 인물이었다. 이런 생각은 서양인들이 중국근현대사를 이해하기 위해 많

이 읽는다는 다음 책을 참조. 이매뉴얼 C. Y. 쉬, 조윤수·서정희 옮김, 『근·현대중국사(상)』, 까치, 2013, 252-254쪽.

41 『淸文宗顯皇帝實錄』 卷254, 2807면.

42 『淸文宗顯皇帝實錄』 卷252, 2788면.

43 『淸文宗顯皇帝實錄』 卷252, 2813면.

44 簡閱 혹은 校閱이라고 불리던 大閱儀는 오늘날의 군사열병식과 유사한 성격을 지녔다. 청나라는 순치시대부터 3년 1회의 大閱을 통해 왕조의 위엄을 대내에 과시하였다. 가경시대 이후에는 제도로서 존재할 뿐이었다. 이점에 대해서는 다음을 참조. 張琼, 「淸代皇帝大閱與大閱甲冑規制」, 『故宮博物院院刊』 2010-06.

45 恭親王이 관직에서 밀려난 뒤에 어떤 방식으로 자신의 영향력을 유지하고 있었는지에 대한 분석은 쉽지 않다. 1855년 7월부터 1858년 5월까지 3년 여 동안 恭親王이 어떻게 지냈는지 알 수 있는 방법은 현재로선 없다. 어쨌든 恭親王의 복귀는 그의 정치적 영향력을 보여주는 증거로 이해할 수 있다.

46 『淸文宗顯皇帝實錄』 卷260, 2879면; 같은 책, 卷270, 2989면; 같은 책, 卷272, 3025면. 恭親王은 이듬해에도 계속해서 함풍제를 대신하여 사직 제사 등을 지냈다.

47 『淸文宗顯皇帝實錄』 卷281, 3119면.

48 협상을 진행한 흠차대신에는 軍機大臣 穆蔭도 포함되었고, 그 역시 어떤 처벌도 받지 않았고 황제와 함께 熱河로 갔다. 『淸文宗顯皇帝實錄』 卷327, 3675면.

49 『淸文宗顯皇帝實錄』 卷337, 3784면.

50 懿貴妃는 함풍제가 죽기 전까지 청나라의 권력관계에서 중요한 인물이 아니었다. 왕조시대 여성들은 아들을 통해 귀해졌고[母以子貴], 懿貴妃도 예외가 아니었다. 황태후는 자신의 아들이 어린 나이로 즉위하였을 때 垂簾聽政이라는 형식으로 권력을 갖게 되었다. 이점에 대해서는 다음을 참조. 이화여자대학교 중국여성사연구실 엮음, 『중국여성, 신화에서 혁명까지』, 서해문집, 2005, 67쪽.

51 함풍시대 후반부터 동치시대까지 청나라 중앙의 권력구조변화에 대해서는 간단하게 당시의 상황을 묘사하는 정도의 서술들은 이미 1950년대에 나타났다. 王瑞成은 「"權力外移"與滿淸權力結構的演變(1855-1875)」(『近代史硏究』 2012-02)에서 기존의 서술·논의를 검토·종합하고 좀 더 체계적으로 분석하였다. 그는 함풍시대를 거치면서 지방의 군사권과 외교권이 황제의 권력으로부터 떨어져 나갔다고 본다. 한편, 함풍시대에 대해 王瑞成의 글보다 더 직설적이고 흥미로운 서술은 다음을 참조. 朱維錚, 「滿淸權力分裂現象」(『重讀近代史』, 上海文藝出版集團 中西書局, 2010), 234-240면.

52 주 5)에서 언급된 다음 논문의, 신유정변 전후에 자희태후가 친필로 작성한 상유분석을 참조. 王開璽, 「辛酉政變前後兩道論旨考論」, 『歷史硏究』 2012-04.

53 옌 총니엔, 장성철 옮김, 「대청제국 12군주열전(하)」, 산수야, 2007, 103-108쪽.

54 주 2) 김성찬의 첫 번째 논문 참조.

55 遺詔에 따르면, 모든 上論의 최종적인 재가는 두 태후의 印章을 통해 효력을 발휘하게 되어 있었다. 함풍제는 재위 초에 도광시대의 權臣들을 제거하는 과정에서 그들의 힘을 목격하였다. 따라서 政務 능력이 있는 西太后에게 일정한 권한을 부여함으로써 贊襄政務大臣들의 힘을 견제하려 했던 것으로 보인다.

56 總署와 軍機處의 관계에서 總署가 우위에 있었음은 분명하다. 軍機大臣의 과반수는 總署의 직무를 겸직하였고, 恭親王은 외교와 내정을 모두 관할하는 핵심 요직에 앉아있었다. 軍機大臣의 겸직상황은 다음을 참조. 「軍機大臣年表」, 錢實甫 編, 『淸代職官年表』 第一册, 中華書局, 1987, 151-155쪽.

57 『淸穆宗毅皇帝實錄』 卷136, 2437면; 卷132, 2381면. 1864년 6월, 洪秀全이 죽었고, 11월 태평천국은 진압되었다. 1865년 3월, 西太后는 이유에 대한 설명 없이 恭親王에게 "軍機處에서 더 이상 정무를 논의할 필요가 없다."면서 모든 직무를 박탈하였다. 4월, 자희태후는 恭親王이 "잘못을 고치고 스스로 새로워졌다." 복귀시켰다. 恭親王은 總署大臣과 領班

의 지위는 유지하였지만 議政王의 지위는 잃었다.

58 『清德宗景皇帝實錄』 卷179, 1538면. 恭親王의 罷職은 잘못된 것으로 판명되었다. 청나라는 프랑스와의 전쟁에서 사실상 패배하였고, 군사력의 증강도 이뤄지지 않았다. 1894년, 恭親王은 청일전쟁이라는 위기국면에서 다시 복귀한다. 하지만 그는 이미 李鴻章에 비해 영향력이 떨어졌다.

59 일부 督撫들은 太平天國을 진압하는 과정에서 군사권을 갖게 되었고, 군사권은 재정권을 갖게 만들었으며, 재정권은 결국 청나라 권력의 일부를 분점할 수 있게 하였다. 청나라 말기의 중앙과 지방의 관계에 대해서는 다음을 참조. 劉偉, 『晚清督撫政治』, 湖北教育出版社, 2003.

60 『清高宗純皇帝實錄』 卷184, 1734면.

61 한인들의 정치적 부상에 대해서는 다음을 참조. 高中華, 「肅順與曾國藩集團關係述論」, 『中國國家博物館館刊』 2012-03; 陳力·李水紅, 「危機中的變革: 太平天國運動前後滿漢關係－以湘軍爲中心」, 『陰山學刊』 2010-08.

62 옹정제가 모든 황자들을 모두 투옥·처벌한 것과, 도르곤이 사후에 처벌받은 것이 대표적인 사례이다.

6. 황제 위의 권력

1 진한 시대 이래 중앙에서 재상의 지위 변화과정에 대해서는 다음을 참조. 陳茂同, 『中國歷代職官沿革史』, 昆侖出版社, 2013.

2 청나라 팔기제도의 기원과 그 운용에 대해서는 다음을 참조. 패멀라 카일 크로슬리, 양휘웅 옮김, 『만주족의 역사』, 돌베개, 2013; 마크 C. 엘리엇, 이훈·김선민 옮김, 『만주족의 청제국』, 푸른역사, 2009; 임계순, 『清史－만주족이 통치한 중국』, 신서원, 2001. 군기처에 대해서는 다음을 참조. 송미령, 『청대 정책결정기구와 정치세력』, 혜안, 2005.

3 당나라 때 정사당에는 中書令, 門下侍中, 左右僕射, 同中書門下平章事 등이 참여하였다. 송나라 때가 되면 행정(中書의 同平章事와 參知政

事)·군사(樞密院의 樞密使)·재정(三司의 三司使) 등이 분리되었고, 각 책임자들이 황제의 지휘를 받는 형태였다. 한편, 명나라 때 내각의 대학사들은 왕조의 전반적인 문제에 대해 황제에게 조언하였다.

4 군기처의 만주인과 한인 평균 비율은 54.6%와 46.35%였다. 이에 대해서는 다음을 참조. 楢木野宣, 『清代重要職官の研究』, 風間書房, 1975, 165-167쪽.

5 건륭제 후반기에 막강한 권력을 행사하였던 和珅이 대표적인 사례이다. 그는 건륭제 사후 보름 만에 교수형에 처해졌고 가산은 몰수되었으며 가족들은 노비가 되었다. 和珅의 부패는 가경제가 과거 정치세력을 제거하기 위하여 지나치게 과장되었다. 이점은 다음을 참조. Wook Yoon, "Prosperity with the Help of "Villains," 1776-1799: A Review of the Heshen Clique and Its Era", T'OUNG PAO, V.98, Issue 4-5, 479-527, 2012.(→ 윤욱, 「和珅集團과 건륭말기에 대한 재평가(1776-1799)」, 김선민·윤욱·조성산·홍은희, 『동아시아의 근대, 그 중심과 주변』, 소명출판, 2013, 19~54쪽.)

6 형식적으로는 황태후였던 자안태후와 동치제의 생모 자희태후 두 사람이 동치제를 대신하여 최종적인 재가권을 행사하였다. 하지만 잘 알려져 있듯이 실질적인 결정은 정치적 야심과 수완을 가진 자희태후에 의해 이뤄지고 행사되었다. 金誠贊, 「咸豊帝 遺詔의 歷史的 意味 -皇太后大權 傳統의 視覺에서 본」, 『중국근현대사연구』 제53집, 2012.

7 신유정변을 전후하여 청나라의 정치구조가 어떻게 변하게 되었는지에 대한 상세한 시술은 다음을 참조. 이영옥, 「청나라의 정치구조 변화, 1850~1864」, 『중국사연구』 제93집, 2014. 총서와 정국의 변화의 관계에 대해서는 다음을 참조. 민홍기, 「清末 總理衙門의 성립과 개편-1860~1876년 政局변화와 관련하여-」, 중앙대학교 석사학위논문, 2011.02.

8 왕조체제에서 황제의 즉위, 의례, 계승, 복식 그리고 황제권의 변화 과정에 대해서는 다음을 참조. 周良宵, 『皇帝與皇權』, 上海古籍出版社, 2006.

9 청나라의 황태자 교육에 대해서는 다음을 참조. 왕징룬, 이영옥 옮김,

『중국의 황태자교육』, 김영사, 2007, 301~326쪽. 황태자 교육과 정치적 의미에 대해서는 강희제가 황태자로 결정되고 교육받는 과정에 대한 다음 연구를 참고. 송미령, 「淸 康熙帝의 皇太子 결정과 그 位相」, 『明淸史硏究』 제33집, 2010.

10 가경제의 경우 건륭제가 태상황으로서 건재하던 시기에 일어난 백련교도의 반란의 해결을 자신이 떠맡아야만 했고, 도광제의 경우 황제로서 개인적인 품성이나 통치를 위한 노력이 청영아편전쟁이라는 사건에 압도되었다. 사실 중국에서 나약이나 무능이라는 선입견을 버리고 청나라의 盛世 이후 황제들에 대해 서술하기 시작한 것은 1990년대 이후의 일이고, 그 배경에는 경제적 성장에 따라 갖게 된 자신감이 자리잡고 있다. 가경제와 도광제에 대해서는 다음을 참조. 關文發, 『嘉慶帝』, 吉林文史出版社, 1999; 孫文范·馮士鉢·干伯銘, 『道光帝』, 吉林文史出版社, 1993.

11 순치·강희시대 섭정왕 도르곤과 오보이의 평가에 대해서는 다음을 참조. 孫成德, 「乾隆皇帝用檔案爲多爾袞平反」, 『檔案春秋』 2013-05; 韓永福·霍華, 「順治皇帝禮葬多爾袞詔書」, 『歷史檔案』 2011-02; 白新良, 「康熙擒鰲拜時間考」, 『滿族硏究』 2005-03; 周遠廉·趙世瑜, 「論鰲拜輔政」, 『民族硏究』 1984-06.

12 1861년 신유정변 때 자희태후가 직접 조서를 작성한 것을 처음으로 볼 수도 있다. 하지만 그 때까지 자희태후는 공친왕과 대사를 공모하는 관계였고, 상하관계는 아니었다. 자희태후가 정변 때 직접 조서를 작성하였다는 것에 대해서는 다음을 참조. 王開璽, 「辛酉政變前後兩道諭旨考論」, 『歷史硏究』 2012-04.

13 "군주는 자신에게 대항하는 반대세력들을 극복함으로써 위대해진다." (마키아벨리, 김경준 해제, 『권력의 법칙』, 원앤원북스, 2007, 85쪽)는 마키아벨리의 말을 상기할 만하다. 자희태후는 신유정변을 통해 찬양정무대신들을 제거하고, 공친왕의 의정왕 지위를 박탈하는 과정을 통해서 자신이 지닌 힘을 깨달았고, 행사하였다.

14 1884년의 상황은 다음 절에서 논의한다.

15 吉林文史出版社의 淸帝列傳시리즈는 대체로 과거에 지나치게 폄하되었

던 황제들에 대해서도 좀 더 긍정적인 평가를 내리고 있다. 그런데 동치제에 대한 평가는 그렇지 못하다. 동치제를 교육한 翁同龢는 자신의 일기에서 황제가 재능이 부족하고 나태하였으며, 태후의 질책도 아무런 효과가 없었다고 기록하였다. 徐立亭, 『咸豊·同治帝』, 吉林文史出版社, 1994, 379쪽. 翁同龢의 원문은 다음을 참조. 翁同龢, 陳義杰 整理, 『翁同龢日記』 第二册, 中華書局, 1998, 864·882쪽.

16 위의 표는 다음 책의 연표를 근거로 작성되었음. 錢實甫, 『淸代職官年表』 第一册, 中華書局, 1997, 150~153쪽.

17 사실 일반인도 마찬가지이다. 오히려 능력이 부족할수록 일종의 자격지심 때문에 지위만으로 권위를 대신하고 그 권위로 아랫사람을 억누르려 한다.

18 紫禁城은 22만평, 圓明園은 90만평이다. 紫禁城은 황제의 안전을 위하여 樹木을 제한하였기 때문에 웅장하지만 무미건조한 느낌을 주지만, 圓明園은 휴식을 위한 공간이기 때문에 그 속에서 평온함을 느낄 수 있다.

19 宦官 安德海는 자희태후의 뜻을 알려주고 貴祥과 得泰는 자희태후의 비위를 맞추기 위하여 방법을 찾고 상주문을 올린 것이었다. 吳相湘, 「宮廷奢糜之漸」, 『晚淸宮廷實記』, 中國大百科全書出版社, 2009, 163-164쪽.

20 『淸文宗顯皇帝實錄』 卷358(同治12年10月02日), 4911면.

21 吳相湘, 「朱諭重修圓明園」, 앞의 책, 165쪽.

22 康熙·雍正·乾隆 삼대에 걸친 圓明園의 건설에 3천~4천만 냥의 비용이 들었던 것으로 계산된다. 청나라의 1년 재정이 6천~8천만 냥이었다. 圓明園을 재건하려면 현재도 2조원(한화) 이상이 필요하다고 본다. 이처럼 막대한 비용 때문에 중국정부도 선뜻 재건하겠다고 나서지 못한다. 여론도 호의적이지 않아서 인터넷에서 실시한 조사에서 반대의견이 80%를 넘었다. 信海光, 「重建圓明園眞的不可以嗎?」, 『創新時代』 2012-01.

23 李光昭 사기사건은 다음을 참조. 雷頤, 「一桩官場醜聞:大工程裏好賺錢」, 『李鴻章與晚淸四十年』, 山西人民出版社, 2009, 276~283쪽. 李光昭에게

革職과 斬監候의 처벌이 내려졌다. 이점은 다음을 참조. 『清文宗顯皇帝實錄』 卷370(同治13年08月18日), 5027면.

24 공친왕이 올린 주접의 내용은 실록에는 보이지 않고 나중에 고궁박물관에서 원본이 발견되었다. 그 내용은 다음을 참조. 吳相湘, 「恭王請及時定志摺」, 앞의 책, 178쪽.

25 吳汝綸, 『桐城吳先生日記』, 河北教育出版社, 1999, 314쪽. 吳汝綸은 曾國藩과 李鴻章의 막료로서 당시의 상황을 비교적 정확하게 알 수 있는 자리에 있었다.

26 『清穆宗毅皇帝實錄』 卷369(同治13年07月28日), 5019면.

27 『清穆宗毅皇帝實錄』 卷370(同治13年07月29日), 5020면. 실록에는 기록이 보이지 않지만, 공친왕에게 부화뇌동하였다는 이유로 순친왕, 文祥, (李鴻藻 등 10명의 대신들까지 파면하였다.(吳汝綸, 앞의 책, 314쪽.)

28 『清穆宗毅皇帝實錄』 卷370(同治13年08月01日), 5021면.

29 생일잔치는 3일 전인 8일의 사전 축하를 시작으로 생일 다음날인 11일까지 열렸다.

30 하사금은 은량, 하사품은 상징적인 성격의 服飾 종류였다. 하사금은 친왕·군왕·버일러 등에게, 하사품은 恭親王·文祥·寶鑑·沈桂芬·李鴻章·左宗棠 등에게 내려졌다. 다음을 참조. 『清穆宗毅皇帝實錄』卷 361(同治12年12月25日), 4947~4948면.

31 『清穆宗毅皇帝實錄』 卷366(同治13年05月04日), 4947~4948면.

32 『清穆宗毅皇帝實錄』 卷372(同治13年10月02日), 5041면.

33 『清穆宗毅皇帝實錄』 卷372(同治13年10月08日), 5042면.

34 『清穆宗毅皇帝實錄』 卷372(同治13年10月10日), 5043면.

35 『清穆宗毅皇帝實錄』 卷372(同治13年10月10日), 5043면.

36 翁同龢, 陳義杰 整理, 『翁同龢日記』 第二册, 中華書局, 1998, 1073쪽.

37 동치제의 병명은 천연두가 아니라 매독이라는 견해도 있다. 동치제 사후 처벌을 받은 總管太監 張得喜, 內務府大臣 文錫·貴寶職은 동치제를 데

리고 민간 유곽을 데려간 인물들이었고, 그들은 자신들의 잘못으로 황제를 죽음에 이르게 하였기 때문에 처벌받았다는 것이다. 이점에 대해서는 다음을 참조. 李鎭, 「同治究竟死于何病」, 『文史哲』 1989-06.

38 『清穆宗毅皇帝實錄』 卷373(同治13年11月10日), 5043면.

39 동치제의 사망이 권력에서 소외된 자희태후가 꾸며낸 일이라 믿는 사람들도 있고, 문학작품이나 영화를 통해서 일반인들에게 사실처럼 알려졌다. 하지만 당시 대신들은 동치제의 죽음에 대해 어떤 의문도 제기하지 않았고, 翁同龢는 동치제가 어떤 상태였고 어떻게 치료를 받았는지 상세하게 기록하였다. 翁同龢, 陳義杰 整理, 『翁同龢日記』 第二册, 中華書局, 1998, 1077쪽.

40 흑기군에 대해서는 다음을 참조. 鄭正偉, 「中法交涉曾紀澤對紅江通商與黑旗軍處置議案的策略」, 『史學月刊』 2004-03; 牟安世, 「論中法戰爭與雲南及黑旗軍的關係」, 『浙江學刊』 1987-05.

41 李鴻章이 베트남출병에 소극적이었던 것에 대하여 과거에는 자신의 영향력을 유지하려는 사적인 이익 때문이라는 식의 평가가 내려졌다. 하지만 현실적으로 청나라가 프랑스에 대항할 만한 군사력을 지니지 못하였다는 점에서 그의 행위가 재평가되어야 한다. 이점에 대해서는 다음을 참조. 關威, 「對李鴻章在中法戰爭中幾個問題的再認識」, 『重慶社會科學』 2005-12.

42 清流(혹은 清議)는 광서시대 초기에 등장하여 명분을 내세우며 유화적인 외교정책을 비판하였다. 이들의 등장과 명칭에 대해서는 다음을 참조. 崔熙在, 「光緒初 清議經世論의 발전과 그 지향」, 『史學志』 제29집, 1996; 王維江, 「從清流到清流黨」, 『史林』 2006-01; 陳勇勤, 「晚清清流派思想研究」, 『近代史研究』 1993-03. 사실, 권력관계라는 관점에서 보면 清流는 자희태후의 묵인 아래 공친왕계를 견제하였던 것으로 볼 수도 있다.

43 盛昱은 군기대신들을 탄핵할 의도가 있었던 것은 아니라, 프랑스와의 충돌에서 사기를 진작하기 위하여 관련자들을 질책하기를 바라였다. 이점을 다음을 참조. 孔祥吉, 「甲申易樞與中法戰爭」, 『中國人民大學學報』 1989-01. 孔祥吉는 청나라가 갑신역추라는 내부 권력투쟁 때문에

전쟁을 제대로 수행할 수 없었다고 시각에서 청프전쟁을 서술하였다.

44 『淸德宗顯皇帝實錄』 卷179, 1538-1539면(光緖10年03月13日).

45 청프전쟁시기의 연구는 대체로 전쟁 자체의 원인과 경과, 그리고 청나라의 태도 등에 관한 것들이었다. 이에 대해서는 다음을 참조. 王遠志, 「30年來中法戰爭硏究述評」, 『軍事歷史硏究』 2009-01.

46 陳勇勤, 「論甲申易樞後淸流黨人任海疆三會辦問題」, 『歷史檔案』 1991-01.

47 『淸德宗顯皇帝實錄』 卷180, 1547면(光緖10年03月23日) / 卷182, 1563면(光緖10年04月16日).

48 『淸德宗顯皇帝實錄』 卷184, 1584면(光緖10年05月04日)

49 『淸德宗顯皇帝實錄』 卷195, 1726·1727면(光緖10年10月01日)

50 『淸德宗顯皇帝實錄』 卷196, 1733면(光緖10年10月12日). 이듬해 1월부터 8월까지 내려진 상유는 대부분 장수를 누리던 부모를 둔 京外관료들에게 편액을 하사한다는 내용이었다.

51 朱壽朋, 『光緖朝東華錄』 第二册, 2119면(光緖12年06月10日).

52 朱壽朋, 『光緖朝東華錄』 第二册, 2123면(光緖12年06月14日).

53 『淸德宗顯皇帝實錄』 卷293, 2530면(光緖17年01月22日) 본문의 사진은 황후의 儀駕이고, 『大淸會典』의 황태후 의가가 흑백이라서 참고용으로 『皇帝禮器圖式册』의 그림을 인용하였다. 의가에 대해서는 다음을 참조. 『欽定大淸會典圖二』 卷86 輿衙十, 儀駕一, 綫裝書局, 853~857면. 황태후의 의가는 황후의 것에 비해 장식이 더 화려하다. 황태후와 황후의 儀駕에 대한 크기·장식·재질 등을 규정하고 있는데, 둘은 각각 5대와 4대의 의가를 보유하였다. 황태후가 하나 더 보유한 儀駕는 萬壽金輦으로 가장 크고 화려하였다.

54 『淸德宗顯皇帝實錄』 卷319, 2704면(光緖18年12月05日).

55 小島晋治·丸山松幸, 朴元熇 譯, 『中國近現代史』, 知識産業社, 1989, 46쪽.

56 자희태후가 해군전함의 구입보다 자신의 즐거움을 위해 頤和園을 수리하는데 더 열성적이었던 상황에 대해서는 다음을 참조. 王道成, 「中日甲

午戰爭與慈禧太后」, 『清史研究』 1994-04.

57 『清德宗顯皇帝實錄』 卷320, 2710면(光緖19年01月01日).

58 『清德宗顯皇帝實錄』 卷330, 2782면(光緖20年01月01日) / 卷347, 2905면(光緖20年08月16日).

59 『清德宗顯皇帝實錄』 卷330, 2956면(光緖20年10月10日) / 卷353, 2991면(光緖20年11月01日).

7. 자희태후의 왕조

1 의화단운동은 1899년 11월부터 1900년 8월까지 의화단원들은 山東에서 시작하여 베이징까지 세력을 확장하고 외국인과 교회·공사관 등을 공격하였던 반외세·반기독교 운동이다. 이글에서 의화단사건은 의화단원들이 베이징으로 들어와서 8개국연합군에 의해 진압될 때까지 벌어진 일련의 과정들로 한정하여 사용하였다.

2 제이데이 바르부는 『역사심리학』(임철규 역, 창작과비평사, 1983, 30쪽)에서 역사심리학이 역사학과 마찬가지로 "과거의 사건이 남긴 여러 가지 종류의 흔적을 해석하는 것"이고, 역사심리학자는 "매우 간접적인 성격을 띤 증거자료를 해석한다는 어려운 작업에 모든 시간을 소비"한다고 하였다. 바르부는 『역사심리학』에서 개인보다는 집단과 사회의 심리와 성격을 연구대상으로 하였는데, 이글은 개인 자희태후의 심리를 설명해보려는 것이다.

3 의화단사건(운동)에 대한 연구는 의화단의 기원, 조직의 성격, 동남호보 등을 중심으로 진행되었다. 이점에 대해서는 다음 두 논문을 참조. 崔志海, 「新中國成立以來的國內義和團運動史研究」, 『史學月刊』 2014-09; 劉志鵬·方艷華, 「義和團運動110周年國際學術討論會綜述」, 『貴州社會科學』 2011-03. 한국에서도 상황은 비슷한데 지역사(이은자, 『의화단운동 전후의 산동-민간종교결사와 권회에 관한 연구』, 고려대출판부, 2002; 김종건, 「19세기말 산동지역 반교회활동과 초기 의화단운동」, 경북대 박사학위논문, 1996)의 관점이나 한국에 끼친 영향(차경애, 「의화

단운동 진압전쟁이 한국의 사회·경제에 미친 영향」, 『중국현대사연구』 제23집, 2004; 「의화단운동 진압전쟁으로 인한 한국의 국제적 환경의 변화와 대응」, 『명청사연구』 제24집, 2005) 등이 특징이라고 할 수 있다.

4 나는 청영아편전쟁을 기준으로 하여 淸史와 近代史의 영역으로 구분하여 연구하는 방식이 옳지 않다고 생각한다. 이제 중국근대사의 출발점을 청영아편전쟁이 아니라 청일전쟁이나 신해혁명으로 보는 편이 더 타당할 것으로 보인다. 시간이 흐름에 따라 근대사의 시기구분이 다시 이뤄져야 함에도 불구하고, 여전히 근대사가 청영아편전쟁부터 시작되는 것으로 보는 관점은 이제 재고되어야 한다. 20세기에 학문 활동을 시작한 연구자들에게 그 전쟁은 가까운 시기에 벌어진 일이었을지 모르지만, 21세기이후 학문에 발을 들여놓은 연구자들에게 그 전쟁은 이미 오래전의 일이고, 주목할 만한 사건이 아니다. 다만 본문에서 중국근대사라고 했을 때 일반적으로 받아들여지는 시기(아편전쟁~신해혁명)을 의미한다. 과거에는 청영아편전쟁을 시작으로 1911년 혁명에 이르는 과정을 운동사 중심으로 파악하는 연구풍토가 존재하였고, 그 속에서 청나라 자체의 권력구조나 그 중심에 있던 만주인들에 대한 관심이 부족하였다. 청영아편전쟁부터 청나라의 멸망까지 70여년의 역사에 대한 연구경향의 변화, 그리고 좀 더 진전된 연구방식에 대해서는 다음을 참조. 유장근, 『현대중국의 중화제국 만들기』, 푸른역사, 2014, 84-93쪽.

5 청나라의 정체성과 관련된 연구동향은 다음을 참조. 常建華, 「國家認同－淸史研究的新視角」, 『淸史研究』 2010-2; 김선민, 「만주제국인가 청제국인가－최근 미국의 청대사 연구동향을 중심으로」, 『사총』 71, 2011. 명청사와 근대사 연구 사이의 간극을 메우기 위해 두 연구의 소통과 새로운 방법론이 필요하다는 문제의식은 다음을 참조. 趙世瑜, 「明淸史與近代史－一個社會史視角的反思」, 『學術研究』 2005-12.

6 徐徹, 『慈禧大傳』, 遼沈書社, 1994; 陳捷先, 『慈禧寫眞』, 商務印書館, 2011. 徐徹는 『慈禧大傳』 이외에도 여러 권의 책을 냈는데, 기본적으로 『慈禧大傳』의 서술 범위를 벗어나지 않거나 흥미로운 사실들을 간추린 것이다. 陳捷先의 『慈禧寫眞』은 청사연구의 대가로서 역사서로서 품격을 잃지 않으면서도 일반 중국인들도 쉽게 읽을 수 있게 慈禧太后를 서술하였다. 다만 인용문들의 출처가 명기되지 않아서 연구에 직접적인

도움을 받기는 어렵다. 의화단사건을 전후한 시기 자희태후의 정치행위에 대해서는 徐徹와 陳捷先의 단행본에서 해당시기를 참고할 수 있고, 桑兵(『庚子勤王與晚清政局』, 北京大學出版社, 2013)의 연구는 의화단사건을 전후한 시기 청나라 조정을 둘러싼 정치적 변화를 분석하는데 도움을 받을 수 있다. 단행본 이외에 이글의 주제와 관련하여 두 편의 논문이 존재한다. 먼저, 歐陽躍峰(「義和團運動時期慈禧太后心理剖析」, 『史學月刊』 2003-04)은 의화단운동시기 자희태후의 열강에 대한 선전포고는 그녀가 가진 적대감이 의화단을 이용하여 열강에 복수하려는 심리에서 비롯되었다고 여겼다. 한주현(「西太后의 政治權力 研究: 義和團運動時期를 중심으로」, 조선대학교 석사논문, 2009.)은 주로 기존의 국내 연구성과를 정리하고 의화단운동시기 자희태후의 행위를 정치권력의 운용과 실패라는 관점에서 접근하였고, 무술정변부터 신정(新政)시기까지 자희태후의 권력변화를 설명하였다. 이 논문은 국내의 연구성과들을 비교적 잘 정리하였고, 자희태후의 관점에서 의화단시기를 설명하려 했다는 점에서 참고할 만하다.

7 누르하치가 여허(Yehe) 부족을 멸망시켰고, 그 후손인 자희태후가 청나라를 멸망하게 했다는 것은 소설의 상상력이 만들어낸 이야기이다. 자희태후는 현재 우리나라 방식으로 표현한다면 서울의 중산층 전문직 집안에서 태어났다. 여허나라씨의 家譜가 발견되면서, 우리는 여허 부족과 자희태후의 집안 내력에 대해 더 상세한 정보를 얻게 되었다. 劉慶華, 「慈禧太后家世新正 –『德賀訥世管佐領接襲家譜』研究」, 『滿族研究』 2009-02; 薛柏成, 「慈禧家世史料 –『德賀訥世管佐領接襲家譜』再論」, 『延邊大學學報』 2014-02.

8 자희태후의 유년기에 대해서는 주 7)에서 인용한 徐徹과 陳捷先의 저서를 참조.

9 자희태후의 할아버지 景瑞가 세상을 떠난 시기는 정확히 알 수 없다. 그가 공금결손 사건에 연루된 것은 戶部의 殺虎口稅務監督으로 일할 때였고, 보석으로 풀려난 뒤에는 律例館提調, 河南司郎中 등을 역임하였다. 景瑞의 관직에 대해서는 주 11)의 두 논문을 참조.

10 자희태후의 아버지 惠徵은 그녀가 궁에 들어가기 전에는 山西 綏道 道

員이었고, 그녀가 궁에 들어간 뒤에 安徽 寧池太廣道 道員으로 옮겼다.

11 청나라 때 만주인 팔기 집안의 13~17세 여아들 가운데 秀女를 선발하였고, 수녀들 가운데 다시 일종의 후궁들(妃, 嬪, 貴人, 常在)을 선발하였다. 수녀들은 20세가 되면 새로운 궁녀들에게 자리를 넘겨주고 궁을 떠났다. 하지만 황제의 여자인 후궁들은 궁을 떠날 수 없었다. 자희태후는 수녀로 선발된 다음 다시 후궁에 선발되었다. 선발방식은 다음을 참조. 向斯, 「淸代如何選秀」, 『文苑』 2012-11. 궁녀들의 일반 삶에 대해서는 다음을 참조. 진이·선이링, 주수련 옮김, 『서태후와 궁녀들』, 글항아리, 2012.

12 『淸文宗顯皇帝實錄』 卷89(咸豐3年03月26日), 844면.

13 함풍시대의 정치구조는 영프연합군과의 전쟁을 거치면서 황제의 권한이 약화되었다. 신유정변 이후 청나라의 권력은 관료사회와 외교업무를 장악한 공친왕과, 관료의 임면과 정책의 최종적인 재가권을 가진 두 명의 태후가 분점하고 있었고, 황제는 청나라의 상징적인 대표였을 뿐이었다. 청나라의 정치구조 변화와 자희태후의 역할은 다음을 참조. 이영옥, 「청나라의 정치구조 변화, 1850~1864」, 『중국사연구』 제93집, 2014.12.; 「萬壽無疆: 자희태후의 생일잔치」, 『역사와 경계』 제47집, 2015.06.

14 순친왕과 예친왕은 황제가 아직 정무를 처리할 능력이 되지 않으니 몇 년 뒤에 상황을 봐서 완전히 친정을 하게 해달라고 간청하였다. 여기에서 몇 년[數年]은 기한이 정해지지 않았다. 『淸德宗景皇帝實錄』 卷229(光緖12年06月03日), 2013·2017·2019면.

15 梁啓超는 양무파가 작은 변화[小變]만을 추구하였기 때문에 실패하였고, 근본적이고 큰 변화[大變]가 필요한 때라고 주장하였다. 이점에 대해서는 다음을 참조. 梁啓超, 「論變法不知本原之害」, 中國史學會 編, 『戊戌變法(三)』, 上海人民出版社, 2000, 19-21쪽.

16 張之洞은 한 때 康有爲와 교류하고 上海强學會의 설립에 참여하였으나 康有爲와 견해차 때문에 결별하게 되었다. 이점은 다음을 참조. 茅海建, 「張之洞, 康有爲的初識與上海强學會, 《强學報》」, 『華東師範大學學報』 2013-01.

17 「京友再述國事要聞」[『申報』(光緒24年08月17日)], 中國史學會 編, 『戊戌變法(三)』, 427-428쪽.

18 보국회는 3월 27일과 윤3월 1일에 두 차례 회의를 개최하였다. 그 뒤 윤3월 12일부터 御史 黃桂鋆·潘慶瀾·李盛澤 등은 보국회를 엄격하게 조사하여 화근을 제거해야 한다고 상소하였다. 관료들을 비롯한 구성원들은 감히 활동을 지속하지 못하였다. 보국회의 해산에 대해서는 다음을 참조. 馬忠文, 「戊戌保國會解散原因新探」, 『晚清人物與史事』, 北京師範大學出版社, 2015, 227-233쪽. 陳新田, 「試論保國會」, 『湖北師範學院學報』 1995-01.

19 御史 黃桂鋆은 "古今 天下에서 권력이 위에서 다뤄지면 다스려지고, 권력이 아래에서 나눠지면 어지러워진다."는 논리로 보국회의 활동을 비난하였다. 이점은 다음을 참조. 黃桂鋆, 「禁止莠言摺」, 中國史學會 編, 『戊戌變法(三)』, 上海人民出版社, 2000, 465쪽.

20 『清德宗景皇帝實錄』 卷418(光緒24年04月23日), 3611면.

21 『清德宗景皇帝實錄』 卷418(光緒24年04月27日), 3612-3613면. 翁同龢의 면직·귀향 처분[開缺回籍]의 주체가 慈禧太后인가, 光緒帝인가에 대해서는 논란이 있었는데, 만한관료의 대립으로 보아야 한다는 견해도 있다. 翁同龢의 해임에 대해서는 다음을 참조. 舒文, 「翁同龢開缺原因新探」, 『清華大學學報』 1998-03; 侯宜杰, 「略論翁同龢開缺原因」, 『清史研究』 1995-04.

22 광서제가 중앙 부서와 지방에서 변법에 반대하는 관리들을 해임하고 찬성하는 관리들을 임용한 상황은 다음을 참조. 栾曄, 「清末帝, 后黨爭之起因, 措施與結局新論」, 『滿族研究』 2012-01.

23 광서제가 변법을 추진하는 과정에서 신중하지 않았던 것은 아니다. 사실 그가 추진한 변법은 康有爲가 의도했던 입헌군주제라는 틀을 만드는 것이라기보다 황제체제를 유지하는 선에서 진행되는 몇몇 제도의 변화였을 뿐이다. 이점에 대해서는 다음을 참조. 張怡梅, 「略論戊戌變法時期光緒皇帝的傾向性」, 『河北師範大學學報』 1999-04.

24 과거 혁명사관이 지배하던 시절의 관점에 따르면, 무술변법이 실패한

이유는 충분히 혁명적이지 못하였고 민중들의 지지를 받지 못하였기 때문이었다. 이점은 다음을 참조. 李喜所, 「關于戊戌變法失敗原因的歷史反思」, 『史學月刊』 1998-04.

25 章開沅 主編, 『淸通鑑』 4, 岳麓書社, 2000, 822쪽. 일본인을 끌어들이는 것과 관련하여 康有爲 등이 합방론을 통해 일본의 협조를 얻어내려 하였다는 논의가 존재한다. 무술변법과 일본의 관계에 대해서는 다음을 참조. 雷家聖, 「失落的眞相－晚淸戊戌變法時期的'合邦'論與戊戌政變的關係」, 『中國史硏究』 第61輯, 2009; 邱濤·鄭匡民, 「戊戌變法前日中結盟活動」, 『近代史硏究』 2010-01.

26 『淸德宗景皇帝實錄』 卷426(光緖24年08月06日), 3691면.

27 『淸穆宗毅皇帝實錄』 卷136, 2437면; 卷132, 2381면.

28 張之洞이 아들·조카들과 교환한 서신을 분석한 결과에 따르면, 그는 康有爲를 불신하였다. 그는 변법을 반대한 것이 아니라 그것을 주도하고 있던 康有爲의 과격한 방식을 반대하였다. 이러한 견해에 대해서는 다음 논문들을 참조. 茅海建, 「戊戌變法期間張之洞之子張權, 之侄張檢, 張彬的京中密信」, 『中華文史論叢』 2010-03; 張雲峰, 「再論戊戌變法中的張之洞」, 『滄桑』 2011-01; 喬志强, 趙璐, 「戊戌時期康有爲, 張之洞關係略論」, 『西安敎育學院學報』 2001-12.

29 蕭功秦, 『危機中的變革』, 上海三聯書店, 1999, 99쪽.

30 『淸德宗景皇帝實錄』 卷427(光緖24年08月18日), 3696면.

31 양력으로 1900년 1월 24일이다. 『淸德宗景皇帝實錄』 卷457(光緖25年12月24日), 3980-3981면.

32 桑兵, 앞의 책, 38쪽.

33 板野正高, 『近代中國政治外交史』, 東京大學出版社, 1973, 463쪽.

34 孫昉·孫向群, 「己亥建儲與晚淸政治危機」, 『北方論叢』 2009-05.

35 중국북부의 반기독교운동은 청일전쟁 직후 비밀결사 大刀會를 중심으로 전개되었다. 그런데 1896년 山東 서부지역에서 義和拳·梅花拳으로 불리는 조직이 등장하여 교회와 교민을 공격하기 시작하였고, 1898년부

터 반기독교운동이 사실상 義和團을 중심으로 전개되었다. 義和團의 전개에 대해서는 다음을 참조. 차경애, 「의화단운동과 제국주의열강: 의화단운동의 진압과정을 중심으로」, 이화여대 박사학위논문, 1994.02, 21-42쪽; 이은자, 『의화단전후의 산동: 민간종교결사와 권회에 관한 연구』, 고려대 출판부, 2002, 114-147쪽.

36 『清德宗景皇帝實錄』 卷418(光緒24年04月03日), 3604면. 명청시대 조정이 제도권 밖에서 위법행위를 하던 조직들을 제도권 안으로 끌어들였고, 타협했던 것은 놀라운 일이 아니었다. 이점은 「2015년 명청사학회 국제학술대회 자료집: 동아시아 상인 열전: 商人의 窓으로 역사를 보다」(명청사학회, 2015.8.21.)에서 명청시대 해안에서 활동하였던 해적에 대한 조정의 대응을 참조.

37 『清德宗景皇帝實錄』 卷430(光緒24年09月07日), 3723면; 『清德宗景皇帝實錄』 卷430(光緒24年 10月12日), 3736면. 우리는 위의 내용을 자희태후가 의화단에 의지하였다는 식으로 오해해서는 안 된다. 자희태후에게 의화단은 통제해야 하는 대상이었다.

38 의화단과 조정의 관계에 대해서는 편견이 존재한다. G. N. Steiger는 *China and the Occident: The Origin and the Development of the Boxer Movement*(Yale University Press, 1927, pp.136-137)에서 자희태후는 처음부터 의화단을 외국인의 군사적 행위에 대비하려는 구상을 가지고 있었다고 서술하였다. 그 이후 최근 구미에서 가장 많이 읽히는 중국근현대사 저서[이매뉴얼 C. Y. 쉬, 조윤수·서정희 옮김, 『근·현대중국사』, 까치, 2013; 조너선 D. 스펜스, 김희교 옮김, 『현대중국을 찾아서』, 이산, 1998]에서도 그러한 견해는 유지되고 있다.

39 『清德宗景皇帝實錄』 卷456(光緒25年11月22日), 3967면.

40 胡濱 譯, 『英國藍皮書有關義和團運動資料選譯』, 中華書局, 1980, 12-13쪽.

41 胡濱 譯, 앞의 책, 15·16·18쪽.

42 『清德宗景皇帝實錄』 卷456(光緒25年12月11日), 3973면.

43 『清德宗景皇帝實錄』 卷463(光緒26年03月12日), 4014면.

44 『清德宗景皇帝實錄』 卷463(光緖26年05月07日), 4026면.

45 『清德宗景皇帝實錄』 卷463(光緖26年05月10日), 4026-4027면.

46 『清德宗景皇帝實錄』 卷463(光緖26年05月11日), 4027면.

47 『清德宗景皇帝實錄』 卷463(光緖26年05月11日), 4027면.

48 國家檔案局明清檔案館編, 『義和團檔案史料』(上), 中華書局, 1959, 113쪽.[이하 『義和團史料』] 裕祿의 상주는 5월 10일에 올려졌다. 그는 이미 4월 19일에도 상주(『義和團史料』, 92쪽)를 올려 의화단을 단련으로 편입하는 것에 대해 반대하였고, 당시에도 의화단이 지위를 보장받도록 기회를 주게 되면 열강에게 빌미를 제공할 것이라고 주장하였다.

49 胡濱 譯, 앞의 책, 21-24쪽.

50 『清德宗景皇帝實錄』 卷464(光緖26年05月17日), 4029-4030면.

51 『清德宗景皇帝實錄』 卷464(光緖26年05月19日), 4031면.

52 『清德宗景皇帝實錄』 卷464(光緖26年05月20日), 4032면.

53 章開沅 主編, 앞의 책, 岳麓書社, 870쪽.

54 近代史資料編輯室編, 『楊儒庚辛存稿』, 中國社會科學出版社, 1980, 124쪽.

55 張之洞은 원래 의화단이 邪敎를 중심으로 모여서 도적질을 일삼는 집단이기 때문에 강력한 토벌이 필요하다고 주장하였다. 이점에 대해서는 다음을 참조. 周孟雷, 「張之洞在義和團時期的敎案思想探析」, 『社會科學論壇』 2009-05.

56 『義和團史料』, 162-163쪽. 청나라가 정식으로 열강에게 전쟁을 선포한 것은 6월 21일이다.

57 東南互保를 통해 지방의 독무들과 중앙의 대립관계가 분명해졌다는 것이 일반적인 시각이었는데, 최근에는 중앙과 독무들 사이에 묵계가 있었다는 시각도 존재한다. 후자에 대해서는 戴海斌의 「試析1900年"東南互保"中的幾個問題」(『歷史檔案』 2014-01)을, 전자에 대해서는 吳雲翔의 「東南互保與晚淸地方實力派的崛起」(『中州學刊』 2009-05)을 참조.

58 『清德宗景皇帝實錄』 卷464(光緖26年05月30日), 4036-4037면.

59 세 명의 대신은 兵部尙書 徐用儀·內閣學士 聯元·戶部尙書 立山 등이다. 『淸德宗景皇帝實錄』 卷467(光緖26年07月17日), 4062면.

60 『淸德宗景皇帝實錄』 卷467(光緖26年07月20日), 4065면; 卷467(光緖26年09月04日), 4117면. 자희태후 일행은 7월 20일에 출발하여 9월 4일 西安에 도착하였는데, 8월 윤달이 끼어 있었고 太原府에서 20일 동안 머물렀기 때문에 여정은 두 달이 넘었다.

61 『淸德宗景皇帝實錄』 卷468(光緖26年08月14日), 4081면.

62 『淸德宗景皇帝實錄』 卷469(光緖26年08月25日), 4090면; 『淸德宗景皇帝實錄』 卷470(光緖26年閏08月02日), 4096면.

63 『淸德宗景皇帝實錄』 卷476(光緖26年12月10日), 4166-4167면.

64 『淸德宗景皇帝實錄』 卷477(光緖26年12月26日), 4180-4182면. 조서가 내려지기 하루 전에는 사면령을 내려 전쟁을 반대하였던 세 명의 대신을 복직시켰다. 이점은 다음을 참조. 『淸德宗景皇帝實錄』 卷477 (光緖26年12月27日), 4179면.

65 『淸德宗景皇帝實錄』 卷486(光緖27年08月02日), 4268-4269면.

66 『淸德宗景皇帝實錄』 卷488(光緖27年10月20日), 4293면.

67 『淸德宗景皇帝實錄』 卷464(光緖26年05月15日), 4028면; 卷474(光緖26年10月11日), 4142면; 卷478(光緖27年01月01日), 4186면; 卷488(光緖27年10月20日), 4142면.

8. 왕조붕괴

1 이절에서 사용되는 연월일은 대부분 음력에 따랐고, 필요한 경우 양·음력 연월일을 명기하였다.

2 趙爾巽 等, 「宣統皇帝本紀」, 『淸史稿』 第5册, 中華書局, 1997, 988쪽.

3 일반적으로 醇親王 載灃이 정치적인 야심이 없었고 나약한 인물이었으며, 그 때문에 攝政할 수 있었다고 여겨진다. 醇親王은 정치적 능력이

부족했던 것은 분명하다. 하지만 그가 다양한 정치세력들이 자희태후의 빈자리를 노리고 있는 상황에서 최고 권력을 차지한 것을 단순히 행운이나 권력을 놓지 않으려는 자희태후의 老欲 때문이라고 보는 견해는 지나친 감이 있다. 그는 자신의 아들이 황제가 되기 전부터 관직생활을 시작하였던 정치인이었고, 적을 만들지 않는 성격을 지닌 인물이었다. 醇親王이나 그의 섭정에 대한 더 자세한 설명은 다음을 참조. 喻大華, 「慈禧爲何選擇載灃攝政」, 『紫禁城』 2000-04.

4 황실은 일사분란하게 움직이지 않았다. 사실, 宣統帝의 회고에 따르면, 당시 청나라 내부의 권력집단은 어떤 뚜렷한 지향점이 있었다고 보기 어렵다.(溥儀, 『我的前半生』, 中華書局, 1977, 24쪽.) 정치역량이라는 측면에서 본다면 황실은 만·한 연대를 주장하는 쪽의 상대가 되지 않았다. 왜냐하면 당시 목소리를 높이고 있던 황실은 순친왕을 비롯하여 어린 황제를 등에 업고 갑작스럽게 등장한 인물들로 구성되었지만, 그들에 반대하던 사람들은 자희태후 아래에서 산전수전을 겪은 노회한 정치인들이었기 때문이었다.

5 당시 慶親王 奕劻과 袁世凱는 각각 관료기구와 군대에서 강한 영향력을 가지고 있었다. 둘 사이의 관계에 대해서는 다음을 참조. 丁健, 「奕劻與辛亥袁世凱再起」, 『江西師範大學學報』 2010-04.

6 章開沅 主編, 『清通鑑』(四), 岳麓書社, 2000, 1088~1099쪽.

7 李志武, 「試論宣統二年江春霖參劾奕劻案」, 『中山大學研究生學刊』 2002-01; 章開沅 主編, 같은 책, 1111쪽.

8 袁世凱가 光緖帝·西太后의 죽음과 연관이 있다는 소문은 康有爲의 추측이었다. 康有爲는 袁世凱의 배신으로 무술변법이 실패하였고 여겼고, 光緖帝의 동생인 醇親王이 袁世凱를 징벌하기를 바랐다. 이점은 다음을 참조. 康有爲, 「上攝政王書」, 『康有爲政論集』(上), 中華書局, 1981, 639쪽.

9 황족파가 袁世凱에 대해 거부감을 가진 것은 사실이다. 하지만 그들이 光緖帝를 배신한 袁世凱에게 복수하려는 마음에서 袁世凱를 축출하였다기 보다는 권력투쟁의 결과였다고 보는 편이 더 타당하다. 그 결과 袁世凱가 사라진 뒤에 그의 가졌던 군대 지휘권은 황족파에 의해 독점

되었다. 袁世凱의 축출에 대한 설명은 다음을 참조. 劉厚生, 『張謇傳記』, 上海書店, 1985年(影印本), 165쪽.

10 선통제의 회고에 따르면, 경친왕은 순친왕이 袁世凱를 아예 제거하려는 생각에 반대하였다. 그 이유는 袁世凱를 죽이는 것은 쉬운 일이지만, 그의 죽음이 북양군대의 반란을 야기할지도 모른다고 여겼다. 이점은 다음을 참조. 溥儀, 앞의 책, 23쪽.

11 순친왕은 집단적인 항의 집회를 사전에 열리지 못하게 철저히 단속하고, 집회가 열릴 경우 관리와 병사를 보내 무력으로 진압하여 해산하도록 하였다. 章開沅 主編, 앞의 책, 1210쪽.

12 만·한인의 구성도 구성이지만 실권이라는 측면에서 보면 한인들을 실망시키기에 충분하였다. 徐世昌이 協理大臣(부총리에 해당), 梁敦彦이 외무대신에 임명된 것을 제외하면 나머지는 모두 '힘'이 없는 자리였다. 錢實甫 編, 『淸代職官年表』 第一冊, 中華書局, 1997, 331쪽.

13 趙爾巽 等, 앞의 책, 991쪽.

14 1910년 4월, 慶親王 등은 일본과 러시아의 침략을 막기 위해서 袁世凱를 東三省總督으로 임명해야 한다고 건의한 적이 있었다. 당시에도 醇親王은 그들의 요청을 들어주지도 않았지만, 그렇다고 그들을 완전히 배제하지도 못하였다. 武昌봉기 이전 袁世凱의 복귀를 놓고 진퇴양난에 처한 醇親王의 처지는 다음을 참조. 侯宜杰, 『袁世凱全傳』, 當代中國出版社, 1994, 181쪽; 溥儀, 앞의 책, 24~25쪽..

15 趙爾巽 等, 앞의 책, 996쪽; 章開沅 主編, 앞의 책, 1218쪽. 慶親王과 那桐은 걸핏하면 조회에 참석하지 않거나 사직한다느니 하는 방식으로 순친왕의 권위를 인정하지 않았다. 이점은 다음 참조. 溥儀, 앞의 책, 25쪽.

16 원래 武昌의 혁명파는 추석을 봉기일로 정했지만, 사전에 발각되는 바람에 그 기일을 늦추었다. 당시 武昌의 군대는 만주나 四川으로 차출될 수 있다는 두려움, 봉급감축에 따른 생활고 등으로 크게 동요하고 있었다.(민두기, 『辛亥革命史 - 중국의 共和革命(1903~1913)』, 민음사, 1994, 175쪽.) 四川의 보로운동도 갈수록 격렬해지고 있었기 때문에 지

속적으로 불안한 지방 정세에 관한 보고가 중앙으로 올라갔다. 章開沅 主編, 앞의 책, 1217~1218쪽.

17 鞏金瓶은 康熙시대 황실에서 사용되던 음악에서 따온 것이었다. 金瓶은 영토를 의미한다. 이 국가는 공식적인 행사에 제대로 사용되지도 못하고 말았다. 鞏金瓶의 가사는 다음을 참조. 章開沅 主編, 앞의 책, 1219쪽.

18 章開沅 主編, 앞의 책, 1219~1220쪽.

19 武昌봉기 이후 중국 남부지역에서 일어난 연쇄적인 봉기와 독립상황은 다음을 참조. 章開沅·林曾平 主編, 『辛亥革命史』, 人民出版社, 1981, 108~201쪽.

20 袁世凱가 올린 주접에 대해 순친왕은 10월 18일(8월 27일)에 주비하였다. 주접과 주비의 내용은 다음을 참조. 「十月二十一日邸鈔袁世凱奏摺」, 『辛亥革命(八)』, 307쪽.

21 章開沅 主編, 앞의 책, 1222~1228쪽.

22 溥儀, 앞의 책, 26쪽.

23 章開沅 主編, 앞의 책, 1229~1230·1235쪽.

24 錢實甫 編, 앞의 책, 332쪽.

25 혁명파는 武昌봉기에 성공하였고 중화민국의 수립을 선언하였다. 하지만 혁명의 전개양상을 보면 대체로 입헌파를 비롯한 지역유지들도 무시할 수 없는 세력을 형성하였고 주도권을 장악한 경우도 적지 않았다. 당시 지역별 군정부의 특징 및 성격은 다음을 참조. 謝俊美, 「辛亥革命時期的軍政府述論」, 『歷史教學問題』 2001-04.

26 실제로 입헌파는 四川·湖北·湖南·江西·福建·安徽·廣東 등지에서 힘을 발휘하였고, 일부는 관료들과 결탁하여 혁명세력을 배제하고 억압하기도 하였다. 혁명공간에서 입헌파의 활동은 다음을 참조. 章開沅·林曾平 主編, 241~251쪽.

27 郭孝成, 「議和始末」, 中國史學會編, 『辛亥革命(八)』, 上海人民出版社, 1957, 65쪽.[이하 『辛亥革命(八)』] 이 무렵 黃興도 袁世凱에게 서신을 보내서 혁명에 동참할 것을 요청하였다는 말이 있지만, 黃興이 남긴 글

을 정리한 문집 『黃克强先生全集』(羅家倫 主編, 裕臺公司中華印刷廠, 1973)에서는 그러한 사실을 확인할 수 없다.

28 郭孝成, 「議和始末」, 『辛亥革命(八)』, 66쪽; 駱惠敏 編, 劉桂梁 等譯, 「鷲澤與四二來函」, 『清末民初政情內幕』, 知識出版社, 1986, 788쪽.

29 11월 15일 독립을 선언한 군정부의 대표들이 上海에서 회의를 개최하여 黎元洪을 大元帥, 黃興을 副元帥로 하는 중화민국 임시정부를 출범시켰다. 이글에서는 남북화의가 진행되던 시기 청나라의 대화상대를 중화민국이라기보다 정식정부가 출범하기 전이고 과도적인 성격을 지녔다는 의미에서 중화민국 임시정부를 民軍으로 지칭한다. 원래 청나라는 신해혁명 초기 여러 지역에서 동시다발적으로 일어난 무장봉기를 반란으로 여겼다. 하지만 나중에는 독립한 성들에서 官軍에 대항하던 군대를 대체로 革軍이라고 하다가, 화의가 시작될 무렵에 民軍이라고 하였다. 나는 民軍이라는 용어가, 중화민국군을 줄인 것이든 현존하던 清朝의 官軍에 대한 상대어이든 상관없이, 실제 武昌봉기를 일으켰던 혁명파가 이끌던 무장세력과 나중에 가담한 입헌파를 포괄할 수 있다고 생각한다.

30 章開沅 主編, 앞의 책, 1238~1239쪽.

31 溥偉, 「讓國御前會議日記」, 『辛亥革命(八)』, 111쪽.

32 丁賢俊 編, 『伍廷芳集』, 中華書局, 1993, 1~13쪽; 張華騰, 「袁世凱與唐紹儀關係述論」, 『歷史檔案』 1998-02.

33 伍廷芳이 일찍부터 전통적인 유교보다는 서양학문을 받아들였고 영국 유학을 하였으며 오랫동안 외교관으로서 서양인들과 교류하였다는 점을 고려한다면, 청나라 관료로서의 지위도 과거제도를 통해 入仕한 사람들과는 달랐을 것임을 쉽게 짐작할 수 있다. 그는 어떻게 보면 청나라 관료제도 밖에 있었던 특별 관료였다. 그와 혁명파 사이의 관계는 다음을 참조. 張禮恒, 「論辛亥革命期間伍廷芳與革命黨人的關係」, 『近代史研究』 2002-01, 121~125쪽.

34 駱惠敏 編, 劉桂梁 等譯, 「蔡廷干來函」, 앞의 책, 810쪽.

35 觀渡廬(伍廷芳) 編, 「南北議和史料(節錄共和關鍵錄)」, 『辛亥革命(八)』, 76~78쪽. 당시 伍廷芳은 唐紹儀가 민군에게 협상을 요청하러 온 것이고,

자신이 주도권을 쥐고 있고 여겼다. 그래서 唐紹儀가 도착한 것을 알면서도 먼저 자신에게 찾아올 때까지 기다렸다. 이점은 다음을 참조. 駱惠敏 編, 劉桂梁 等譯, 「克·達·卜魯斯來函」, 앞의 책, 813~814쪽.

36 觀渡廬(伍廷芳) 編, 같은 글, 79~82쪽.

37 袁世凱 等, 「內閣總理袁世凱等奏摺」(宣統3年11月09日), 『辛亥革命』(八), 224~226쪽.

38 隆裕太后, 「懿旨」(宣統3年11月09日), 『辛亥革命』(八), 154~155쪽.

39 溥偉, 같은 글, 113~115쪽.

40 李劍農, 『戊戌以後三十年中國政治史』, 中華書局, 1980, 131쪽. 孫文이 임시대총통에 취임한 것에 대해, 실패하기는 했지만, 혁명파가 정국의 주도권을 다시 찾기 위한 시도였다고 보는 시각도 있다. 이러한 시각에 대한 소개와 당시 정치적 상황은 다음을 참조. 金衡鐘, 「辛亥革命의 展開」, 서울대학교 동양사학연구실 편, 『강좌중국사Ⅵ』, 지식산업사, 1989, 157~171쪽.

41 이글에서는 편의상 황실우대조건이라고 하였지만, 우대조건은 정확하게 말해서 甲.大淸皇帝辭位後優待條件 乙.淸皇族優待條件 丙.滿·蒙·回·藏 各族優待條件 등 3개로 구성되었다. 이점은 다음을 참조. 蔡鴻源 主編, 「優待條件(辛亥十二月二十六日)」, 『民國法規集成』 6, 黃山書社, 1999, 54~55쪽.

42 觀渡廬(伍廷芳) 編, 같은 글, 86~87쪽.

43 黃興은 퇴위한 황제를 금전적으로 도울 수 있지만 베이징에 거주하거나 상유을 내릴 수 없게 하는 방식이 좋을 것이라면서 高麗(조선왕)의 사례에 따르자고 주장하였다. 觀渡廬(伍廷芳) 編, 같은 글, 99쪽.

44 정확하게 말하자면 조선은 대한제국, 조선 왕실은 대한제국 황실이 되어야 한다. 다만, 한 문장에서 다른 용어를 쓸 때 나타나는 혼란을 피하기 위해 편의상 조선과 조선왕실이라고 하였다.

45 이지선, 「직원록(職員錄)을 통해 본 이왕직(李王職)의 직제(職制) 연구」, 『동양음악』 26, 2004; 이윤상, 「일제하 '조선왕실'의 지위와 이왕직의 기능」, 『한국문화』 40, 2007.

46 이왕가 세비는 1920년까지 150만 엔이었고, 그 이후에는 180만 엔으로 고정되었다. 1920년 전체 세출이 1억 엔, 1940년에 8억 엔이었다는 점을 감안한다면 이왕가의 재정상황은 점점 악화되었을 것이라고 쉽게 추측할 수 있다. 통계수치는 다음을 참조. 이윤상(2007), 338쪽.

47 觀渡廬(伍廷芳) 編, 같은 글, 101쪽.

48 1월 11일부터 퇴위조서가 발표된 2월 12일의 경과는 다음을 참조. 章開沅 主編, 앞의 책, 1247~1255쪽.

49 駱惠敏 編, 劉桂梁 等譯, 앞의 책, 748쪽.

50 황실이 예산을 지나치게 방만하게 사용하였다는 문제도 없지 않다. 내무부의 1911년 예산은 780만량이었는데, 실제 지출은 838만량을 넘었다. 1908년까지 내무부의 최대 지출이 295만량으로 300만량을 넘지 않았던 것과 비교하였을 때, 몇 년 사이에 지출이 3배 이상 증가하였다. 민군 쪽에서 제시한 300만량은 사실 일정한 근거를 가지고 있었던 것이다. 清末 내무부의 재정 상황은 다음을 참조, 申學鋒, 「晚清戶部與內務府財政關係探微」, 『清史研究』 2003-03.

51 蔡鴻源 主編, 「奉派與清皇室商訂鞏固優待條件先後辦法七條」, 앞의 책, 56쪽.

52 레지널드 존스턴, 김성배 옮김, 『자금성의 황혼』, 돌베개, 2008, 315쪽.

53 溥儀, 앞의 책, 154쪽.

54 1914년 內務府 관리는 총 709명이었는데, 1922년이 되면 그 수는 308명으로 줄어들었다. 황실경비는 內務府 이외에 宗人府·錦衣衛 등이 있지만 대부분은 內務府를 통해 지출되었다. 秦國經, 『遜清皇室軼事』, 紫禁城出版社, 1985, 10~12쪽·77~79쪽.

맺음말 : 청나라의 유산

1 명말청조 명나라와 조선에 의해 중국 동북지역의 부족이었던 여진인이 어떻게 불렸는가에 대해서는 다음 논문을 참조. 이영옥, 「그 이름 불러

주기」, 『명청사연구』 제38집, 2012.

2 중국학자들은 “소위 정복왕조”라는 것에 동의하지 않는다. 변방으로부터 중원으로 들어와서 통치한 이민족들은 궁극적으로 중화민족의 문화를 다양화시켰다는 관점을 가지고 있다. 이점에 대해서는 다음을 참조. 田子馥, 「試論遼金元淸的政權屬性－兼評所謂“中國征服王朝”論」, 『東北史地』 2004-02.

3 청나라 관료사회에서 나타난 한인들의 임용양상에 대해서는 다음을 참조. 한승현, 「淸朝의 南·北人 관료임용 정책(1644-1795)」, 『역사학보』 221, 2014.

4 청나라의 멸망으로부터 중국공산당의 창당을 거쳐 중화인민공화국의 수립 그리고 현재의 정치상황에 이르기까지 중국이 통치되는 방식에 대한 포괄적인 이해는 다음 책을 참조. 케네스 리버살 지음, 김재간·차창훈 옮김, 『거버닝 차이나－현대 중국정치의 이해』, 심산, 2013.

5 중화인민공화국의 국가·행정·공산당 조직에 대해서는 다음을 참조. 모리 가즈코 지음, 이용빈 옮김, 『현대중국정치－글로벌 강대국의 초상』, 한울아카데미, 2012, 232~278쪽.

6 중앙정치국은 중앙정치국 상무위원회 상무위원 9명과 후보위원 16명을 포함한 25명으로 구성된다. 공식석상에서 상무위원의 호명 순서는 중국공산당 내의 서열이면서 동시에 중화인민공화국의 권력서열이다.

7 상무위원회는 청나라의 군기처와 유사하다. 하지만 중국이 시대에 따라 영토가 넓어지고 정무가 많아지면서, 황제가 1인 재상이 아니라, 명나라의 내각, 송나라의 재상회의, 당나라의 정사당 등을 도움을 받게 되는 과정을 거쳐서 발전한 중앙의 제도로 보는 것이 타당하다.

8 중국공산당의 조직과 관련된 내용은 다음을 참조. Kerry Brown 지음, 강상규 옮김, 『현대중국의 이해』, 명인문화사, 2014, 107~120쪽.

■ 저자소개

이영옥

1971년 전남 장흥 출생
광주고등학교, 고려대학교 학사·석사, 北京大學 歷史學博士
성신여자대학교 사학과 전임강사, 조교수
현재 전남대학교 역사교육과 부교수

논문: 「그 이름 불러주기－실록의 조선·청나라 호칭(互稱) 분석」(2012), 「조청관계에 대한 편의적 이해 사례」(2012), 「1840년대 청조의 풍경 하나－오랑캐의 전화로부터 '천조' 지키기」(2010), 「건륭제의 '찬란한' 성세(盛世)와 맹자읽기」(2009), 「1840-43년 臺灣사건－역사사건과 역사가의 붓끝」(2003) 등.
공저: 『중국 번속이론과 허상』(2010), 『북방민족과 중원왕조의 민족인식』(2009), 『한중 외교관계와 조공 책봉』(2005)
역서: 『타인들 사이의 중국인』(2014), 『근대만주와 대한제국』(2009), 『중국의 황태자교육』(2007), 『중국의 동북변강연구』(2004), 『영혼을 훔치는 사람들: 1768년 중국을 뒤흔든 공포와 광기』(2004), 『그들의 바다: 남부 중국의 해적, 1790-1810』(2003) 등.